民國文化與文學研究文叢

六 編

李 怡 主編

第 **14** 冊

被照亮的世界：
《故事新編》詩學研究（下）

鄭 家 建 著

國家圖書館出版品預行編目資料

被照亮的世界：《故事新編》詩學研究（下）／鄭家建 著 ──
初版 ── 新北市：花木蘭文化出版社，2016〔民105〕
目 2+208 面；19×26 公分
（民國文化與文學研究文叢 六編；第14冊）
ISBN 978-986-404-688-1（精裝）
1. 周樹人 2. 中國小說 3. 文學評論
541.26208   105012791

ISBN-978-986-404-688-1

民國文化與文學研究文叢
六 編 第十四冊　　　　　　　ISBN：978-986-404-688-1

被照亮的世界：
《故事新編》詩學研究（下）

作　　　者　鄭家建
主　　　編　李　怡
企　　　劃　四川大學現代中國文化與文學研究中心
　　　　　　北京師範大學民國歷史文化與文學研究中心
總 編 輯　杜潔祥
副總編輯　楊嘉樂
編　　　輯　許郁翎、王　筑　美術編輯　陳逸婷
出　　　版　花木蘭文化出版社
社　　　長　高小娟
聯絡地址　235 新北市中和區中安街七二號十三樓
　　　　　　電話：02-2923-1455／傳真：02-2923-1452
網　　　址　http://www.huamulan.tw 信箱 hml810518@gmail.com
印　　　刷　普羅文化出版廣告事業
初　　　版　2016 年 9 月
全書字數　361233 字
定　　　價　六編 24 冊（精裝）新台幣 44,000 元　　　版權所有・請勿翻印

被照亮的世界：
《故事新編》詩學研究（下）

鄭家建　著

目次

第六章　文化詩學
——《故事新編》研究的啓示

　　在對《故事新編》的研究過程中，始終貫穿著我的一個學術追求，那就是試圖通過對文本的解讀及其詩學經驗的總結，建立起解讀中國現代小說的文化詩學。在這一章的寫作中，我力圖借助對人類感知世界的兩種方式即時間與空間的探討，嘗試建構魯迅小說乃至中國現代小說的文化詩學的理論框架的可能性。

第一節　中國現代性的起源語境：傳統空間知覺方式的變遷

　　在哲學的意義上，時間和空間是指運動著的物質的存在方式和基本屬性，前者體現了物質運動的順序性和持續性，後者則體現了物質存在的伸展性和廣延性。[註1] 同時，從人類認知的角度來看，時間與空間又是人類感知世界的兩種基本方式。對此，康德在他的《純粹理性批判》中曾明確地說道：「是以在先驗感性論中，第一，吾人須從感性中取去悟性由其概念所思維之一切事物，使感性單獨孤立，於是除經驗直觀以外無一物存留。第二，吾人又須從經驗直觀中取去屬於感覺之一切事物，於是除感性所能先天的唯一提供之純粹直觀及現象之純然方式以外，無一物存留。在此種研究途程中。將

〔註 1〕參閱楊義：《中國敘事學》，人民出版社 1998 年版，第 120 頁。

發現有兩種感性直觀之純粹方式，用爲先天的知識原理，即空間與時間。」〔註2〕這段話也許過於抽象了一些，事實上，在康德看來，空間和時間，不是概念，而是我們知覺器官的一部分，是「直觀」的兩種形式。正如羅素在《西方哲學史》中所做的一個形象性闡釋：假如你總戴著藍色眼鏡，那麼，可以肯定，你看到的一切都是藍的。同樣，由於你在精神上老是戴著一副空間眼鏡，你一定永遠看到一切東西都在空間中。〔註3〕正因爲時間和空間與我們的存在具有如此深刻的聯繫，因此，對於時間與空間的感知、沉思與表達，一直是人類哲學、科學、思想和藝術創造的重要內涵之一。比如，在中國春秋時期，《國語·楚語下》中就記述了楚昭王問詢的一段話：「《周書》所謂『重、黎實使天地不通』者，何也？若無然，民將能登天乎？」戰國時代的《莊子·天運》一開篇就問道：「天其運乎？地其處乎？日月其爭於所乎？孰主張是？孰維綱是？孰居無事推而行是？……」在《管子·九宇》和《鬼谷子·符言》中也是直截了當地問道：「一曰天之，二曰地之，三曰人之，四方、上下、左右、前後，熒惑之處安在？」當然，古人的這種時空追問能成爲曠世奇音的，當推《楚辭·天問》：「遂古之初，誰傳道之？上下未形，何由考之？冥昭瞢闇，誰能極之？馮翼惟象，何以識之……」〔註4〕——這些對時間和空間的追問與沉思，千百年來，一直迴蕩在中國人的心靈世界之中，可以說是「與日月兮齊光」。同樣的，在西方，古希臘的赫拉克利特曾斷言「一切皆流，無物常住」，就形象地表達了他對時空的思考。古羅馬的奧古斯丁就說過：時間究竟是什麼？沒有人問我，我倒清楚，有人問我，我想說明，便茫然不解。〔註5〕——這是一種永恒的疑惑，它困擾著所有人類的智慧。因爲在這其中，對時間感知的背後，滲透的是人類如何理解、把握、感知、建構自我與周圍世界的關係。〔註6〕它的意義就如王逸在《楚辭·天問》的《補注》中所言：「天地事物之憂，不可勝窮……天固不可問，聊以寄吾之意耳。」也就是說，在對時間的具體知覺之中，將折射出人類精神結構中感受、想像和超越的深刻圖景。所以，我以爲，從時空的知覺形式來切入思想史的研究，將會展示出一幅獨特的理論前景，這也將是一個富有生機的研究方法。

〔註2〕康德：《純粹理性批判》，藍公武譯，商務印書館1997年版，第50～51頁。
〔註3〕羅素：《西方哲學史》（下冊），馬元德譯，商務印書館1997年版，第250頁。
〔註4〕引文轉見錢鍾書：《管錐編》，第2冊，中華書局1986年版，第607頁。
〔註5〕奧古斯丁：《懺悔錄》，商務印書館1963年版，第242頁。
〔註6〕參閱汪暉：《舊影與新知》，遼寧教育出版社1996年版，第179頁。

一

當然，人類對時間的知覺和對空間的知覺，不是到了近代才具有的，也不是從康德式的抽象哲學出發的。應該說，它在早期人類生活中就形成了。人類是從日常的生活起居、晝夜的更替、四時變化和對日月星辰的觀察，開始形成他們的時間知覺和空間知覺。〔註7〕法國心理學家古約爾在對原始部落心理長期研究後，得出的結論就認爲：人的時間意識是人對世界體驗的漫長演化過程的產物。例如，「未來」這一時間意識的形成就依賴於感覺的積累，它與古代人判斷未來事件能力的增長密切相關。從尼安德特人埋葬死者的活動到後來人類製造準備將來使用的各種工具（如帶鈎的漁叉、魚鈎和帶針眼的針等），都是由於對未來的考察。〔註8〕同樣的，人類空間知覺的產生也是相類似的。可以想像，在遠古時代，人類首先意識到的是自己處在一個茫茫大地上的一個渺小的生命，這種「大」與「小」的相對性體驗是人類空間知覺的第一層感知。爲了生存的需要，人類無時無刻不在防範四周危險物的侵襲，這樣，就在自己與外界之間建立起一種關係，這是人類空間知覺的第二層感知。由於分工的產生，個體開始逐漸地意識到自己在一定空間內的作用和責任，這是人類空間知覺的第三層感知。由此，人類建構起了一個初步完整的空間知覺方式。然而，隨著分工的進一步發展，生產工具的不斷發明，語言和文化的進步，導致了人類生活形態出現分化，並呈現出地域性和民族性的特徵，這就決定了每一個人的時間知覺和空間知覺不僅有著人類的普遍性、共通性，同時，也有著因民族、歷史、地域、文化等特殊性因素而產生的區別性特徵。

雖然上面我們對人類的時間知覺和空間知覺的最早起源的追溯只能是推測性的，但從現有的典籍和考古發現的情況來看，我們還是能夠初步把握和描述出早期人類的時間知覺和空間知覺的基本形態和特徵。比如，在中國，據《尸子》一書的記載，中國人在戰國時期就提出了「上下四方日宇，往來古今日宙」的說法，這裏的「宙」和「宇」就是時間和空間的概念。後期墨家在《經上》和《經說上、下》中也提出：「宇，彌異所也」、「宙，蒙東西南北」；「久，彌異時也」、「久，合古今旦莫」。這裏的「宇」和「久」也就是空

─────────────────

〔註7〕楊義：《中國敘事學》，人民出版社1998年版，第76頁。
〔註8〕轉引自G.J.威特羅：《時間的本質》，文荊江、鄺桃生譯，科學出版社1982年版，第23頁。

間和時間的概念。後期墨家還認識到空間、時間與具體實物的運動存在一定聯繫，空間與時間二者之間也存在一定聯繫，指出：「遠近，修也；先後，久也。民行修必以久也。」還猜測到空間和時間都是有限和無限的統一，指出：「窮，域不容尺，有窮；莫不容尺，無窮。」「久，有窮，無窮。」〔註 9〕當然，對於早期中國人的時空觀來說，表達相對比較完整的思想，應該算是《淮南子・齊俗訓》中的一段論述：「樸至大者無形狀，道至眇者無度量。故天之圓也不得規，地之方也不得矩。往古今來謂之宙，四方上下謂之宇。道在其間，而莫知其所。」〔註 10〕

我們再來看看在考古發現中所呈現的早期中國人的時空觀念。比如，近年發現的青銅器上的銘文，由銘文上賜命的詞句，包括善盡職守不可辱於先祖，並且最後一定會有「子子孫孫永保用」的字樣。張光直先生認為，這說明了早期中國人已經意識到時間的世代延續性。1987 年 6 月，在安徽含山凌家灘的一座史前墓葬中發現了一組玉龜和玉版，玉版是方形的，上畫圖形，用矢形標出八方，李學勤先生認為，這是「天圓地方」這種古老的宇宙觀念的體現。〔註 11〕

在西方，從公元前六世紀到公元前三世紀，古希臘的思想家如泰勒士、畢達格拉斯、亞里士多德、歐幾里德、阿基米德等人都發展和補充了很多的幾何學原理，並形成了一個較為嚴密的體系。在這一體系中，物體的形狀及它們之間的相互排列關係被抽象為點、直線、平面、線段、角、圓角等概念。這種對物體空間特性的描述，後來在歐幾里德幾何學中被普遍化為：空間在所有點上和方向上的同類性和連續性。同時，他們在對天文的觀察中，也形成了許多關於宇宙的整體模型。比如，畢達格拉斯學派從數的觀點來思考天體的運動，認為圓球形是最完美的立體幾何形狀。因此，宇宙必定是球形的，所有的天體都以勻速圍繞著圓形軌道運動。後來，柏拉圖的學生歐多克索又提出了同心球宇宙模型，在這個模型中，地球是宇宙的中心，日月和行星都在同心透明球體上繞地球運行，這些都說明了古希臘人對空間的思考已經達到了一個比較成熟的階段。〔註 12〕

〔註 9〕參閱《中國大百科全書・中國哲學卷》（第 2 冊），中國大百科全書出版社 1987 年版，第 422 頁。

〔註 10〕轉引自楊義：《中國敘事學》，人民出版社 1998 年版，第 121 頁。

〔註 11〕李學勤：《走出疑古時代》，遼寧大學出版社 1997 年版，第 117 頁。

〔註 12〕參閱楊河：《時間概念史研究》，北京大學出版社 1998 年版，第 10 頁。

　　從上面材料的分析，可以看出，人類的時——空意識從最早的混沌、朦朧發展到一種比較清晰、邏輯的表述，說明了人們對外在世界的變動不居和內在生命的永恒交替、流逝，已經有了一種秩序性的整理。同時，對自己與外界的距離、關聯，以及自己的「在場」的位置性，有了一種框架性的體認。從此，人類的時——空意識，一端就聯結著對宇宙的想像與體驗，另一端就聯結著對自己在特定的意義空間內的位置、責任和作用的確定。就是仗著這一「阿里阿德涅線團」，〔註13〕人類才摸索著走出了混沌初開時的「迷宮」。

　　在這裏，更值得注意的是，在人類早期的空間——時間意識中，空間往往比時間獲得更多的關注。也就是說，在關於空間——時間的表述形態中，空間往往是置於表述順序的第一性位置。為什麼會這樣呢？這是一個在哲學史、科學史和心理學史上都是十分有意義的問題。蘇聯學者符·約·斯維傑爾斯基認為：「這是因為分析時間的特性困難多，而且似乎實際的必要也比較少。」〔註14〕英國學者 C·J·威特羅則從科學史的角度分析了這個問題：「許多數學家和物理學家也對時間的真正意義抱懷疑態度。相比之下，他們對空間的概念要喜愛得多，這在某種程度上是因為空間在我們面前是整體出現的，而時間則是一點一點來到的。過去只能從不可靠的記憶來回顧，『將來』是不可知的，只有『現在』可以直接經驗。」〔註15〕然而，在我看來，在這其中潛藏著的則是一個關於個人存在的認同感的問題。個人作為一個主體，正如巴赫金所言：「我的的確確存在著，……我以唯一而不可重複的方式參與存在，我在唯一的存在中佔據著唯一的、不可重複的、不可替代的、他人無法進入的位置。」「我的唯一的位置，就是我存在之在場的基礎。」〔註16〕正是這種唯一的位置存在感，促使主體在生命的進程中，不斷地反思、建構和認同自己與外界的關係，自己與事件的關係。因此，空間的感知就在本源上與人類的存在感緊緊地融合在一起，成為人類第一性的知覺形式。

〔註13〕阿里阿德涅：古希臘神話中彌諾斯和帕西淮之女，她有一個線團幫助忒修斯
　　　　走出迷宮。

〔註14〕符·約·斯維傑爾斯基：《空間與時間》，許國保譯，上海人民出版社1959年
　　　　版，第11頁。

〔註15〕G.L.威特羅：《時間的本質》，文荊江、鄺桃生譯，科學出版社1982年版，第
　　　　116頁。

〔註16〕巴赫金：《巴赫金全集》第1卷，錢中文譯，河北教育出版社1998年版，第
　　　　41頁。

這種空間——時間的時空知覺形式，對早期人類的思維方式和文化形態，都具有極其重要的影響。比如，在西方，荷馬史詩《奧德修紀》主要是以奧德賽回鄉這一空間變換的方式來架構整部史詩的敘事。赫西俄多斯的《神譜》中，是把神的譜系與宇宙的起源（空間）聯繫在一起的。據赫西俄多斯說，最初產生的是卡俄斯（洪荒混沌），然後是該亞（大地）、塔耳塔洛斯（地獄）和厄洛斯（愛情）。由卡俄斯生厄瑞波斯（黑暗）和尼克斯（黑夜），兩者結合產生埃德耳（光明）、赫墨斯（白晝），大地生海，與天結合又生河，海、天、河各由其神所司，而後天降雨使生命萌芽於自然之中。〔註17〕

在中國，從今人對原始宗教的研究表明，「巫」是中國原始宗教中的一個很重要角色，並且，「巫」的誕生早於「史」，「史」的功能是「記事」（偏向時間知覺），而巫的功能是「絕地天通」（空間上下的自由能力）。〔註18〕從巫到史，不僅說明早期人類已經從「巫覡」之中走出，進入一個理性敘事萌芽的階段，而且也說明了空間知覺作為第一性的感知形態，已經融合了時間知覺。這一點，在中國原始神話思維中也可以看出。比如，空間位置的「域外性」，一直是原始神話思維、神話想像的一種重要方式。如《史記》中曾記載鄒衍的一段話：「乃探觀陰陽消息，而作怪迂之變，《終始》、《大聖》之篇十餘萬言。其語閎大不經，必先驗小物，推而大之，至於無垠……」可見，這種「先驗小物，推而大之」的空間推衍的思維方式是古人一個重要的對外界的感知方式。所以，按鄒衍的理論，才有可能把「九州」向外擴大，變九個「九州」，再把這九個「九州」，再向外推衍，變成八十一個「九州」。

二

正如我們在上面已經強調指出的那樣，由於生存環境的差異，分工的發展以及語言、文化的差異，人類早期的時間——空間知覺的一致性開始逐漸分化，各自民族性、地域性和歷史性等具有區別意義的特徵就佔據著決定性的地位。因此，我們現在有必要把研究的視線集中在中國傳統的空間知覺的特徵及其演變上來。

我以為，中國傳統空間知覺的特徵可以從以下幾個方面來探討：

〔註17〕 參閱《神話詞典》，商務印書館1985年版，第271頁。

〔註18〕 參閱陳來：《古代宗教與倫理》，三聯書店，1997年版。

第一，中國人對空間的知覺總是呼應著對天地之道和宇宙秩序的想像與建構。比如，《禮記‧禮運》中就說道：「夫禮必本於天。」《郊特牲》中又說：「取法於天，是以尊天而親地也。」《墨子》中也說：「（聖王）既以天爲法，動作有爲必度於天。」《文子》中也說：「能戴大圓者履大方……是故眞人託期於靈臺，而歸居於物之初。」「帝者體太一，王者法陰陽，霸者則四時。」〔註19〕本文在寫作過程中，有許多材料和觀點是直接得益於葛先生著作的啓發，特此說明並致謝。從這些扼要的引述中可以看出，以天地之道和宇宙秩序來建構和想像空間形式，是中國古代一個基本的空間知覺形態。

這樣的一種空間知覺形態在一些考古發現中也能夠得到說明，最典型的是近幾年在新石器時代遺址所發現的「玉琮」，它的外部被雕成方形，這與古人對大地的想像相類似；它的內部又是圓形，這與古人對天穹的想像相類似，而且它的中間是空的。據張光直先生研究，「琮是天地貫通的象徵，也便是貫通天地的一項手段或法器」。〔註20〕又比如，在凌家灘考古發現的玉版上面，有一個奇特的圖形，任何人乍看之下，都會聯想到八卦，所以，李學勤先生得出結論說：「我們可以認爲，玉版的圖紋和所謂『規矩紋』是一脈相承的，所體現的是中國遠古以來（天圓地方）的宇宙觀念。」〔註21〕所以，在《呂氏春秋》中，就有這樣的一段話：「天道圓，地道方，聖王法之，所以立上下。」〔註22〕由於這種知覺方式是通過對天地之道和宇宙秩序的想像，來建構自己對空間的基本範疇和感知方式，而這種天地之道和宇宙秩序又被想像成「天圓地方」，所以，「圓」與「方」就成了中國人空間知覺的基本範疇。而這對中國人的秩序感、結構感的生成具有本體性的意義。對此，著名學者許倬雲先生則做了一個哲學化的概括：「中國人總認爲宇宙秩序有條有理，時間從零點開始，而宇宙的結構是一層層的同心圓」，「中國的時空觀念是由抽象形上向形下具象推衍的，因而忽略了很多不對稱不和諧的東西。但它有一個特長即整齊有序，而且容易歸於本原之『一』，這與從具體形下一層層總結而上的方法不同。」〔註23〕

〔註19〕此處引文轉見於葛兆光：《天崩地裂》，載《上海文化》，1995年第2期。
〔註20〕張光直：《中國青銅時代二集》，三聯書店1990年版，第71頁。
〔註21〕李學勤：《走出疑古時代》，遼寧大學出版社1997年版，第119頁。
〔註22〕此處引文轉見於葛兆光：《天崩地裂》，載《上海文化》，1995年第2期。
〔註23〕許倬雲：《中國文化與世界文化》，貴州人民出版社1991年版，第84頁。

這種「圓」、「方」的空間知覺的基本範疇，不僅滲透到中國人生活的各個方面，而且對中國人的思維方式也產生了極其重要的影響：「在中國人的思想裏，這個天地所表現的宇宙秩序要比一個哲學的或政治的概念寬廣得多，當一個古代人面對世界的時候，這個秩序也就是他的時間和空間的框架；無論他是在處理自然問題還是在處理社會問題的時候，他都會不由自主地用這個框架來觀照，在這個框架的背後隱隱約約支持它的就是人們頭上的『蒼穹』和腳下的『大地』。」〔註24〕

第二，這種空間知覺的基本形式，從根本上塑造了中國人的倫理秩序，或者說，是中國人倫理秩序觀的宇宙論基礎。既然，中國人所設想的空間——宇宙秩序是一層一層的同心圓，天體圍繞北極旋轉而成一個圓，地則是類似井或亞字形的一個方，天地都有一個中心。這個中心就是超越時空而存在的一個點，那就是一個永恒的不動點，或者說是同心圓的圓心。〔註25〕那麼，相對應的，在現實的社會結構中，就很容易擬想出一套以皇權為中心，不斷向外推衍的差序格局。或者可以這樣說，這種以皇權為中心的不斷外衍的差序格局只是整個天道秩序的一部分或一種表現形式。這種空間知覺的倫理化，在漢代，由於陰陽家的不斷改造，得到了最完善的表述和概括，「……唯天子受命於天，天下受命於天子」。「王道之綱可求於天」。這樣，世俗的社會結構彷彿成了天道秩序的一個巨大的投影，這就進一步地強化了世俗社會結構中的等級制的合理性和權威性，這樣的一套天地之道與世俗結構的對應理念，成為中國封建社會的專制性與社會結構等級制的先驗性的基礎。

第三，中國人在對空間運動的理解上又表現出極大的靈活性。關於這一點，我們只要以古代哲學對「易」和「道」的詮釋為例就可以說明。《易緯乾鑿度》云：「易一名而含三義，所謂易也，變易也，不易也。」鄭玄依此義作《易贊》及《易論》云：「易一名而含三義：易簡一也，變易二也，不易三也。」錢鍾書先生在《管錐編》第一冊中對此作了進一步的論述：「『易一名而含三義』者，兼背出與並行之分訓而同時合訓也。《繫辭》下云：『為道也屢遷，變動不居……不可為典要，唯變所適』，變易之謂也；又云：『初率其辭。而揆其方，既有典常』，不易與簡易之謂也：足徵三義之駢斟而非背馳矣，然而經生滋惑焉。」接著，他引了張爾岐《蒿庵閒話》中的一段話，然後評論道：

〔註24〕葛兆光：《天崩地裂》，載《上海文化》，1995 年第 2 期。

〔註25〕參閱葛兆光：《天崩地裂》，載《上海文化》，1995 年第 2 期。

「蓋苟察文義，而未洞究事理，不知變不失常。一而能殊，用動體靜，固古人言天運之老生常談。」〔註 26〕從「易」一字含三義可以看出，中國古人對物體在空間的變易與不易、變與常、動與靜，往往採用一種辯證的、靈活的知覺方式。這一特點，在對「道」的詮釋上，也許表現得更有意思些。《老子·二五章》中云：「字之曰道，強爲之名曰大，大曰逝，逝曰遠，遠曰反。」對《老子》中的這段話，錢鍾書先生在《管錐編》第二冊中，有一段精彩的分析：「《老子》用『反』字，乃背出分訓之同時合訓，足與『奧伏赫變』（aufheben）齊功比美，當使黑格爾自慚於吾漢語而失言者也。反有兩義：一者，正反之反，違反也；二者，往反（返）之反、回反（返）也⋯⋯黑格爾曰矛盾乃一切事物之究竟動力與生機，曰辯證法可象以圓形，端末衍接，其往亦即其還，曰道眞見諸反履而返復，曰思惟運行如圓之旋，數十百言均《老子》一句之衍義。」〔註 27〕正因爲中國古人在對空間運動的感知上表現出如此自由往返的靈活性，所以它也爲中國士大夫應付社會和自我危機提供了一種理論上的依據。比如，《呂氏春秋·大樂》中云：「天地車輪，終則復始，極則復反。」又《圓道》中云：「圓周複雜，無所稽留。」又《博志》中云：「全則必缺，極則必反，盈則必虧。」又《似順論》中云：「事多似倒而順，多似順而倒，有知順爲倒，倒之爲順者，則可與言化矣。至長反短，至短反長，天之道也。」又如《淮南子·原道訓》中云：「輪轉而無廢，水流而不止，鈞旋轂轉，周而復匝。」又《主術訓》中云：「智欲圓者，環復轉運，終始無端。」這些話都含有一個共同的邏輯，那就是由空間的「輪轉」、「環流」來解釋人生的悲歡離合，這種運用人生體驗的空間化的方式來解釋所謂命運和必然性，來紓解自我心靈的痛苦，就成爲中國士大夫的一個重要的人生策略。〔註 28〕也許，在這個意義上，就能說明爲什麼是道家的思想而不是儒家的思想對危機中的中國士大夫特別有吸引力。在我看來，正是因爲道家的著作和思想中有一種獨特的對空間想像的自由感和超越感。

　　第四，既然對於空間的知覺總是與「天道」、「天運」這些具有本體性與超越性的概念聯繫在一起，那就很自然地激發了中國古人對「空間」的藝術

〔註 26〕錢鍾書：《管錐編》（第 1 冊），中華書局 1986 年版，第 6～7 頁。
〔註 27〕錢鍾書：《管錐編》（第 2 冊），中華書局 1986 年版，第 444～448 頁。
〔註 28〕關於這個問題更深入的論述，請參閱余英時：《士與中國文化》，上海人民出版社 1987 年版。閻步克：《士大夫政治演生史稿》，北京大學出版社 1996 年版。

想像力。這又可分爲兩種形態：（一）中國古人常常是迷戀於對新空間的創建和想像。比如，《莊子》中的空間形態和空間想像，就具有相當的典型性。這種想像和創建的衝動，成爲中國文人士大夫標誌性的精神特徵。這也就是爲什麼與西方人相比，中國的神話雖然誕生的時間比較遲緩，但神話思維和神話創造卻一直連綿不絕。從《山海經》、《穆天子傳》到《西遊記》甚至《紅樓夢》，神話性的創造和想像都讓中國士大夫迷戀不已。因爲在神話中，總是能很自如地創造出一個新的空間，在這一新的空間中，人們可以自由想像，可以超越世俗生活的種種規範，幻想性地滿足自己無法在現實中獲得實現的種種理想和要求。在這裏，人們心滿意足地建立起一種與新的空間的想像性關係。（二）中國古人在文學表現中，都喜歡描寫幽明兩界的相通性。比如，劉義慶《幽明錄》中就寫有這樣的一個情節：三國魏的玄學大師王弼注《易經》時，嘲笑東漢經學大師鄭玄爲「老奴無意（趣）」，夜間就聽到著屐聲，是鄭玄來責備他：「君年少，何以輕穿文鑿句，而妄譏誚老子邪？」遂使王弼「心生畏惡，少年遇厲疾而卒」。〔註29〕關於表現這種幽明兩界的相通性，特別在中國小說、戲曲中，能找到眾多的例子，中國文人就是通過這種方式來寄託自己或復仇或冥想或祈願的精神訴求。

三

應該說，這種「天圓地方」的空間知覺形式和宇宙秩序從漢代到明代都未曾遭到大的挑戰。可是，在明末，當西洋傳教士來到中國之後，它就遇到了嚴重的麻煩，這一點最深刻的體現在中西方文化交流的歷史語境中。〔註30〕

首先是知識形態學上的衝擊。因爲「傳教士所傳授的有關天體，一次成功地創世，時空的有限性等觀點都與他們的神學相吻合，卻與中國人的世界觀背道而馳，……對時空構造的解釋，自上古以來就是皇權中的主要特權之一」。〔註31〕這下子對中國人的空間知覺的衝擊，真可謂嚴重極了。《利瑪竇中國札記》中就真實地記述了這一情景：「利瑪竇神父是用對中國人來說新奇的歐洲科學知識震驚了整個中國哲學界的，以充分的和邏輯的推理證明了它

〔註29〕 參閱楊義：《中國古典小說史論》，中國社會科學出版社 1995 年版，第 123 頁。

〔註30〕 葛兆光：《天崩地裂》，載《上海文化》，1995 年第 2 期。

〔註31〕 謝和耐：《中國和基督教》，耿升譯，上海古籍出版社 1991 年版，第 90～91 頁。

的新穎的眞理。經過了這麼多的世紀之後，他們才從他那里第一次知道大地是圓的。從前他們堅信一個古老的格言『天圓地方』。」〔註32〕這種來自異域文化的新的空間知覺形式其所內含著的新的異己的力量，很快就被當時的一些人意識到了。有人接受，如方以智在《物理小識》卷二《天漢》中，就以西人所說的「以（望）遠鏡細測天漢皆細星」來否定傳統說法。在《通雅》卷十一中，就曾用西人「天學」知識來批評傳統的「星土分野」說。當然，抗拒的人也有，當時一位名叫張廣湉的人，就在他寫的《避邪摘要略議》中稱，西洋人的天學，是鼓勵中國人「私習天文，僞造曆日」，在當時這可是一件大罪，並說，「假今我國中崇彼教，勢必斥毀孔孟之經傳，斷滅堯舜之道統。」〔註33〕

　　其次，當西方列強挾持著船堅炮利來到中國的時候，對於中國人來說，對「西方」的空間感知，不僅是從原來的無知、模糊轉到了被迫承認、急於探知的階段。更爲重要的是，這時，中國人對「西方」的空間感知，已經不得不從天朝大國轉到承認「夷夏平等」，進而是懼「夷」、畏「夷」。這就有如薛福成曾憂心忡忡地說過的那樣，如今已是「華夷隔絕之天下變爲中外聯屬之天下」，雖堯舜復生，也不能閉關獨治，何況西人早已將中國逼入御變無能的地步。這時，對中國人來說，世界不僅是正在走向中國，而且是蠻不講理地撞向中國。這正如錢鍾書先生的一個形象化比喻：「『中國走向世界』，也可以說是『世界走向中國』，咱們開門走出去，正由於外面有人敲門、推門，甚至破門跳窗進來。」〔註34〕

　　最後，隨著清王朝的解體，進一步地摧毀了傳統空間秩序的穩定感。古老中國終於淪落到「天崩地裂」的危機理念之中，這只要讀一讀那些前清遺老的詩文，其中悲憤之情、惶惑之思，眞可謂血淚淋漓。這一系列的變動對中國人的空間知覺的衝擊不可謂不深刻，不可謂不強烈。這種天崩地裂的感受圖景，把中國人擠到一種岌岌可危的邊沿性境地。可以說，這種「邊沿性」感受貫穿著中國近現代思想史的全部進程。我以爲，中國近現代思想史的許多特徵，都能從這種「邊沿性」內在感受中得到一種歷史心理學的解釋。比

〔註32〕利瑪竇、金民閣：《利瑪竇中國札記》，何高濟等譯，中華書局1983年版，第347頁。

〔註33〕參閱葛兆光：《天崩地裂》，載《上海文化》，1995年第2期。

〔註34〕錢鍾書：《錢鍾書散文全編》，浙江文藝出版社1998年版，第460頁。

如，為什麼原來是建立在時間不可重複性地向前運動這一理念基礎上的進化論思想，到了中國，卻成為一個中國人觀照、反省自己國家與民族在世界體系中位置的空間參照性思想。在我看來，正是由於「邊沿性」空間知覺在其中起著作用。當然，當時的一些敏銳的思想家就已經深感到中國傳統空間知覺方式的「滯後性」。比如，梁啓超就這樣說道：「歌白尼以前，天文家皆謂日繞地球，及歌氏興，乃反其說，於是眾星之位置雖依舊，而所以觀察之者乃大異……空間時間二者，實吾感覺力中所固有之定理，所賴以綜合一切序次一切，皆此具也。苟其無之，則吾終無術以整頓諸感覺而使之就緒。」〔註35〕在我看來，只有那些時間——空間知覺方式受到嚴重挑戰的人，才會具有如此敏銳而深刻的認識。

四

對於中國近代知識分子來說，這時，他們的空間知覺，已經是從外到裏，從表層到深層，都受到了嚴重的挑戰。在他們的意識中，這已是一個充滿不穩定感的動蕩的危機的生存空間，這樣的一種空間知覺是他們所不習慣的，所不堪重負的。這種感受在當時許多知識分子筆下都有著焦慮性的體驗和清晰、急切的表述。康有為在那著名的《強學會序》中，一開頭就說道，「俄北瞰，英西睒，法南瞵，日東眈，處四強鄰之中而為中國，岌岌哉」。〔註36〕鄭觀應在《盛世危言》中的一個附錄裏也是痛心疾呼：「中國之時局危矣！……若猶晏然相安，漠然坐視，因未有不為猶太、波蘭、印度之緒也。」〔註37〕而嚴復在《國聞報》上發表的《有如三保》，更是憂心忡忡地說道：「世變之法將有滅種之禍，不僅亡國而已。」〔註38〕這不僅僅是一般性的憂患之思，在這些焦慮和沉痛的背後，是一種對已有的習慣化的感知方式的危機感。〔註

〔註35〕梁啓超：《近世第一大哲康德之學說》，《飲冰室合集·文集（第13冊）》，上海中華書局1936年版。

〔註36〕康有為：《康有為詩文選》，陳永正編注，廣東人民出版社1983年版，第469頁。

〔註37〕鄭觀應：《鄭觀應集》（上冊），夏東元編，上海人民出版社1982年版，第343頁。

〔註38〕嚴復：《嚴復集》（第1冊），王栻編，中華書局1986年版，第96頁。

〔註39〕參閱王曉明：《從奏章到小說》，見《錢谷融先生教學著述六十週年紀念論文集》，浙江文藝出版社1998年版。

39〕也就是說，傳統的、穩固的、有序化的空間感、秩序感被動搖了，代之而起是一種無方向感、無中心感。雖然，中國傳統社會也曾多次淪於異族統治之下，中國傳統的士大夫都能夠很快地重建起這種秩序感和穩定感的空間知覺，這些心理策略和文化策略甚至已成爲一種文化的「集體無意識」。但是，對於中國近代知識分子來說，這次所身陷的情況卻有些特殊和複雜，因爲在這時已經不存在像過去那樣的文化資源的優越感和自信力，他們深知自己現在所遭遇的「文化」或「文明」，不是過去的那種「夷」。然而，在這種情形下，他們內在的應付危機的方式又是什麼呢？──還是回到老路上去，即極力去創建、想像一個新的空間形態來應付眼前的危機，來寄託自己的烏托邦式的理想。很顯然，如果改革必須是自上而下的方式，必須得到統治者的支持，那麼，提前想像一套改革後的中國前景，這不僅是一種複雜的政治策略，也是一種內在衝動。因爲，這一方面能打動統治階層的心，以求取得他們的支持，另一方面也是爲自己鼓勁。〔註40〕所以，王韜就很肯定地說：「中國地方萬里，才智之士數十萬，五六十年而後，西學既精，天下其宗中國乎。」〔註41〕薛福成則斷言：「安得以天地將泄之秘，而謂西人獨擅之乎？又安知百數十年後，中國不更架其上乎？……以中國人之才智，視西人安在其不可以相勝也。」〔註42〕康有爲更是信心十足地向光緒帝說道：「泰西之變法至遲也，故自倍根至今，五百年而治藝乃成，日本之步武泰西至速也，故自維新至今，三十年而治藝已成……吾今取之至近之日本，察其變法之條理先後，則吾之治效，可三年而成，尤爲捷疾也。」〔註43〕「皇上若採臣言，中國之治法，可計日而待也。」〔註44〕

　　在這些有關中國改革之後的前景的想像中，動蕩的、不穩定的、危機的空間感消失了，中國人的心靈在這種前景（空間）的想像中又獲得樂觀的安居。

〔註40〕參閱王曉明：《從奏章到小說》，見《錢谷融先生教學著述六十週年紀念論文集》，浙江文藝出版社1998年版。

〔註41〕王韜：《救時芻議》，見《萬國公報》，第43期（1829年2月）。

〔註42〕薛福成：《變法》，見《晚清文選》，鄭振鐸編，上海書店1987年影印本，第219頁。

〔註43〕康有爲：《康有爲詩文選》，陳永正編注，廣東人民出版社1983年版，第439頁。

〔註44〕康有爲：《康有爲詩文選》，陳永正編注，廣東人民出版社1983年版，第537頁。

在這裏，特別值得注意的是，他們都聲稱，改革後的中國必將稱霸世界，重新回到那個永恒的世界中心。王韜明確地斷言，西方將在重新強大起來的中國面前「俯首以聽命」。〔註45〕康有爲作一首《愛國歌》，共十二段，其中第十一段說：「唯我有霸國之資格兮，橫覽大地無與我頡頏。我何幸生此第一大國兮，神氣王長。」第十二段的結尾，則乾脆以這樣的口氣作結：「縱橫絕五州兮，看黃龍旗之飛舞。」〔註46〕一副天朝老大的神氣又躍然紙上，傳統的空間知覺方式又一次佔了上風。儘管這種對中國前景的想像，已經被渲染得如此美妙誘人，梁啓超似乎覺得還不過癮，就親自改用舊小說的形式，直接取名爲《新中國未來紀》，這部小說雖然只是開了一個頭，並沒有寫完，但它的大綱已經擬就，是如此這般：「其結構，先於南方有一省獨立，……權爭之後，各省即應之，……合爲一聯邦大共和國。……國力之富冠絕全球，尋以西藏、蒙古主權問題與俄羅斯開戰端……大破俄軍，復有民間志士，以私人資格暗助俄羅斯虛無黨覆其專制政府。最後因英、美、荷蘭諸國殖民地虐待黃人問題，幾釀成人種戰爭……中國爲主盟，協同日本、菲律賓諸國，互整軍備……卒在中國開一萬國和平會議，中國宰相爲議長，議定黃白兩種人權利平等，互相親睦種種條款，而此書亦以此結局矣。」〔註47〕在這種前景想像之中，中國又回到世界秩序的中心，並以此來想像性地建構世界的新格局和新秩序，在這一派樂觀的前景中，我們隱隱約約地看到了傳統空間知覺的復活。

然而，歷史情境到了這一時期，已經變得不可逆轉了，所以，越是在那種慷慨激昂、信心十足的言辭背後，我們越能把握到一種混亂迷茫的圖景。比如，他們爲了突出中國的中心地位，不惜毫無方位感地對諸多國家進行隨心所欲的拼合，後人可能會對他們在地理學知識上的隨意性而感到困惑，〔註48〕但是，這裡正隱含著他們爲了給最高統治者和自己鼓勁的一派苦心。所以，在某種意義上說，中國一旦不能走出這種古老的空間知覺的方式，要想完成自身的近代化進程，是相當困難的，因爲它首先遇到的就是自己的根深蒂固的空間知覺的牽制。

〔註45〕 王韜：《弢園尺牘續鈔》第 3 卷。

〔註46〕 康有爲：《萬木草堂詩集》，上海人民出版社 1996 年版。

〔註47〕 梁啓超：《中國唯一之文學報〈新小說〉》，載《新民叢報》第 14 號（1902 年 8 月）。

〔註48〕 參閱郭雙林：《西潮激蕩下的晚清地理學》，北京大學出版社 2000 年版；鄒振環：《晚清西方地理學在中國》，上海古籍出版社 2000 年版。

五

　　從空間知覺方式的變遷及其內在矛盾性的角度來思考中國近現代思想史的特徵，我以爲，這可能將是一個新思路。如果說，「現代性」的問題，在西方語境中，首先是一個時間性問題，〔註49〕那麼，在我看來，當中國的古老世界在遭遇「現代性」的時候，它首先遇到的則是一個空間性問題：一個從「天圓地方」到「天崩地裂」的急劇變遷的問題。所以，我以爲，從空間知覺的邊沿性特徵入手，這是我們探究曲曲折折、重重疊疊的中國近現代思想史的一個比較好的位置感。當然，這也是我目前思考、研究魯迅的一個基本歷史思想和理論視野。

第二節　邊沿意識：一種生命存在的獨特形態

一

　　在《影的告別》中，魯迅寫下了這樣一段話：

　　　　然而，我終於彷徨於明暗之間，我不知道是黃昏還是黎明。我姑且舉灰黑的手裝作喝乾一杯酒，我將在不知道時候的時候獨自遠行。

　　　　嗚乎嗚乎，倘若黃昏，黑夜自然會來沉沒我，否則我要被白天消失，如果現是黎明。

在《頹敗線的顫動》中，魯迅塑造了這樣一個形象：

　　　　她在深夜中盡走，一直走到無邊的荒野；四面都是荒野，頭上只有高天，並無一個蟲鳥飛過。她赤身露體地，石像似的站在荒野的中央，於一刹那間照見過往的一切……她於是舉兩手儘量向天，口唇間漏出人與獸的，非人間所有，所以無詞的言語。

在《死火》中，魯迅講述了這樣一個夢境：

　　　　我夢見自己在冰山間奔馳。

　　　　……

　　　　但我忽然墜在冰谷中。

<hr />

〔註49〕汪暉：《韋伯與中國的現代性問題》，見《汪暉自選集》，廣西師範大學出版社1997年版。

在《怎麼寫》一文中，魯迅敘述了這樣一種心情：

> 我靠了石欄遠眺，聽得自己的心音，四遠還彷彿有無量悲哀，苦惱，零落，死滅，都離入這寂靜中，使它變成藥酒，加色、加味、加香。這時我曾經想要寫，但不能寫，無從寫。

這些不同篇章中的四段話，從表面上看，它們之間並不存在著必然的聯繫。但是，細細一讀，就能發現，它們在空間的知覺方式上，卻有著驚人的一致性：即都選擇了一個敏感而特殊的邊沿性位置——「明暗之間」、「無邊的荒野」、「冰山與深谷」以及「石欄」——來展開自己的隱喻和想像。從空間位置來看，這四個位置都是處在一個盡頭或者說一個極限上。從對這些邊沿位置的體驗來看，其潛在的意味是：一個危機與逆轉的關口，一個選擇與棄絕的關口，一個疏離與進入的關口，一個充實與空虛、沉默與開口的關口。如果我們把分析的視野再擴展開來，那麼，就會發現，對於人類的心理體驗來說，處在這樣的關口，往往是主體的心理活動最活躍、最複雜的時刻。對於人類的認知與思維來說，處於這樣的關口，往往會形成某種特別敏銳的觀察、感受方式，會形成某種極其特殊、深刻的思維方式。對於人類的藝術想像來說，處在這樣的關口，就有如在藝術家的想像通道口上，架起一個多稜鏡，人性的秘密和生活的形象在這裏變幻不息。因此，這種因主體存在、體驗或選擇的空間邊沿性而創造出來的邊沿性心理、邊沿性思維和邊沿性想像，已經成為世界思想史和文學（藝術）史上一個值得探討的現象。

二

回溯文化史，我們會發現，人類的邊沿性思維、邊沿性心理、邊沿性想像，源遠流長。早在「蘇拉格底的對話」中就已經存在。比如，在柏拉圖的《蘇格拉底申辯論》中，審判和等待宣佈死刑的場景，決定了蘇格拉底語言的特殊性質，他是作為站在邊沿上的人進行答詢式的自白。還有《斐多篇》裏關於心靈永生的交談，以及交談中人物神態和內心的波折跌宕，都是由生命臨終的場景直接決定了的。這一點，後來在《盧奇安對話集》中全面發展成了一種所謂的「地獄邊的對話」。〔註50〕這種對邊沿性心理、邊沿性思維和邊沿性想像的藝術表現，到了近現代，更是得到眾多作家的青睞。波特萊爾

〔註50〕參閱巴赫金：《巴赫金全集》第6卷，錢中文譯，河北教育出版社1998年版，第146頁。

在《窗戶》中，就曾想像過這樣一種邊沿性圖景：「從打開的窗戶外面向室內觀看的人，決不會像一個從關著的窗戶外面觀看的人能見到那麼多的事物。沒有任何東西比一扇被燭光照亮的窗戶更深邃、更神秘、更豐富、更陰鬱、更燦爛奪目。在陽光下所能見到的一切往往不及在窗玻璃後面發生的事情那樣有趣。在這黑暗的或是光亮的洞穴裏，生命在延長，生命在做夢，生命在受苦。」托爾斯泰就是這樣一位描寫這種邊沿性心理、邊沿性思維和邊沿性想像的偉大作家。比如，在《戰爭與和平》中，托爾斯泰描寫了安德烈受重傷（一種生命的邊沿）時的心理過程：「高高的天空，雖然不明朗，卻仍然是無限高遠，天空中靜靜地飄浮著灰色的雲。……『多麼安靜，肅穆，多麼莊嚴，完全不像我那樣奔跑』，安德烈公爵想：『不像我那樣奔跑、吶喊、搏鬥。完全不像法國兵和炮兵那樣滿臉帶著憤怒和驚恐互相爭奪探帚，也完全不像那朵雲彩在無限的高空中那樣飄浮。爲什麼我以前沒有見過這麼高遠的天空？一切都是空虛，一切都是欺騙。除了它之外什麼都沒有，什麼都沒有，甚至連天空也沒有，除了安靜、肅靜，什麼也沒有。謝謝上帝……』」像如此這般的對一個人處於生命或情感邊沿時的心理和思想的變化、流動的想像與描寫，在托爾斯泰作品中比比皆是。

如果說，對於波特萊爾來說，這種邊沿性位置給予他的是豐富、瑰麗的藝術想像力。那麼，對於屠格涅夫來說，他在《門檻》這一邊沿上，則發現了一個人做出選擇、做出犧牲的艱難和勇氣：「啊，你想跨進這門檻來做什麼？你知道裏面有什麼東西在等著你？」茨威格更是一個善於想像與創造邊沿性的藝術世界的大作家。他在小說《象棋的故事》中，描寫了一個律師 B 博士在納粹集中營這樣一個空間和生命都處於邊沿性的地方，是如何借助於一本棋譜，度過一段邊沿性的精神生活。這部小說對那種人類處於邊沿時的心理狀態，描寫得驚心動魄。他告訴人們：只有人類才可能不斷忍受這種邊沿感，也只有人類才可能借助自我的想像力、智慧戰勝這種邊沿性所帶來的空虛和焦慮。當然，在世界文學史和思想史上，集中體現這種邊沿性思維、邊沿性心理、邊沿性想像，還有兩個典型的例子：一個是陀思妥耶夫斯基，就在他臨刑前（這是一個人的生命邊沿），突然，又被宣佈赦免死刑，這時他看到了教堂在晨曦中紅光四射，好像爲了天國的最後晚餐，神聖的朝霞染紅了教堂外觀。他望著教堂，突然有一種幸福的感覺，彷彿看到了在死的後面是神的生活。這是一種糅合著痛苦與甜美、危機與安詳、希望與絕望的心情，一種

渴望與尋找「神」的心情。〔註51〕正如巴赫金在研究中發現的那樣，這一切都深刻地影響了陀思妥耶夫斯基的小說創作的思想與風格。只要我們看一看《罪與罰》中拉斯柯尼科夫在用斧頭砍死一個放高利貸的老太婆之後的一系列心理危機，看一看《卡拉馬佐夫兄弟》中伊凡與「魔鬼」（伊凡內心的另一個自我）的對話，就會知道，這是一個有著多麼博大而深刻的邊沿感的作家，這些都是世界文學史和思想史上最為激動人心的篇章。另一個就是卡夫卡，《變形記》中的格里高爾・薩姆沙，有一天起床後發現自己變成一隻大甲蟲（一種處於人性的邊沿）；《城堡》中那個測量員 K，無論怎樣都無法進入城堡（一種精神想像的邊沿）；《審判》中的約瑟夫・K，一天早晨醒來，一個無形的法庭代表闖進他的家門，宣佈他「被捕」了，後來又被莫名其妙地處死（一種生命危險的邊沿）；《地洞》中的那隻小動物，即使躲到地洞深處，仍感到四周有敵人侵襲，終日心驚膽戰（一種生活空間的邊沿）。

從上面我們對世界文學史與思想史上邊沿性心理、邊沿性想像與邊沿性思維的一個簡要分析，可以看出，「邊沿」這一空間知覺，內含著豐富而深刻的思想、精神、想像的內涵。當然，在另一方面，「邊沿」這一概念，由於如此的常見和常用，就像一枚因使用過久而變得面目模糊的硬幣一樣，因此，有必要在這裏對它的內涵，從哲學與文化學等意義向度，做些簡要的闡釋。從哲學向度上看，邊沿意識在縱軸上，它向上與超越性聯繫在一起，向下則與異化、荒誕等困境聯結在一起；在橫軸上，相對中心而言，邊沿又是一種疏離、一種不信任、一種嘲諷和一種解構。從文化學向度上看，邊沿意識體現的是一種獨立的理性的精神和思想的存在方式。從藝術創作心理學來看，邊沿意識又將帶給一個作家以更自由和更具超越感的想像力。

三

讓我們再一次回到魯迅的精神世界。如果說，那個「靠了石欄遠眺的人」是魯迅的一種隱喻性自我形象的話，那麼，當他站在這沉重的邊沿時，他究竟看到了什麼？又想到了什麼？這又怎樣深刻地影響了他的創作呢？這一切在世界文學史和思想史上又具有怎樣的意義？每當我閱讀魯迅作品時，這種邊沿性的體驗和邊沿性的空間感，就一直攫住我的心靈和想像。

〔註51〕參閱茨威格：《人類群星燦爛的時代》，舒昌善譯，三聯書店 1987 年版。

在我看來，魯迅的一生都處於這種邊沿意識之中。更重要的是，他一生對這種邊沿性都有著極其深切、敏銳的感受，有著一種超乎常人的獨立、執著的堅守。——就這樣，他以自己獨特的人格和創作，躍進了人類精神的深淵。

少年時代，家境的突然變故和急劇衰敗，使得魯迅過早地就感受到人世間的陰暗的一面。他在一篇回憶文章中就談到的一個細節：「我從一倍高的櫃檯外送上衣服或首飾去，在侮蔑裏接了錢，再到一樣高的櫃檯上給我久病的父親去買藥」〔註 52〕——在寫下這段話時，他已是人到中年，然而，他對那櫃檯的高度依然記得如此清晰，他對那「侮蔑」的眼光依然如此敏感，他對自己在櫃檯外（一種生活的邊沿）的感受依然是如此的刻骨銘心，這一切都讓我震撼不已。他也曾感慨地說道：「有誰從小康人家而墜入困境的麼，我以爲在這途路中，大概可以看見世人的眞面目。」〔註 53〕多年之後，當有一次許廣平在通信中，向他抱怨說親戚的難纏時，他的回信卻說：「嘗嘗也好，因爲更可以知道所謂親戚本家是怎麼一回事，知道世事可以更加眞切了，倘永是在同一境遇，不忽而窮，忽而又有點收入，看世事就不能有這麼多變化。」〔註 54〕在廣州時，有一次，當青年學生問他爲什麼憎惡舊社會時，他直截了當地回答道：「我小的時候，因爲家境好，人們看我像王子一樣，但是，一旦我家庭發生變故後，人們就把我看成叫花子都不如了，我感到這不是一個人住的社會，從那時起，我就恨這個社會。」〔註 55〕由於這些世態的炎涼、人性的陰暗所造成的創傷，在他心智還不成熟然而又特別敏感的少年時代就強加於他，使得他一生都背負著這種疏離感，再也擺脫不掉，並深深地影響了他往後的思想判斷和情感氣質。〔註 56〕所以，當他離開家鄉，要進水師學堂，他卻把這件事稱爲「彷彿是想走異路，逃異地，去尋求別樣的人們。」〔註 57〕在離鄉不久的家書中，他無比沉鬱地表達了自己在旅次中特殊的「異鄉人」的感受：「斜日將墜之時，暝色逼人，四顧滿目非故鄉之人，細聆蕩耳皆異鄉

〔註 52〕《吶喊·自序》。
〔註 53〕《吶喊·自序》。
〔註 54〕魯迅 1926 年 10 月 28 日致許廣平信，見《兩地書》。
〔註 55〕薛綏之主編：《魯迅生平史料彙編》第四輯，天津人民出版社 1987 年版，第 359 頁。
〔註 56〕參閱王曉明：《魯迅傳》，上海文藝出版社 1993 年。
〔註 57〕《吶喊·自序》。

之語，一念及家鄉萬里，老親弱弟必時時相語，謂今日當至某處矣，此時，真覺柔腸欲斷，涕不可抑。」〔註58〕

如果說，到此爲止，異鄉感、邊沿感，只是一種因環境的變遷而帶來的生存的挫折感，只是一種少年人特別容易敏感到的心理創傷，只是在他的情感底色上刻下深淺不一的痕跡。那麼，留學日本時期的《新生》的流產，使得他感受到的則是自己的思想在時代的邊沿性。他回憶說：「我感到未嘗經驗的無聊，是自此以後的事。我當初是不知其所以然的；後來想，凡有一個人的主張，得了贊和，是促其前進的，得了反對，是促其奮鬥的，獨有叫喊於生人中，而生人並無反應，既非贊同，也無反對，如置身毫無邊際的荒原，無可措手的了，這是怎樣的悲哀呵，我於是以我所感到者爲寂寞。」〔註59〕值得指出的是，這時的「邊沿性」已經不僅僅是一種滲透著寂寞、孤獨和悲哀的感受，更重要的是，這種感受同時也滲透著作者對於整個時代的精神苦悶。《新生》的思想活動失敗不久，母親又遞給了他一杯婚姻的苦酒，人生的失敗接踵而來，讓我們來聽聽他當時痛苦的心靈吧：「我於是用了種種法，來麻醉自己的靈魂，使我沉入於國民中，使我回到古代去。」〔註60〕這時的魯迅，就是如此深切地感到自己正處於人生的邊沿，他甚至刻了一方石章，曰「竢堂」，又給自己選了一個號，叫作「俟堂」。「竢」、「俟」都是「待死」的意思。如果一個人在人生的邊沿上已經徘徊了這麼久，並且，這種邊沿感已經使他對自己都表示出一種棄絕的態度，那麼，他又怎麼會激昂、樂觀呢？同樣的，他又怎麼不會對所有的一切都投以深深的懷疑目光呢？〔註61〕這種心境就有如傅雷對倫勃朗畫作的觀賞體驗，四周是如此的陰暗，總讓人感到有一股飄忽、陰冷的氣息正緊緊地逼來，畫面中央有那麼一道光線搖曳著穿過，然而，那一點微弱的亮光更使人看到光亮之外黑暗的廣大、濃重，更能讓人想像到畫面人物朦朧的表情中正隱藏著無量的悲哀，彷彿人生的燈盞正漸漸地暗淡，儘管還沒有到了最後的熄滅，但已經臨近，哪怕只要一絲的風，就有熄滅的可能。〔註62〕

〔註58〕《集外集拾遺補編》，第467頁。

〔註59〕《吶喊·自序》。

〔註60〕《吶喊·自序》。

〔註61〕參閱王曉明：《魯迅傳》，上海文藝出版社1993年。

〔註62〕參閱傅雷：《世界美術名作二十講》，三聯書店1985年版。

「五四」的浪潮終於把遲疑的魯迅卷了進去。但是，我們在魯迅「五四」的吶喊聲中，更多的是聽到他的絕望之聲和反抗內心絕望的掙扎之音。且不說《野草》中那些頹敗、枯寂的意象，那些無詞的言語，那些彌漫於文本中的沉重、淒厲的氣氛，那些讓人感到奇兀、淒絕的想像方式。事實上，整個的二十世紀二十年代，魯迅都處於這種「彷徨於明與暗之間」的邊沿意識之中。1925 年，他對許廣平說：「我所說的話，常與所想的不同，至於何以如此，則我已在《吶喊》的序上說過：不願再將自己的思想，傳染給別人。何以不願，則因爲我的思想太黑暗，而自己終不能確知是否正確之故。」〔註63〕1926年 11 月，他在《寫在〈墳〉後面》中說道：「然而我至今終於不明白我一向是在做什麼。比方做土工的罷，做著做著，而不明白是在築臺呢還在掘坑。所知道的是即使是築臺，也無非要將自己從那上面跌下來或者顯示老死；倘是掘坑，那就當然不過是埋掉自己。」〔註 64〕這裏的築臺、掘坑和跌死，都是一種邊沿性的說法，都是對那種處於邊沿上的危機感和疏離感、絕望感的隱喻。

1928 年，魯迅同許廣平來到上海，開始了他生活和生命的新階段。在接下來的思想和文藝鬥爭中，他儼然成爲左翼陣營的精神領袖。但這一切都無法使他「竦身一搖」，擺脫開那種與他生命緊緊相連的邊沿感，擺脫開那種總是用邊沿性的眼光看待世界的思維方式，那種用邊沿性的想像方式來揭穿社會假面的潛在衝動。1934 年 7 月 30 日，他在給日本朋友山本初枝的信中就說道：「我有生以來，從未見過近來這樣的黑暗，……非反抗不可。」〔註65〕同年 12 月 18 日，他在給楊霽雲的信中，自稱是在敵人和「戰友」的夾攻下「橫站」。〔註66〕1935 年 4 月 23 日，他在給蕭軍、蕭紅的信中說道，「最令人寒心而且灰心的，是友軍中的從背後來的暗箭，受傷之後，同一營壘中的快意的笑臉。」〔註67〕四個月後，他又說道，「使我自己說，我大約也還是一個破落戶，不過思想較新。」〔註 68〕到這裏，他已把自己整個地放在中國知識分子的精神歷史的「邊沿」來加以看待和理解了。

〔註63〕魯迅 1925 年 5 月 30 日致許廣平信，見《兩地書》。
〔註64〕《墳·寫在〈墳〉後面》。
〔註65〕魯迅 1934 年 7 月 30 日致山本初枝信。
〔註66〕魯迅 1934 年 12 月 18 日致楊霽雲信。
〔註67〕魯迅 1935 年 4 月 23 日致蕭軍、蕭紅信。
〔註68〕魯迅 1935 年 8 月 24 日致蕭軍信。

　　從少年時代對自己的現實生活的邊沿性的感知，到青年時代對自己生命的邊沿性的感知，到中年時代對自己在時代思想中的邊沿性的感知，再到晚年對自己在整個知識分子精神歷史中的邊沿性的感知。就是這樣，魯迅一步一步地把自己向邊沿推進，同時又是不斷地「加色、加味、加香」，使自己對這種邊沿的認識無限深化和豐富；就是這樣，他一步一個腳印地讓自己立定在邊沿的位置，同時，又不斷地堅守著自己獨立的品格。著名德語作家《荒原狼》的作者赫爾曼・黑塞曾說過這樣的一段話：

　　　　每當某種聯想使我獲得「耶穌」的印象，或者耶穌這個詞語鳴響於我的耳畔，映入我的眼簾時，我在最初的一瞬所看見的絕不是十字架上的耶穌，或者是沙漠中的耶穌，或者是顯示奇遇的耶穌，或者是復活的耶穌。而是看見一個在西客馬尼花園飲下最後一杯孤獨之酒的耶穌，此刻，死亡和更高的新生的痛苦撕裂著他的靈魂，他以臨終前那種動人心弦的，孩子般祈盼慰藉的神態環視著他的門徒，試圖在絕望的孤獨中尋得一絲溫暖和人間親情，一點美麗而稍縱即逝的幻覺，然而他的門徒都在睡覺！……就在痛苦無法忍受的時刻，他轉身尋望這些志同道合者，這些唯一追隨他的門徒，他是如此的坦然，如此地充滿人性，如此地忍受著痛苦，此刻，他比以往任何時候更接近他們。〔註69〕

是的，就像那陀氏站在人生的邊沿上，突然發現自己比任何時候都接近天國一樣，就像偉大的基督，在此刻發現自己比任何時候更接於人性一樣，儘管魯迅一生都站在「邊沿」上，然而，他比現代中國任何一個人都接近於他的民族，都深知他的民族的心靈，都憎恨那些靈魂不幸的老中國的兒女們，卻又像他自己強調的那樣，必須「像熱烈地擁抱著所愛一樣，更熱情地擁抱著所憎——恰如赫爾庫來斯的緊抱了巨人安太烏斯一樣，因為要折斷他的肋骨」〔註70〕。——他就是以這種獨特的方式貼近和深吻著他腳下的大地，照拂著那些不幸的人們，正是在這一點上，魯迅以反抗絕望的姿態走進了人類偉大人物的形象之列。

〔註69〕參見《陀思妥耶夫斯基的上帝》，社科文獻出版社1999年，第44頁。
〔註70〕《且介亭雜文二集・再論「文人相輕」》。

－216－

四

正因為他對邊沿性有著如此強烈而深沉的體驗，所以，魯迅對中西方思想文化史上那些邊沿性的人物，才會有著深沉的認同感，才會有著如此強大的思想穿透力，他在這些人物身上發現了別人所未能發現的思想內涵。這一點，從魯迅對古籍與翻譯作品的選擇上，就看得很明顯。在《域外小說集》中，魯迅所譯的安德萊夫的《謾》和《默》、迦爾洵的《四日》等小說，都是充滿著一種沉重、壓抑的邊沿感。他後來收錄在《現代小說譯叢》、《現代日本小說集》中的譯作，如《黯澹的煙靄裏》、《幸福》、《三浦右衛門的最後》等，都是描寫一種邊沿性的人性與人生。在譯了《工人綏惠略夫》四年之後，在一次與許廣平的通信中，他還這樣評價小說中的主人公：「要救群眾，而反被群眾所迫害。終至於成了單身，忿激之餘，一轉而仇視一切，無論對誰都開槍，自己也歸於毀滅。」〔註71〕可見，他對自己譯筆下的人物的情感、思想、命運的邊沿感，有著多麼深切的認同。又比如，魯迅在《漢文學史綱要》的司馬遷一節中，曾特意引述了司馬遷《報任安書》中的一段話：

> ……所以隱忍苟活，幽於糞土之中而不辭者，恨私心有所不盡，鄙陋沒世而文采不表於後也。
>
> 古者富貴而名摩滅，不可勝記，惟倜儻非常之人稱焉。蓋文王拘而演《周易》；仲尼厄而作《春秋》；屈原放逐，乃賦《離騷》；左丘失明，厥有《國語》；孫子臏腳，兵法修列。……《詩》三百篇，大抵賢聖發憤之所為作也。此人皆意有所鬱結，不得通其道，故述往事，思來者。及如左丘無目，孫子斷足，終不可用，退而論書策，以舒其憤，思垂空文以自見。僕竊不遜，近自託於無能之辭，網羅天下放失舊聞，略考其事，綜其始終，稽其成敗興壞之紀，……凡百三十篇。亦欲以究天人之際，通古今之變，成一家之言。草創未就，會遭此禍，惜其不成，是以就極刑而無慍色。僕誠已著此書，藏之名山，傳之其人，通邑大都，則僕償前辱之責，雖萬被戮，豈有悔哉？然此可為智者道，難為俗人言也！

司馬遷在這段話中特別點出古之聖賢正是處於邊沿狀態（無論是肢體還是生命）而激發了他們偉大的作為，並且只有這種邊沿性的狀態，才能真正使他

〔註71〕魯迅 1925 年 5 月 30 日致許廣平信，見《兩地書》。

們獲得一種可為「智者道，難為俗人言」的智慧。就在引述司馬遷的這段論述之後，魯迅對司馬遷評論道：「恨為弄臣，寄心楮墨，感身世之戮辱，傳畸人於千秋，雖背《春秋》之義，固不失為史家之絕唱，無韻之《離騷》矣。惟不拘於史法，不囿於字句，發於情，肆於心而為文……」可以見出，魯迅對司馬遷文中的身世之感，以及司馬遷的這種身世之感對創作的影響，有著多麼深刻的認同和理解。值得注意的是，魯迅在這裏把《史記》與《離騷》聯繫在一起，而這兩部書，可以說，都是作者的人生境遇處於邊沿之際，憑心而言、不遵矩度的逸響偉辭。魯迅就是如此敏銳地穿透了這種獨特的創作心理秘密，就在這穿透之中，他照見了人類偉大的思想與藝術的創造本質。

那麼，對魯迅來說，其內在的這種邊沿意識，帶給他的是一種怎樣的邊沿性思維、邊沿性心理和邊沿性想像力呢？而這又對他的創作產生怎樣的影響呢？

第三節　邊沿意識與魯迅的創作

一

我們可以做這樣的一個設想：如果一個人置身於邊沿性的空間位置上，那麼，在他的視覺圖景之中，萬物都將被整合進如下一個統一的平面二度空間之內，將形成如下圖所示的視覺結構：

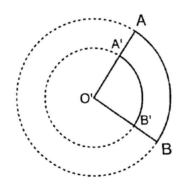

1. O' 是指邊沿性的空間位置

2. A' O' B' 是指第一層次的視野，在這一層次的視野中，事物呈現各自的多樣性，聯繫性和比較性。

　　3. AO' B 是指第二層次的視野，在這一層次的視野中，事物被成像化。

　　如圖所示，在這樣的一個平面二度空間內，事物之間原來中斷的、模糊的甚至不存在的聯繫性、比照性就被建立起來。也就是說，這些被主體視覺所整合進同一空間內的事物，它們各自的多樣性特徵及其相互之間的矛盾性，由於有了聯繫、對比，就顯示出來。這就猶如在一個舞臺上，雖然已有了許多道具、布景，但在劇情還沒有開演之前，它們充其量只是一些物品或畫有圖案的幕布。但是，一旦燈光照亮，音樂響起，情節開始了，那麼，這一切就彷彿一下子被賦予了生命和意義，成爲劇情中一個有機的組成部分。我以爲，這就是邊沿意識帶來的第一個思維特徵：它使得主體獲得了一種善於在同時共存和相互作用、聯繫之中觀察一切事物的思維能力。〔註 72〕如果要對這一思維特徵進行一個形象化的概括，那麼，它就如釋典《楞嚴經》中所說的那樣：「道場中陳設有八圓鏡，各安其方，又取八鏡，覆懸虛空，與壇場所安之鏡，方向相對，使其形影，重重相涉。」我以爲，釋典中所說的這種甲鏡攝乙鏡，而乙鏡復攝甲鏡之攝，交互映照的變動的、流轉的方式，就很接近於邊沿意識所帶來的對事物獨特的觀察、思維的方式，我稱之爲思維的「鏡幻化特徵」。我以爲，這種鏡幻化的思維方式、觀察事物的方式，使得魯迅對自己所面對的世界有著極其敏銳、極其深刻、極其豐富的感受力，在這個意義上說，極具陀思妥耶夫斯基式的思維方法：即「在別人只看到一種或千篇一律事物的地方，他卻能看到眾多而且豐富多彩的事物。別人只看到一種思想的地方，他卻能發現，能感觸到兩種乃至多種思想，別人只看到一種品格的地方，他卻能從中揭示出另一種相反品格的存在。一切看來平常的地方，然而在他的世界裏變得複雜了，有了多種成分。在每一種聲音裏，他能聽出兩個相互爭論的聲音；在每一個表情裏，他能看出消沉的神情，並且立刻準備變爲另一種相反的表情；在每一個手勢裏，他同時能察覺到十足自信和疑慮不決；在每一個現象上，他能感知存在著深刻的雙重性和多種含義。」〔註 73〕這也就像他曾經用自己獨特的話語方式所表達過的那樣：「自稱盜賊的無須防，得其反倒是好人；自稱正人君子的必須防，得其反則是盜賊。」〔註

〔註 72〕 參閱巴赫金：《拉伯雷的創作與中世紀和文藝復興時期的民間文化》，見《巴赫金全集》第 6 卷，河北教育出版社 1998 年。

〔註 73〕 參閱巴赫金：《拉伯雷的創作與中世紀和文藝復興時期的民間文化》，見《巴赫金全集》第 6 卷，河北教育出版社 1998 年。

〔註 74〕 《而已集·小雜感》。

74）「我們所認爲在崇拜偶像者，其中的有一部分其實並不然，他本人原不信偶像，不過將這來做傀儡罷了。和尙喝酒養婆娘，他最不信天堂地獄。巫師對人見鬼見神，但神鬼是怎樣的東西，他自己的心裏是明白的。」〔註75〕當然，魯迅的這種鏡幻化的觀察、思維才能，在那些長篇雜文中得到了更淋漓盡致的發揮。

　　例如，《論照相之類》這篇雜文，作者開頭是以回憶者的口吻，漫不經心地敘述了 S 城的人們關於洋鬼子挖眼睛、挖心肝的紛紛擾擾的傳聞。這樣的傳聞，在西方文明進入到中國內地期間，是經常能遇到的，它常以扭曲、變形的方式糅合著當地迷信、謠傳，捏造出一個個可驚可怖的傳聞來。魯迅就是抓住這種傳聞「似是而非」、「以訛傳訛」的特徵，點出了傳統社會在遭遇西方文化時所表現出來的「迷信」與「恐懼」相混雜的社會心理。這些筆墨戲擬了鄉下老太太的無知的口吻、思維方式和話語方式，就在這種充滿滑稽感、荒誕不經而又相當口語化的話語方式中暗含著作者批判的鋒芒。接著，作者有意設置了這樣的一個疑問：「然而洋鬼子是吃醃眼睛來代醃菜的麼？」答曰：「是不然，據說是應用的。一，用於電線……二，用於照相。」這段看似平常的自問自答，當然都是作者戲擬 S 城人們出於自身的迷信心理而設想出來的，然而，爲什麼眼睛能用於照相呢？——作者順著這一思路伴問道——原來是「因爲我們只要和別人對立，他的瞳子裏一定有我的一個小照相的」。這又是一種建立在鄉下人經驗之上的推理。事實上，中國社會中的許多荒謬思想，就是建立在這樣似是而非的推理之上，由此，作者的筆鋒就深入到了對「國民性」中的思維方式的批判層面上來。接著，作者又從挖眼睛作爲照相材料的情況轉到照相形式有所謂的「二我圖」、「求己圖」等等。從這些照相形式上，作者點出了其中隱藏著可怕的「繪圖倫理學」，那就是：「凡是人主，也容易變成奴隸，因爲他一面既承認可做主人，一面就當然承認可做奴隸，所以威力一墜，就死心塌地，俯首帖耳於新主人之前了。」至此，魯迅就從對一般性社會迷信心態的批判，推進了對深層次的文化心理結構的批判。在這逐層深化的解剖中，我們彷彿又聽到魯迅在年輕時所思索的問題的回聲：爲什麼我們民族缺少「誠」與「愛」呢？——那是因爲淪於異族的時間太久了。接著，作者又順著關於照相的思路，聯想到北京街頭照相館所常見的梅蘭芳的男扮女裝相，最後點出，這是由於中國人長期受到壓抑而導

〔註75〕《集外集拾遺·通信（覆張孟聞）》。

致的文化心理的畸形變態和審美趣味的畸形變態。就是這樣,作者看似漫不經心地把一些很常見的生活細節和生活現象整合在一起,讓它們悄然之間發生了深刻的聯繫、對照,從而揭穿了隱藏在它們背後的心理特徵。這些生活細節、生活現象,就如一面面小小的鏡子,而作者就有如那一隻「看不見的手」,慢慢地在調整、設置這些鏡子的位置、角度,讓它們能夠相互映照,從而把潛伏在它們背後的「東西」都相互的「亮相」出來。在這裏,可以順帶提及的是,在中國傳統的敘事中常有一個隱喻,那就是,翻過鏡子的背後,卻發現一個截然不同的形象或結局,這說明了在中國傳統敘事智慧中,已經有了一種「翻」過一面看人生的雙重思維方式。

現在,再讓我們來看另一篇雜文《由中國女人的腳,推定中國人之非中庸,又由此推定孔夫子有胃病(「學匪」派考古學之一)》,這是魯迅雜文中一篇獨樹一格的奇文。1933 年,國民黨當局提出要以「孔孟之道治國」,鼓吹「中庸之道」是「天下獨一無二的真理」。魯迅則以「考古學」形式──這是作者有意識地為自己設置了一個邊沿性的觀察點,以便於把歷史與現實、真實與想像、邏輯與謬誤都能納入一個共時性的空間,讓它們之間比照、衝突,從而進行揭露和嘲諷。這篇奇文的深刻意義,在於啓示人們在現實觀察中,對國民黨當局的反動宣傳,要「正面文章反面看」,要看透他們之所以鼓吹「中庸」,正是由於他們「不中庸」。〔註 76〕更重要的是,這裏顯示出魯迅獨特的鏡幻化的思維方式,他往往不是簡單的設置正──反或歷史──現實這樣雙重的思維結構,而是充分調動了思維過程的正──反──正⋯⋯和歷史──現實──歷史⋯⋯這樣多重反覆、多重映照、多重折射的方式,從而讓對象窮形盡相,讓揭露和批判的筆鋒深入到對象心靈皺折的每一個角落,每一道縫隙之中。

魯迅在談到自己的思想特點時,一再說道:「我看事情太仔細,一仔細,即多疑慮。」〔註 77〕「我的習性不大好,每不肯相信表面上的事情」,常有「疑心」。〔註 78〕對於魯迅這種「多疑」的思維方式,學術界有人借助於西方對愛因斯坦等自然科學家思維方式的概括,將其稱為「兩面神思維」。「兩面神」

〔註 76〕 參閱姚春樹:《雜文大師魯迅的雜文》,見《二十世紀中國雜文史》(上冊),
　　　　 福建教育出版社 1997 年版,第 273～306 頁。
〔註 77〕 見《兩地書·八》。
〔註 78〕 《兩地書·十》。

是指古羅馬神話中的雅努斯（先是太陽神，後又成了門神），他有兩副面孔：一副看著過去，一副看著未來；一副年輕，另一副年老。所謂「兩面神思維」即是同時關注相反的兩個方面，是一種「雙向視角」。〔註79〕而我以爲，用「鏡幻化思維」也許更準確些，首先是因爲這是魯迅對事物的觀察的一個基本範疇，他不是單一地關注形成過程，而是把所有的材料包括歷史與現實都放在同一個存在的空間內，加以戲劇性的對比，加以流轉性的觀照。其次，魯迅擅長於讓材料的內涵轉化成一種形象化的存在，通過形象自身的映照、折射來表現意義。第三，魯迅的思維方式最深刻、最敏銳之處，就在於他能夠揭示出人與事物背後所潛藏的折折疊疊的心理狀態，就如人們在秋陽下曬冬衣一樣，藏了一個季節的衣裳，只要一抖，就不僅散發出陣陣的黴味，更是僕僕風塵……

　　如果我們把人的思維也作爲一個文本來看待的話，那麼「鏡幻化」指的是魯迅的邊沿性思維文本的內在結構方式，而我接下來要談到的「鏡像性」，則是這個思維文本的「文體」形態。如果說，「鏡幻化」是著眼於邊沿性思維所整合成的視覺圖景中的事物的聯繫性、對照性、矛盾性，那麼。「鏡像性」則是著眼於作家主體對這個視覺圖像的完形、成像的能力。它是邊沿性思維的第二層次，也是一個更具整體性的層次，正是在這一層次內，充分體現了魯迅作爲一個藝術家的天才。對此，魯迅自己有一個很好的說明：「我的雜文，所寫的常是一鼻，一嘴，一毛，但合起來，已幾乎是或一形象的全體，不加什麼原也過得去的了。但畫上一條尾巴，卻見得更加完全。」〔註80〕這種鏡像性的思維力量，最典型的體現就是，魯迅在雜文中創造出許多充滿內涵和隱喻的形象和意象。如「落水狗」、「叭兒狗」、「細腰蜂」、「夏三蟲」、「掛著鈴鐸的山羊」、「火神爺」、「喪家的資本家的乏走狗」、「二醜」、「西崽」等形象，以及如「黑色的大染缸」、「小擺設」、「變戲法」等意象。〔註81〕瞿秋白對魯迅所創造的雜文形象給予了很高評價，認爲「簡直可以當做普通名詞」，「認做社會上的某種典型」。〔註82〕

〔註79〕 參閱錢理群：《名作重讀》，上海教育出版社1996年版，第39～40頁。
〔註80〕 《準風月談・後記》。
〔註81〕 參閱姚春樹：《雜文大師魯迅的雜文》，見《二十世紀中國雜文史》（上冊），福建教育出版社1997年版，第273～306頁。
〔註82〕 瞿秋白：《〈魯迅雜感選集〉序言》。

　　這些雜文形象不僅賦予雜文論旨以形象的生命和魅力，他（它）們自身就包含著豐富的社會內容，耐人尋味。如，「黑色的染缸」和「變戲法」就是魯迅雜文中反覆出現的意象，在《兩地書（四）》中，魯迅說：「中國大約太老了，社會上事無大小，都惡劣不堪，像一隻黑色的染缸，無論加進什麼新東西去，都變成漆黑。可是除了再想法子來改革之外，也再沒有別的路。」在《花邊文學‧偶感》中又說：「每一新制度，新學術，新名詞，傳入中國，便如落在黑色染缸，立刻烏黑一團，化爲濟私助焰之具，科學，亦不過其一而已。」「此弊不去，中國是無藥可救的。」這確是生動而精警的絕妙比喻。像「戲臺小天地，天地大戲臺」、「做戲」或「變戲法」這樣一些在民間廣泛流傳，而又內涵豐富的意象，魯迅的筆常常能「點石成金」，讓它們在自己的筆下生發出無限的寓意來，從而讓自己的思想批判的火焰穿越喧囂的現實生活，在讀者的心靈中熠熠閃亮。如在《馬上支日記》、《宣傳與作戲》、《現代史》、《變戲法》和《朋友》等雜文中，魯迅就借用了這些獨特的意象，來批評中國的國民性，揭露「國粹家」、「做戲的虛無黨」，國民黨的「宣傳」及其「戲子的統治」，這既生動形象，又含不盡之意，確實有著一種「四兩撥千斤」的審美震撼力。〔註83〕

　　除了運用這些喻義深遠的形象或意象外，魯迅還特別擅長給對象起「綽號」和畫漫畫。〔註84〕在這方面，他有獨特的心得，就如他在《且介亭雜文二集》的《五論「文人相輕」──明術》中所論述的那樣：「果戈理誇俄國人之善於給別人起名號──或者也是自誇──說是名號一出，就是你跑到天涯海角，它也要跟著你走，怎麼擺也擺不脫。這正如傳神的寫意畫，並不細畫鬚眉，並不寫上名字，不過寥寥幾筆，而神情畢肖，只要見過被畫者的人，一看就知道是誰；誇張了這人的特長──不論優點或弱點，卻更加知道這是誰。……批評一個人，得到結論，加以簡括的名稱，雖只寥寥數字，卻很要明確的判斷力和表現的才能的。必須切帖，這才和被批判者不相離，這才會跟了他跑到天涯海角。」在我看來，世界文學史上只有少數幾個作家在這方面的才能，能夠與魯迅相併肩媲美。我們在拉伯雷的《巨人傳》中，能看到

〔註83〕參閱姚春樹：《雜文大師魯迅的雜文》，見《二十世紀中國雜文史》（上冊），福建教育出版社1997年版，第273～306頁。
〔註84〕參閱姚春樹：《雜文大師魯迅的雜文》，見《二十世紀中國雜文史》（上冊），福建教育出版社1997年版，第273～306頁。

這種才能的光輝痕跡，在海涅的政治諷刺詩中，能看到這種才情如電光一閃，我們當然更熟悉的是果戈理了，在不動聲色的嘲諷中，讓人感受到笑的力量，雋永的暗痛。魯迅很讚賞五四時期錢玄同創造的「桐城謬種」和「選學妖孽」，認為只有他自己創造的「革命小販」和「洋場惡少」差可匹敵。其實，除此之外，還有「捐班文人」、「糞帚文人」、「商定文豪」、「文壇鬼魅」等等，也都是「寥寥幾筆」，就把對象「神情畢肖」地勾畫出來，讓他逃到「天涯海角」也甩不掉的。魯迅常說自己喜歡「以小見大」，「借一斑而略窺全豹」，所以，在他的筆下，對象雖然只是一個小動作、一個眼神、一個表情，但已能讓讀者會心一笑或靈機一動或恍然大悟。魯迅很重視對人物動作的描摹，他有時只要勾畫某一類人物的某一動作，就能揭露出某一類人的精神狀態及其特質。比如，在《中國文壇上的鬼魅》中，魯迅寫到在第一次大革命失敗後，國民黨反動派進行血腥大屠殺，許多革命青年被送上絞刑架，而文學史上的所謂「第三種人」中的某些人，則「拉」著那些脖子上套著絞索的青年的腳，僅這一動作，就把「第三種人」的幫兇面目揭露無遺了。而像《推》、《踢》、《爬和撞》、《推的餘談》、《衝》等，則更是以集中誇張的方式，突出某一類人物的語言，有時是原話，有時是改造的，有時則是虛擬的。比如，當年陳西瀅鄙視中國人，說什麼：「這樣的中國人，呸！」魯迅把這句話稍加分析之後，反唇相譏：「這樣的中國人，呸！呸！！！」〔註85〕他的筆就如同古希臘神話中的那個法力無邊的神，只要看上一眼，對象就會變成石頭。是的，在魯迅的筆下，這些形象只要被他描上一筆，哪怕是輕輕的一筆，對象就整體性地被變成了像，就像一塊石頭，不，更像一個雕塑，讓人感覺到它有形狀、有色彩，觸摸起來有質地、有棱角，雖然表面上是如此的凹凸不平、粗糙不一，但又是如此的栩栩如生、神情畢肖。因此，從某種意義上說，魯迅不僅是一個歷史和人性的偉大的攝影家，更是一個偉大的雕塑家。

二

　　站在地平線盡頭的人，總會感覺到在極目遠眺處，天空與大地是黏合在一起的；站在懸崖邊的人，總會覺得天空與深淵是處於同一個垂直面上。這

〔註85〕 參閱姚春樹：《雜文大師魯迅的雜文》，見《二十世紀中國雜文史》（上冊），福建教育出版社1997年版，第273～306頁。

種獨特的視覺誤差，正是由於置身於空間邊沿上所帶來的一個特殊的視覺圖景。在這裏，上與下、遠與近的距離都縮短了、融合了。在這樣的一個視覺圖景中，主體的想像力對外界就有了一種強大的「翻轉」能力和超越能力，也就是說，世界在他的眼中，不僅變成了直觀的對象了，變成了一個「它者」。更重要的是，他還能把它翻轉過來。想像一下，當你站在無邊的大地盡頭時，你會覺得，過往一切的紛爭、名利都是可笑的，都不存在了。當你站在懸崖邊時，你會覺得一切現實的苦難都不再可怕了，因爲只要輕輕一躍，一切都將隨風飄散。無論是處於這其中的哪一種位置上，你都會有一種抒情的衝動。所以，你會發現，在中外文學史上，天際盡頭和懸崖邊這兩種空間位置都是抒情詩人最喜歡選擇的詩學地形。這是因爲就在這邊沿的瞬間，他感到了一種超越的自由。

我以爲，邊沿意識在魯迅創作的抒情方式上也留下了深深的印痕：首先是形成了一種反諷式的抒情。所謂反諷，如果從一般性的技巧層面來理解，就是「表面上貶低而實際上提高讀者對某一事物的評價，或表面上提高而實際上貶低讀者對某一事物的評價。」〔註 86〕美國學者韓南在《魯迅小說的技巧》中，就是從技巧的層面對魯迅小說中的反諷（在文中被譯成反語）做了精彩的分析。但我以爲，反諷在魯迅的創作中並非僅僅是一種技巧，更重要的是，它一方面體現了作爲「它者」的世界如何被主體所感知、敘述和表現。另一方面，主體通過在價值立場上有意識地設置誤差、誤讀，顯示出他在心理和智慧上對「它者」世界的超越。因此，反諷與魯迅所謂的「油滑」有著異曲同工之妙，在藝術技巧之上，這二者更主要是一種特殊的感受、體驗和抒情的方式。這正如巴赫金在分析陀思妥也夫斯基的小說時所發現的那樣，其具體內涵可以概括爲：（一）它是同一切道貌岸然的東西相敵對的；同一切自居爲正統性，眞理性的東西相敵對的；它充滿著諷刺和批判的熱情；它充滿著一種對占統治地位的眞理和權力的解構意識。（二）在表現形式上，它體現出一種「逆向」、「反向」的邏輯方式。（三）在藝術創造中，它有助於主體發揮虛構的自由，爲作家藝術想像力的騰飛創造條件，幫助作家擺脫各種狹隘正統的審美觀點的束縛，爲作家用新的審美眼光觀察，體會一切現存事物的相對性，並用獨特的藝術形象和審美形式表現出來創造條件。（四）值得注意的是，這二者並非單純的否定性和單義性的，必須看到這種特殊的抒情方

〔註86〕韓南：《魯迅小說的技巧》，見《國外魯迅研究》，北京大學出版社 1981 年。

式所具有的整體性、辯證性的特徵。即它是保持肯定的東西於否定之中，保持前提的內容於結果之中。〔註87〕

我以為，如果不瞭解「反諷」的這些特徵，就無法發現魯迅小說內在的豐富性。比如，《狂人日記》就是一個充滿多重反諷的文本，我以為，這是一個很值得分析的文本。作者創作的本意是要暴露禮教和家族制度的黑暗，然而，選取的主人公卻是一個「狂人」。把一個偉大的時代主題，落在一個「失常」的人物身上，這就構成了第一重的反諷關係。即在正統的、規範的意識中被認定反常的「狂人」，反而是一個最具有深度和敏感的思想批判者。在「狂人」最瘋狂的「發病」的心理時刻，他卻恰恰表現出對社會最為清醒、敏銳的分析和批判，這就構成了第二重反諷關係。當「狂人」要勸他的兄弟改變過去「吃人」的狀況時，他卻發現自己曾經也吃過人，這就構成第三重反諷關係。第四重的反諷關係則體現在整個文本的結構形態上，即文言「小序」與「白話」正文。我以為，這四重反諷把一個在有著漫長封建歷史的社會中的人的覺醒與反抗的艱難性、矛盾性，曲折而又豐富地揭示出來。也正是借助於這種多重的反諷關係，魯迅把一個先覺者的痛苦與寂寞、悲觀與失望、反抗與懺悔，都表達了出來。

我以為，《狂人日記》不僅是魯迅，而且是中國現代文學中一部最偉大的抒情小說，因為它把一個先覺者最痛苦的情緒抒寫出來了，它把我們民族蓄蘊已久的悲憤表現出來了。我以為，正是有了這種借助反諷而獲得的抒情，才使得魯迅那因長久的寂寞、孤獨而不堪重負的心靈，得到了暫時的紓解和康復。如果沒有創作《狂人日記》，魯迅接下來的小說創作是不可理解的。請讀一讀接著而來的《孔乙己》，你就會發現，這其中即使有痛苦、有悲憤，然而平靜得多了，有如一道清涼而又有點寒意的河水漫過淺灘，這種情感在文本間如此悠悠地流淌著。而對於《狂人日記》來說，那其中的情感就有如奔騰而來的激流，不斷地彙聚在一個狹窄河道的出口。這情感之中不僅有個人的命運感，更有著整個民族的命運感，就有如激流中有泥沙、有礫石，它必須得到疏導。聽！那浪聲有如萬馬齊鳴；看！那水勢正千鈞一髮。然而，一旦瞬間開閘放流，那麼，這種蓄積已久的強大的勢能所轉化成的動能，極其可能把堤壩沖毀。所以，它需要借助於涵洞、導流明渠等多重渠道的泄洪。

〔註87〕 參閱巴赫金：《拉伯雷的創作與中世紀和文藝復興時期的民間文化》，見《巴赫金全集》第 6 卷，河北教育出版社 1998 年。

猶如這多重的反諷，一方面，最有效地紓解了情感的洪峰，另一方面，又不會導致自我的崩毀。我以為，《狂人日記》對整個中國現代文學創作心理的影響，是不可低估的。它有如女性分娩時，那陣陣撕心裂肺的痛苦聲，在這陣痛之後，產婦則陷入了一種母性的寧靜的成熟感之中。《狂人日記》達到了我們民族的一個心理的極限、一個體驗的極限，而一個民族終於有一個人敢正視、承擔這種極限，這就預示這個民族是清醒的，是有救的。可以說，這是中國二十世紀文學中一個相當典型的現象。

在某種意義上，《狂人日記》抒情的反諷性可以說是魯迅小說中最為曲折、複雜，也最具有深度和文學史意義的藝術表現。所以，如果我們循著這樣的思路，那麼，對魯迅其它小說的反諷分析，也就相對容易些。

在魯迅創作中，與反諷相聯繫的另外一種獨特的抒情方式，那就是理趣化。「理趣」一詞，最早見於釋典，如《成唯識論》卷四論「第八識」：「證此識有理趣無邊，恐有繁文，略述綱要。」又卷五論「第七識」：「證有此識，理趣甚多。」最早把這一概念轉用到文藝批評上的是沈德潛：「蓋『理趣』之旨，初以針砭僧詩，本曰『禪趣』，後遂充類旁通、泛指說理。」清代史震林在《華陽散稿·自序》中說道：「詩文之道有四，理、事、情、景而已，理有理趣、事有事趣、情有情趣、景有景趣，趣者，生氣與靈機也。」〔註88〕在魯迅研究中，較早把「理趣」與魯迅的創作聯繫在一起的是朱自清先生。朱自清先生在《魯迅先生的雜感》中說道：「魯迅先生的《隨感錄》……還有一些『雜感』，在筆者也是『百讀不厭』的，這裏吸引我的，一方面固然也是幽默，一方面卻還有別的，就是那傳統的稱為『理趣』，現在我們可以說是『理智的結晶』的，而這也就是詩。」〔註89〕在這裏，值得注意的是，朱自清已經看到了魯迅雜文創作中的「理趣」，是一種智慧形態與抒情形態相結合的結晶體。因此，我以為，從更根本上說，理趣是一種主體與世界之間所建立起來的超越性的新型的關係，即主體在理趣性的抒情方式中，無論在心理還是在智慧上都高出了他的世界。賀拉斯曾說，「含笑說真理，又有何妨呢？」在西方也有一個諺語，「為了對抗世界和命運的嘲弄，世界上還有什麼比笑更強大的手段！面對這幅諷刺的假面，最強大的敵人也會感到恐懼」。歷史學家米什萊在評價拉伯雷時就說過：「一個時代的天才及其先知般

〔註88〕轉引自錢鍾書：《管錐篇》第3冊，中華書局1986年版，第1145頁。
〔註89〕朱自清：《魯迅先生的雜感》。

的力量，通過這種打趣逗樂的折射，得到淋漓盡致的展示。」〔註90〕在這樣的一個理趣化的主體抒情圖景裏，一切貌似神聖、權威和正統的事物都被脫冕了：一方面，小丑們在做著「末日」前最後的盡情地歡舞。另一方面，笑聲代替了陰鬱在四處激蕩，讓善良的人聽出希望的預言，讓真理破土而出，讓罪惡匿跡遁形。〔註91〕因此，可以說「理趣」作為一種主體對「它者」世界的敘述、表現、感知的方式，是有其世界觀深度的。這正如馬克思說過的那樣，所有這些舊權力和舊真理的代表者，都不過是「真正的主角已經死去的那種世界制度的丑角」。

十九世紀末到二十世紀前半葉的中國社會就像任何轉型時期的社會一樣，充滿著扮演丑角的舊權力和舊真理的代表者。魯迅曾得出一個「作戲的虛無黨」的概念：「中國的一些人，至少是上等人，他們的對於神，宗教，傳統的權威……是什麼也不信從的，但總要擺出和內心兩樣的架子來……雖然這麼想，卻是那麼說，在後臺這麼做，到前臺又那麼做……將這種特別人物，號稱為『做戲的虛無黨』。」〔註92〕事實上，中國現代史就是一幕「變戲法」，那一批又一批「你方唱罷我登場」的人物，多是這種「做戲的虛無黨」。而要看清這一面目，就需要有一種站在戲場外的視點，即一種邊沿性的視點，就需要有一種超越性的眼光。安徒生童話中那個在窗口俯視街上游行隊伍，然後脫口而出「皇帝沒有穿衣服」的孩子，正是人類智慧與真理的象徵。因此，從某種意義上說，魯迅的「理趣」是一種參悟了歷史秘密和人生真理的智者和戰鬥者的笑，是現代中國人所達到的智慧高度的標誌之一。這一切在他那數量眾多的雜文中，都有一種酣暢淋漓的表現。所以，他的雜文既是一部保存現代社會無窮無盡的眾生相的現實史詩，也是一部主體不斷批判、戰鬥的心靈史詩，更是一部不斷發現真理和創造智慧的思想史詩。

三

敘事從根本意義上說，是一種人類對自我經驗的「書寫」。按照現代敘事學理論，敘事形式、結構是與人類如何來感知、整理和表現世界這樣的一整

〔註90〕　參閱巴赫金：《拉伯雷的創作與中世紀和文藝復興時期的民間文化》，見《巴赫金全集》第6卷，河北教育出版社1998年。

〔註91〕　參閱巴赫金：《拉伯雷的創作與中世紀和文藝復興時期的民間文化》，見《巴赫金全集》第6卷，河北教育出版社1998年。

〔註92〕　《華蓋集續編‧馬上支日記》。

套「語法」、「句法」相對應的。因此，我們從魯迅小說的敘事形式來看，這種邊沿意識所帶來的潛在影響也是很深刻的。

在我對魯迅小說的閱讀中，曾經有兩個敘事特徵引起了我的注意：一是，魯迅小說在敘事結構上經常呈現出「閉──開──合──衝」這種「摺扇」式結構。也就是說，魯迅往往是在小說一開始就點出了一個終局，接著，展開情節的敘述，然後又回到終局，最後又以一種不肯定的、遲疑的或掙扎的方式，衝宕開原有敘事的閉合性。《狂人日記》、《故鄉》、《祝福》、《在酒樓上》、《孤獨者》、《傷逝》，這些小說文本都比較明顯地體現了這種結構特徵。比如，《孤獨者》一開頭就是一句：「我和魏連殳相識一場，回想起來倒也別致，竟是以送殮始，以送殮終。」接著，作者敘述「我」與魏連殳的交往過程，然後，又回到「我」給魏連殳送殮這一終局來，最後，作者以這樣的一段話結尾：「我快步走著，彷彿要從一種沉重的東西中衝出，但是不能夠。耳朵中有什麼掙扎著，久之，久之，終於掙扎出來了，隱約像是長嗥，像一匹受傷的狼，當深夜在曠野中嗥叫，慘傷裏夾雜著憤怒和悲哀。我的心地就輕鬆起來，坦然地在潮濕的石路上走，月光底下。」比如，《在酒樓上》先是敘述「我」在酒樓上與呂緯甫的相遇，接著，是呂緯甫敘述自己這幾年來的經歷，然後，又回到「我」與呂緯甫在酒樓分別，結尾的一段與《孤獨者》很相似：「我獨自向著自己的旅館走，寒風和雪片撲在臉上，倒覺得很爽快。見天色已是黃昏，和屋宇和街道都織在密雪的純白而不定的羅網裏。」《傷逝》也是這樣的：一開頭就是一句：「如果我能夠，我要寫下我的悔恨和悲哀，爲子君，爲自己。」這樣的話語應該是在事情已經結束，而又不可挽回時說的，但是，小說一開篇就突兀而起。接著，作者敘述自己一年來與子君從戀愛到同居再到分離的過程。最後，又是一段話：「我要向著新的生路跨進第一步去，我要將眞實深深地藏在心的創傷中，默默地前行，用遺忘和說謊做我的前導……」

在魯迅小說中，相近的敘事結構還能找到不少，這裏就不再一一列舉。但是，在這裏，要追問的是，這種「摺扇」式的敘事結構具有怎樣的意義呢？我以爲，這首先是魯迅小說內在的一種敘事策略，他把一個人物的精神和心理變化放在一面扇形的結構之中，其目的不僅是要展示這種精神和心理形成或發展的過程性，而且是力圖更豐富、更多樣地展現造成這種心理和精神變化的社會、歷史、文化的諸多因素，及其主人公與它們之間內在矛盾性、聯繫性。這既是由魯迅創作的時代語境所決定的，因爲在那個轉型時代，對於

一個主體來說，首先面臨的是多重社會關係和社會矛盾對他精神的牽制。這
又是由魯迅的邊沿意識所決定的，因爲邊沿意識使得魯迅獲得一種在同時共
存和相互作用的空間性的觀察範疇中思考與表現的能力。其次，在小說敘述
結構中，那臨近結尾的一「合」，就如那打開的摺扇，最後「唰唰」地合上，
成了一個多層次的立體，這對於小說文本來說，則構成了一個獨立的世界，
它的人物就生活在其中。

在文學史上，只有極少數的作家，可以說創造了自己的世界。然而，特
別值得指出的是，魯迅小說敘事結構的最後，總存在著突如其來的對原有閉
合敘事結構的衝宕。我以爲，這種衝宕，一方面賦予小說敘事以更強烈的動
態感，敘述的流程由此而轉了個彎，但又不知流向何方。另一方面，這一衝
宕也是作者主體精神意識的閃光，正是由於邊沿性的位置，爲作家主體創造
了一個可以面對面直觀的「它者」世界。如果說，小說前面的閉合型敘事，
是對這一「它者」世界的再現和再敘述。那麼，這最後的衝宕一筆，則是主
體對「它者」世界的一種「照亮」。就在這一瞬間，他彷彿看見了自己的命運，
看見了自己的過去與未來，也看見了自己的突圍希望。

在魯迅小說中，「敘事人」的問題，也引起我很大興趣。無論是第一人稱
「我」的敘述，還是第三人稱的他者敘述，「敘事人」在魯迅小說中常常表現
出一種遲疑、困惑、猶豫不決的特徵，比如，《孔乙己》中的「我」，《祝福》
中的「我」，《傷逝》中的「我」等等。這些「敘事人」看起來在他們的生活
世界中都有些不自在、有些彆扭。這其中的獨特意味，已經引起研究者的興
趣。

在這裏，我想從邊沿性意識的角度來做一些分析：由於作家的邊沿意識，
他就獲得了一種相對於他的世界的外位性。所謂的外位性，就是指作者極力
處於他所創造世界的外在位置，包括空間上的、時間上的、價值上的以及涵
義上的。〔註 93〕這樣，借助於這種外位性，一方面，作者能夠通過敘事人的
視點，來描繪主人公的外表、形象、身後背景。雖然，作者自覺地身處在主
人公的生活天地之外，但又能夠自由地創造主人公的合理性的生活情節。另
一方面，這種外位性，從更高的一層上看，作者又在敘事人之外創造了第二
重視野，即敘述人本身又成了作者觀察的對象，作者可以與他展開對話、交
往，或質疑他的價值立場或支持他。這樣，就使得敘事人處在了主人公與作

〔註93〕《巴赫金全集》第 1 卷，河北教育出版社 1998 年版，第 108 頁。

者之間的尷尬位置，處在了一種不得不與作者的價值立場進行對話的過程性位置。敘述人的遲疑、困惑，反映了作家自身的思想與價值的對話性。敘事人不是作者的替身，他有自己的立場、視點，但他又不是與作者毫無聯繫的，而是積極地參與作者主體世界和價值立場的建構，這樣，敘事人可能就獲得一種反觀作者的第三重視野。〔註94〕正是這種多重性、流動性的視野，帶給魯迅小說敘事人的複雜內涵。我以爲，正是這種作者的邊沿意識和由此而形成的在敘事中的外位性，豐富了魯迅小說中的敘事人的內涵和意義。

第四節　從「邊沿」看「中間」：一種觀察角度的變換

　　直接從時間和空間的知覺形式這一維度，來切入魯迅思想和創作研究，儘管目前學術界有關這方面的成果並不多，但我以爲，這將是一個新的研究生長點。事實上，爲學術界所重視的「歷史中間物」意識這一概念，就「暗合」著時間知覺這一維度。這一概念一經提出，就表現出強勁的闡釋功能。但同時，也遭到不少的質疑和挑戰。因此，如何在反思這一概念的基礎上，建構起一個空間——時間的分析模式，是我接下去所要做的理論工作中一個比較重要的關注點。應該說，最早提出魯迅的「歷史中間物」意識的研究者，是錢理群先生。錢先生是在歷史——自我的關係框架內，闡述了這一概念的內涵：「無論是在二十世紀古老中國向現代中國（過渡）的歷史縱坐標上，還是在由國別文化的封閉體系向世界文化開放體系過渡的歷史橫坐標上，魯迅都處於『歷史中間物』的位置。」〔註95〕後來，汪暉先生進一步地深化、豐富和發展了這一概念的內涵，並以此作爲他的魯迅研究的重要的理論基石。他曾在《無地彷徨·自序》中這樣說道：

　　　　《歷史的「中間物」與魯迅小說的精神特徵》一文，試圖在魯迅小說世界的複雜的精神特徵與魯迅內心世界之間找到關聯的紐帶。從方法上說，我的意圖在於把理解魯迅小說的重心從客體方面轉移到主體方面，從而展現作品的心理內容。但這篇文章的主要貢獻卻是提出了「中間物」意識這一概念，並用以解釋魯迅對世界的感知方式……在我看來，「中間物」這一概念標示的不僅是魯迅個人

〔註94〕《巴赫金全集》第 1 卷，河北教育出版社 1998 年版，第 108 頁。
〔註95〕錢理群：《心靈的探尋》，上海文藝出版社 1988 年版，第 16 頁。

　　所處的歷史位置，而且是一種深刻的自我意識，一種把握世界的具

　　體感受世界觀。〔註96〕

汪暉先生的這一創造性的研究成果，爲中國魯迅研究開闢了一個全新的境界。〔註97〕但是，必須指出的是，由於這一研究框架是建立在時間——歷史性這樣縱向軸上。所以，它較多地討論的是魯迅與傳統文化內在的矛盾性，魯迅自身道德感的矛盾性與悖論性。

　　就像「洞見」就在「不見」之旁一樣，我以爲，這套闡釋概念，還有許多值得質疑與反思的地方。（一）汪暉先生對「歷史中間物」這一概念的闡釋，並沒有具體複雜地提示出魯迅對傳統的時間知覺方式突破的本體性意義。而我以爲，正是這一內在本體性與「邊沿意識」，才眞正體現了魯迅作爲一個現代思想家的「現代性」。傳統的時間知覺強調的是一種持續性和延綿性。這種時間知覺，最具象化的自然是《論語》中的那句話：「子在川上曰：『逝者如斯夫！不捨晝夜！』」在這種永恒流逝的時間知覺之中，中國人又常常滲入了自己種種的生命體驗。陸機在《歎逝賦》中就感慨道：「川閱水以成川，水滔滔而日度，世閱人而爲世，人冉冉而行暮。人何世而忽新，世何人之能故。」詩人張九齡在《登荊州城望江》中，更是把這種感情抒發得悲愴萬分：「滔滔大江水，天地相終始，經閱幾世人，復歎誰家子。」當然，我們更熟悉的當數蘇東坡《前赤壁賦》中那段含義雋永，玄機四伏的對話。

　　　客曰：「……固一世之雄也，而今安在哉！況吾與子漁樵於江諸
　　之上，侶魚蝦而友麋鹿，駕一葉之扁舟，舉匏樽以相屬；寄蜉蝣於
　　天地，渺滄海之一粟。哀吾生之須臾，羨長江之無窮。挾飛仙以遨
　　遊，抱明月而長終。知不可乎驟得，託遺響於悲風。」

　　　蘇子曰：「客亦知夫水與月乎？逝者如斯，而未嘗往也；盈虛者
　　如彼，而卒莫消長也。蓋將自其變者而觀之，則天地曾不能以一瞬；
　　自其不變者而觀之，則物與我皆無盡也。而又何羨乎！……」

時間如流水，這是中國傳統時間知覺的一個典型的意象。在這種傳統的時間知覺中，時間具有強大的消融性，個體在時間面前，常常萌生無常感、空虛

〔註96〕汪暉：《無地彷徨》，浙江文藝出版社1994年版，第7頁。

〔註97〕王富仁：《中國魯迅研究的歷史與現狀》，浙江人民出版社1999年版，第212頁。

感。這正如王勃在《滕王閣序》中所說的:「天高地迥,覺宇宙之無窮;興盡悲來,識盈虛之有數。」也就是說,在傳統的時間知覺中,個體常常是被時間之流侵蝕著,被時間之流裏挾著,而沒有自己的位置。然在,在我看來,魯迅意識到自己是「中間物」,從根本上說,就突破了這種傳統時間知覺的對主體的消融性,從而爲主體的存在找到「位置」,並由此展開了對歷史的否定、反思的力量和角度。更進一步說,「中間物」意識,由於在時間知覺的框架內確立和突出了主體存在的清醒而明確的「位置」意識,所以,傳統時間進程的特徵,在這裏就變得完全不可能是彌合無間的,永恒流逝的。當主體意識到他的「位置」的那一瞬間,他就創造了自我的形象,就具有了反思過去,前瞻未來的能力,就獲得了對於短暫的自我生命的突圍。這就有如帕斯卡曾說過的那樣:「人不過是一根蘆葦,自然界中最脆弱的東西,可是,他是會思想的蘆葦,要壓倒他,世界萬物不需要武裝起來,一縷水汽,一滴水,就能置人於死,可是,即使世界萬物將人壓倒了,人還是比壓倒他的世界萬物高出一等,因爲他知道他會死,知道世界萬物在哪些地方勝過他。世界萬物卻一無所知。」〔註98〕同樣,當主體一經意識到自己是一個無窮鏈條上的一個環節時,實際上,他就把這一個環節握在了自己的手中,他就讓時間不能像過去那樣不留痕跡地過去,於是,他就以瞬間超越了永恒的流逝。所以,我以爲,「歷史中間物」意識,並非單一指示著魯迅主體精神結構與傳統的內在的深刻聯繫,更重要的是,它標誌著一種超越性。也就是說,在其「此在」的瞬間,他能夠回憶、反思、前瞻和觀照。而就是這樣,他同時獲得了一種對時間的超越。我以爲,如果我們看不到「歷史中間物」意識這一概念中所內在的超越性力量的話,那麼,我們就不能說是全面、深刻地理解和闡釋了魯迅的這一概念的內在豐富性。

　　(二)我以爲,「中間物」意識除了包含著自我──歷史這一個縱向的時間軸,還內含著自我──社會這樣一個橫向的空間軸。汪暉先生曾借用了湯因比的一段話:「這一個聯絡官階級具有雜交品種的天生不幸,因爲他們天生就是不屬於他的父母的任何一方面」,「他們不但是『在』而不『屬於』一個社會,而是還『在』而『不屬於』兩個社會。」接著,他論述道:「魯迅不幸正隸屬於這『聯絡官階級』,而更其不幸的是,魯迅雖然『不屬於』其中任何一種文明或社會,無論是傳統中國還是現代西方,他恰恰又無法擺脫與這兩

〔註98〕帕斯卡:《思想錄》,何兆武等譯,商務印書館 1997 年。

者之間的內在關聯。因此，他反傳統，又在傳統之中；他既倡導西方的價值，又對西方的野心保持警惕。」〔註99〕由于堅持在縱向的時間軸上思考問題，所以，汪暉先生在揭示魯迅精神的悖論性的時候，卻恰恰沒有看到，這種「在」而「不屬於」兩個社會的主體存在方式，事實上，正是一種空間上的「邊沿性」。我以為，這種空間的邊沿性帶來的不僅僅是一種把過去的社會——文化——政治秩序視為一個整體並予以否定的「整體觀」的思維模式，更主要的是一種把崇高「抹平」化，把神聖俯就化，使中心的界限與距離不再存在的解構性的思維方式。對於立在邊沿的主體來說，世界就如一個虛擬的廣場，時間在這裏加冕、脫冕，神聖性在這裏被戴上假面，崇高卻由小丑來扮演。〔註100〕在這裏，整個中國現代社會和歷史就成了一個交替與變更、死亡與新生的狂歡節。

（三）汪暉先生在「歷史中間物」意識的概念中，雖然揭示了魯迅精神結構中反抗絕望的偉大的悲劇感，但是正像「不幸的家庭各有各的不幸」一樣，這種悲劇感也有著它極其不同的內涵，而這一點恰恰為汪暉先生所忽視。我以為，如果說，這種立足於邊沿的意識也同樣具有一種與強烈自我否定與自我反觀的相伴隨的悲劇感的話。那麼，在我看來，這種悲劇感，更接近於加繆筆下的西西弗的悲劇感：風塵僕僕的西西弗受諸神的懲罰，要把巨石推上山頂，而石頭由於自身的重量，重新又滾下山去，西西弗只好重新下山，再一次地推上石頭，如此無限反覆，諸神以為沒有什麼比這更讓西西弗痛苦了，但是，西西弗卻堅定地走向那無窮無盡的苦難的山底與山頂的往返途程，他意識到了自己每一次勞作的悲劇，他意識到了自己勞作方式的荒謬。然而，他接受了命運所加於他的痛苦與荒謬。正是他意識到了這種荒謬，同時，他就成為自己的主人。「他超出了他自己的命運，他比他搬動的巨石還要堅硬。」「應該認為，西西弗是幸福的。」〔註101〕我以為，正是由於邊沿性的位置，使得魯迅整個地照見了世界，正如紀德所說的「流動的水不是一面好鏡子，只有它停下來，才能照見自己」一樣，他在對象世界中也照見了自己，並因此而獲得心靈的超越與審美的寧靜。

〔註99〕汪暉：《反抗絕望》，上海人民出版社1991年。
〔註100〕參閱巴赫金：《拉伯雷的創作與中世紀和文藝復興時期的民間文化》，見《巴赫金全集》第6卷，河北教育出版社1998年。
〔註101〕加繆：《西西弗神話》，杜小真譯，三聯書店1998年。

（四）雖然「中間物」意識這一概念，由於過分地強調一種「悲觀主義」的認識觀，使得它對魯迅的某一種文本如《野草》具有很強大的闡釋力。但是，它又失去了對更多文本闡釋的功能。在我看來，魯迅的所有文本（包括小說、雜文、散文和翻譯、古籍整理）都是他心靈的產物，都應該把它們作爲一種整體性的思想存在和審美存在來看，這正像我們在上面所分析的那樣，如果從邊沿意識的角度切入，也許就能獲得一種整體性把握和闡釋。

由於邊沿意識，使得主體自覺地獨立於時代思想、文化空間，所以，這就使魯迅能夠獲得一種對現代文化的同時性批判的敏感性和深刻性。以中國現代思想文化狀況來看，真正構成了對現代文化自身深刻的批判、反思力量，並不是那些處於主流思想的人物，而是那些處於主流思想的邊沿性位置的人物，如王國維、陳寅恪等人，而魯迅正是其中一位典範。我以爲，邊沿意識所內在的對現代文化的同時性批判、反思的理論意義，在研究界還沒有引起足夠的關注。關於這一問題，將牽涉到一個更大的思想史的敘述架構，因此是另一個研究課題的內容了。

第七章　未完成的探索
——從《故事新編》詩學研究到建構中國現代小說詩學的思考

　　小說詩學研究，只有深入到文本的內在審美「肌理」之中，才可能實現審美的巡禮。這就對一個研究者的文本解讀能力和藝術感受能力提出很高的挑戰。在本書的研究中，我試圖集中選擇一個小說文本《故事新編》作為個案來加以剖析。當然，這一個案文本的選擇並非是隨意的，而是充分考慮到它所具有的詩學的典範性，即它在詩學上必須能體現中國現代小說藝術的獨特性、創造性、實驗性。另一方面，對於這一文本的剖析，又必須在方法論上對二十世紀中國小說的詩學研究具有啟發性。因此，在整個的研究過程中，我力求能「小題大做」，即試圖以此來打開中國現代小說詩學研究的一個新通道。

第一節　詩學研究：未來魯迅研究的新「亮點」

一

　　近年來在批評界、創作界都出現了一些對魯迅思想、創作以及魯迅研究的不同看法，儘管這些所謂的不同看法，在討論問題時所堅持的思想立場和思維邏輯，都缺乏充分的學理性與學術規範，但它對研究者來說，畢竟是有所「觸動」的。法國思想家蒙田曾說：「我們需要對解釋進行解釋，更甚於需

要對事物進行解釋。」因此，問題的關鍵不在於我們如何對這些不同看法做出更為激烈的駁斥，而在於我們必須重新反思已有的魯迅研究的問題與不足。作為一門學術研究對象，魯迅研究經過幾代學者的墾拓、承傳，已進入學科建構的常規階段。按照庫恩的科學哲學理論，在這樣的階段，學者的活動就是一種在通行範式的不再有疑問的框架內進行精確定義的工作。然而，這裏需要追問的是，所謂的「通行範式」，它究竟應該有幾種？這種「通行範式」是不是牢不可破的？有沒有鬆動或存在縫隙的可能？這裏，我們需要指出的是，目前在魯迅研究中的「通行範式」，主要是一種關於「思想」的言說以及圍繞這一言說的一系列命題、話語。應該說，這一以思想言說為範式的研究方式並非已經走到了盡頭，相反的，它還做得遠遠不夠。然而，學術研究的深化就在於能夠不斷地獲得一種反思、檢討自身的新據點。如果在一種學術研究中，只存在著單一的「範式」，那它必然會陷入許多的「盲點」之中。因為如果我們所據以反思、檢討的思想資源，依然來自於原範式的話語系統，那麼，原話語系統中可能存在的問題，就會重新被帶進新的語境之中。這樣，我們反思、檢討的功能可能就會被自身的問題所消解，這是一種近似於二律背反的困境。面對這一困境，我的思路是尋找一種能夠相對獨立於已有的思想言說範式之外的研究範式，那就是詩學研究。

二

也許我們必須追問的是，詩學研究究竟能做什麼？它又是如何展開的？按照黑格爾的說法，從創作思維的角度來看，形象的構思方式與表現方式是結合在一起的，都訴諸藝術家的感覺和知覺的方式。正如有作家在創作談中所提到的那樣，對於創作而言，是一個作家的感覺、知覺和想像方式直接決定了他所創造的文本的藝術表現形態。然而，人的感覺、知覺、想像又是如此的捉摸不定、瞬息萬變。因此，無論用任何一種簡單的思想理念或術語來概括它，都會顯得武斷，特別對於偉大的藝術創造來說，更是如此。不可否認，許多作家的創作是「有所為而作」。這裏的「有所為」也許是作家的一種被深深打動的感性因素，或是一種思想理念，但是，只要接下來進入的是一個真正的創作狀態，那麼作家內在心理的感性經驗、想像力就會無情地消融這一思想理念的堅硬外殼。也就是說，在整個的創作過程中，主導性的力量不是理念內在的邏輯性與規範性，而是自由的、

流動不居的感性與想像力。如果立足於上述的對創造過程的理解的話，那麼，我們就會發現，一個文本的詩學形態的內涵與意義總是遠遠大於一個作家在創作之前或之後所表示的思想理念，也總是遠遠大於每個研究者所把握到的研究心得或結論。正因為如此，這就要求每個研究者建立起一種以文本的詩學形態為起點的解讀方式。

在過去的魯迅研究中，並非沒有詩學研究的方式，但是，這種詩學研究的方式多數是依附式的，研究者們的習慣思路就是，從作家的思想理念方面來尋找對一個文本詩學形態分析、理解、闡釋的話語資源。這樣的解讀方式，有兩個直接的後果。即一方面，由於一個作家在創作過程中，總是有許多不自覺的心理經驗與感性力量滲透、流淌於創作過程之中，這些經驗與力量甚至會不自覺地消解或變異作家原先試圖傳達的創作理念，這樣，就在文本的詩學形態中留下許多矛盾的「痕跡」，或消解性的「縫隙」。如果單一地從作家的創作理念出發來把握、分析文本的話，那麼，不僅會無視這些「痕跡」、「縫隙」的存在，而且，所把握到的思想結論也必然是淺顯的。我以為，正是這些「痕跡」、「縫隙」等凹凸不平的因素的存在，才使得文本充滿如此豐富多彩的質感。另一方面，若直接從思想理念而非詩學形式出發的解讀方式，其結果的另一種表現，就在於一個研究者在獲得表面上的「思想深刻性」的同時，失去了必要的藝術的敏銳感。一個常見的現象就是，許多的研究文章在大談對象思想的「深刻性」的時候，卻對其藝術創造的「深刻性」一籌莫展。長此以往，必然形成一種惡性循環。

從閱讀經驗來看，我們關於一個文本的體驗主要來自兩個方面：一是課堂的教學與傳授；二是個人化的閱讀體驗。且不說中學、大學課堂教學與傳授，即使是個人化的閱讀，也常常是被一套現成的知識話語告知：這是好的作品，那是壞的作品。也就是說，我們是在一種被整理、規範過的知識譜系結構中進行閱讀的。然而，為什麼說這是「好的」，那又是「壞的」？這種規定的依據是什麼？難道僅僅是因為所謂的「思想深刻性」嗎？然而又有誰能擁有絕對的權力來規定哪一個作品是否具有「思想深刻性」呢？諸如此類的問題，在我們的研究中很少有人追問過自己。然而，如果從詩學形式出發，那麼，情況就將大為不同。因為，詩意是最自由的，也最具有解放性，它總是以充滿創造性與想像性的方式消解了一切存留在我們心靈中或理念之中的規範、約束，開拓了我們的思維空間和精神空間，使我們能夠建立起與對象、

自我、世界進行自由、深入地對話的通道，它能讓理念在這種對話交流之中變得親近起來，豐滿起來。

三

　　如果我們把詩學研究的範式還原到魯迅研究的具體操作之中，那麼將獲得怎樣的新「亮點」呢？在我看來，主要有以下幾個方面：

　　（一）建立起更富整體性的文體研究的視野。從已有的研究格局來看，魯迅小說、散文、雜文研究似乎是界限分明的，都立足於各自不同的文體範疇之內來展開自己的研究思路。這裏，我們且不說作為一種文體觀念的「小說」、「散文」、「雜文」等界定基本上是一種來自西方批評界的理論假設。事實上，魯迅本身在創作過程中，並沒有受到這些文體觀念、框架的嚴格限定，他是遵循自己心靈形式來表現、想像的。因此，在他的創作之中，不僅有不同文體因素之間的相互交融、滲透，比如，小說之中有雜文，雜文之中有小說等等。更重要的是，他一生創作的創造性之處，就在於一種獨特的「反文體」寫作。所謂的「反文體」寫作，就是作家出於一種獨特表達自我的想像方式的需要，有意識地對已有文體的話語方式、藝術規範進行反叛和解放，從而消解甚至顛覆這種文體的穩定性。魯迅曾在《〈華蓋集〉題記》中，很明確地表達了自己的這種「反文體」寫作的藝術意識：「還是站在沙漠上，看看飛沙走石，樂則大笑，悲則大叫，憤則大罵。」他稱讚《史記》是「史家之絕唱，無韻之《離騷》矣。惟不拘於史法，不囿於字句，發於情，肆於心而為文」。這種不拘、不囿，肆於心而為文的創作心態，很能說明「反文體」寫作的特點。

　　在魯迅一生的創作中，有一種「悖論」：他在自己的創作之中，無形地為文體史建立起了一種規範，但他又毫不猶豫地在接下來的創作中「背叛」了這種「規範」，比如，《吶喊》、《彷徨》之後的《故事新編》，就是對已有的現代小說敘事規範進行全面而深刻的顛覆、反諷。有趣的是，《故事新編》這一充滿著反經典、反規範的特徵的文本，卻又為現代小說提供了一個不可逾越的「經典文本」。這裏，我要進一步追問的問題是：在這種獨特的「反文體」寫作的詩學形態背後，隱含著作家怎樣的精神反應方式？它又具有怎樣的美學意義？要回應這些追問，就必須建立起一種更具有整體性、更自由靈活的文體視野，因為每一種文體在強化一個作家的某種藝術感覺方式、表現方式

的同時，也限制了一個作家感受與表現的充分自由，在強化一個作家對一種價值體系獲得更堅定的評判、理解的方式的同時，也製造了價值體系的等級屏障。而只有在這種多種文體相互滲透、融彙甚至相互消解、顛覆的「反文體」寫作之中，一切已有的藝術規範、戒律才可能被打破，一切已有的狹隘的價值體系的等級屏障，才可能被消解。於是，人的內在無限複雜、豐富的心理、潛質與創造力等多樣性特徵，才可能充分地呈現出來。

　　（二）建構詩學研究的新範式，將對魯迅的作品文本具有更有效的解讀能力。這裏，我以對《野草》的解讀作為嘗試，《野草》的存在，不僅提供了一個現代詩學的複雜文本，而且也顯示了一個現代詩學難題。《野草》的世界是一個充滿「空」與「無」的境界，但是，相比較而言，中國傳統詩學在表現一個「空」「無」的境界時，它的詩學方式，總是盡可能採取寫意與簡約的表現方式，比如，追求「詩外有詩」，「意在言外」的審美表現，這種文本所營造的美學效果與文本所採用的審美方式是相契合的。但是，在《野草》中，文本所內在的「空」「無」的境界，卻是通過一系列最為複雜的想像方式和驚絕奇幻的意象群來達到的。這樣，在文本之中，它的表現方式與美學效果就構成一種內在的矛盾。我以為，這種矛盾性或者不契合性，就是《野草》的詩學難題。如何對這種矛盾性做出更為深入的詩學闡釋，這是我目前研究工作的興趣之所在。我的思路是這樣展開的，那就是立足於文本內部的意象結構。在傳統詩學中，意象結構有兩種形態，一個是縱向疊加，也就是說，一個作家為了表達某種思想或理念，他可能會使用多重意象，但是這些意象本身只是起著意義強化和累積的作用，它不會對所要表達的思想或理念構成消解性的暗示；另一個是橫向伸展，也就是說，一個作家為了表達某種思想或理念，他可能通過聯想的方式衍生出多種相似或相近的意象，但這種衍生性對整個文本的意義也不構成消解性的力量。然而，在《野草》之中，情況卻來得尤其的複雜，在這裏，無論是縱向的還是橫向的，每一個意象之間都是相互矛盾、相互消解，它的意義的生成並不存在於意象的各自內涵，而是存在於意象之間相互矛盾、相互消解所構成的張力結構之中，這種張力結構是一種呈糾結性的螺旋狀。也就是說，在閱讀、分析《野草》時，你常常會有一種困惑，那就是，當你抓到一個意象並力圖對它的意義進行解讀的時候，很快地，你就會發現一個相反的意象隨即浮現出來，使得你最初把握到的意義變得不確定，然後，伴隨而生的又是一個新的意象，也許這第三個新意象

與第一個意象的價值形態一樣，是肯定性的，但它的意義內涵卻是全新的。也就是說，整個文本是處於一種「肯定——否定——再肯定——再否定……」這樣一個螺旋式的無限上升的狀態之中。對《野草》的閱讀，你很難把握到確定的意義，一切似乎都無限艱難地指向存在的深處，它讓你的思維與想像的空間也在這種指向之中無盡地伸延，它的意義與魅力就在於這種獨特而複雜的不可窮盡性。正是基於對《野草》文本內在結構的這種理解，我以為，從詩學研究的角度切入，可能將有所收穫。

第二節　傳統的影響：在誤讀與契合之間——從詩學角度重識魯迅與莊子之關係

一

　　我選取「莊子與魯迅」，[註1]作為研究論題，是希望通過對他們作品本文的細緻解讀，尋找一種重新理解、闡釋中國現代文學與傳統關係的途徑和方法。同時，對我來說，這一研究過程也是自我認識、反省的過程，為自己在這樣一個日趨卑瑣、凡庸的現實中繼續生存著，提供一種精神性的價值資源。

　　莊子與魯迅各自的生活年代相距遙遠，但他們處在一個具有相似性的精神文化空間中。莊子生活在「天下共苦戰鬥不休」[註2]的慘烈時代。當時的統治者「輕用其國，而不見其過，輕用民死，死者以國量乎澤若蕉，民其無如矣」。[註3]這反映在社會文化上就是：一方面，周室寢衰，風人輟採，「王者之迹熄而詩亡」，另一方面，志士欲救世弊，則窮竭神慮，舉其知聞。[註4]莊子對於這樣一個危機感普遍存在的歷史情境有著極其深切的體認：「方今之時，僅免刑焉。」[註5]

〔註1〕本文在寫作中是把《莊子》作為文學作品文本來解讀的。故暫不考慮其內篇、外篇、雜篇作者、年代、版本流傳的考辨釐定。（此亦非筆者學力之所能。）本文所引《莊子》原文，是根據郭慶藩《莊子集釋》，並參考了陳鼓應的《莊子今注今譯》（中華書局1988年版）。

〔註2〕司馬遷：《史記》。

〔註3〕《莊子・人間世》。

〔註4〕參見魯迅：《漢文學史綱要・老莊》。

〔註5〕《莊子・人間世》。

　　魯迅所生活的十九世紀末到二十世紀上半葉，也是一個變革劇烈的時代。魯迅以自我經驗的方式表達了他的歷史情緒：「見過辛亥革命，見過二次革命，見過袁世凱稱帝、張勳復辟，看來看去，就看得懷疑起來，於是失望，頹唐得很了。」〔註6〕面對變革、轉型的歷史情境，任何一位敏感、成熟的思想家都必然會產生相似的精神反應，發出如此的疑問：這是一個怎樣的時代？作為個體的自我應該如何存在下去？這些精神反應構成了每個時代超越性的而又震撼人心的「問題意識」。而這樣的「問題意識」也構成了我們在莊子與魯迅之間建立可比性的理論中介。事實上，早在二十世紀三十年代，巴人就意識到這二者之間的內在契合，巴人說：「從魯迅先生的思想發展過程中來考察，在初期——即在辛亥革命前後——魯迅先生是個個性解放的倡導者；而魯迅先生的主張個性解放，是承受尼采的部分的哲學思想的。這思想又和他那感受於中國農村社會裏潛存著的莊老的哲學，並在他舊學傳統中對於莊老哲學的濡染，因而養成的那種愛自由的精神，相融合的。」〔註7〕四十年代，郭沫若在《莊子與魯迅》一文中，曾詳細列舉了魯迅在詞語、題材方面對莊子的引用。〔註8〕遺憾的是，巴人和郭沫若都未能對莊子與魯迅的關係做出更內在、更深入的分析與揭示。

　　新中國成立後，這個關係的研究則是導向了否定性的思路。我以為，對於莊子與魯迅的比較研究，具有兩方面的學術價值：既是對民族文化史、精神史內在聯繫的開掘，也是對現代文學與傳統之間繼承與轉換，影響與融合的複雜關係的探討。面對這兩個博大深邃的精神世界，我願作一次艱難的探險！

二

　　在反省自己與傳統文化的關繫時，魯迅不得不承認說：「就是思想上，也何嘗不中些莊周韓非的毒，時而很隨便，時而很峻急。」〔註9〕對這段話的含義的理解，歷來研究文章，眾說不一。任繼愈先生認為：「隨便是指的莊子思

〔註6〕魯迅：《南腔北調集·〈自選集〉自序》。
〔註7〕巴人：《魯迅的創作方法》，收在《魯迅紀念特輯》，新中國文藝社1939年版。
〔註8〕參見郭沫若：《莊子與魯迅》，載《中蘇文化》（半月刊），1941年4月20日，第8卷第3、4期。
〔註9〕魯迅：《墳·寫在〈墳〉後面》。

想的毒害。」〔註10〕這一觀點作爲一個權威性的結論被廣泛接受。我認爲，任氏的觀點是對莊子與魯迅內在關係的誤解。在我看來，問題的關鍵是集中在對「中毒」和「隨便」這兩個詞彙的如何理解上。實際上，「中莊周韓非的毒」，在這裏是一種雜文式的寫法。從修辭的角度來說，是一個反語，即魯迅把自己肯定的價值內含在一種否定意味的語言形式中，更強調自己與莊子深刻的精神契合。再者，魯迅又使用了「隨便」這樣一個日常習見、磨損的詞彙，很容易使人忽略其中可能蘊藉的豐富含義。我以爲，「隨便」說明了魯迅精神世界曠達、自由、超脫的一個側面。當我們釐清了這兩個詞彙的歧義和誤解之後，必須進入他們精神層面的分析比較。因此，下述的問題，就自然構成我們分析論述的重點，即：一、在哪些層面上，魯迅受到莊子的影響？二、在這些層面上，魯迅作了怎樣的新的闡釋？三、這種闡釋過程的複雜性又是如何表現的？

我們重點以魯迅如何從美學意義上對莊子作出充分的評價，做爲分析的切入點。

魯迅在《漢文學史綱要》中論道：

> 然文辭之美富者，實惟道家……今存者有《莊子》……著書十餘萬言，大抵寓言，人物土地，皆空言無事實，而其文則汪洋闢闔、儀態萬方，晚周諸子之作，莫能先也。

> 粗略一看，魯迅的這一評價與司馬遷的《史記・老子韓非列傳》所載，相差無幾。司馬遷論莊子說：

> 其學無所不窺，然其要本歸於老子之言。故其著書十餘萬言，大抵率寓言也。……皆空語無事實，然善屬書離辭，指事類情，用剽剝儒、墨，雖當世宿學不能自解免也。

值得注意的是，魯迅的評價更側重對莊子的藝術觀照，突出莊子在先秦諸子中的獨特美學成就。這從一個側面可以推見出魯迅的藝術趣味和審美判斷力。我的推見，並不是持唯美主義的態度。事實上，我感興趣的是探究魯迅在作這樣的美學評價時，與莊子的內在精神聯繫。審美的本性根植於精神的自由。黑格爾曾說：「在藝術裏，感性的東西是經過心靈化了，而心靈的東西

〔註10〕任繼愈：《魯迅與中國古代偉大思想家的關係》，載《科學通報》1956 年第 10 期。

也借感性化而顯現出來。」〔註11〕按我的理解,「心靈化」指的是審美活動中主體精神的充分自由。在偉大的藝術家身上,審美和自由是統一的,是構成他們創造力的源泉。審美的、自由的精神背景,對魯迅一生的學術研究有著極其深刻的影響。這裏,周作人的論述是可以據以為證的。周作人在回憶魯迅從小就有的「雜學」興趣時說:「這些事情都很瑣屑,可是影響卻頗不小,它就『奠定』了半生學問事業的傾向,在趣味上到了晚年還留下好些明瞭的痕跡。」〔註12〕魯迅這樣一種的「雜學」興趣,實際上,隱藏著非功利的精神價值。周作人以深知的口吻說道:「他做事全不為名譽,只是由於自己的愛好。這是求學問弄藝術的最高的態度,認得魯迅的人平常所不大能夠知道的。」〔註13〕更進一步說,這種超越世俗的、自由的心靈是魯迅在學術研究上具有「獨創之見,獨創之才」的根本前提,正如周作人所認為的那樣,魯迅「不求聞達,但求自由的想或寫,不要學者文人的名,自然也更不為利……以這種態度做學問或做創作,這才能夠有獨到之見,獨創之才,有自己的成就,不問工作大小都有價值,與制藝異也」。〔註14〕可以說,在這裏,學術本身及其價值成為追求審美的、自由的精神象徵,這一點與莊子是極其相似的。《天下篇》論道:

> 其書雖瑰瑋而連犿無傷也。其辭雖參差而諔詭可觀。彼其充實不可以已。上與造物者遊,而下與外死生無終始者為友。其於本也,弘大而闢,深閎而肆,其於宗也,可謂稠適而上遂矣。

王夫之曾解說道:

> 莊子之學……則關尹之「形物自著」,老子之「以深為根,以物為紀」,皆其所不事,故曼衍連犿,無擇於溟海枋榆,而皆無待以遊,以成內七篇之瑋詞。〔註15〕

王夫之精到地指出了追求精神自由與莊子學術的內在關係,即以自由的精神方式融進學術、藝術創造之中,因此,擺脫了功利主義的意圖倫理和知性的限制,而獲得更開闊的視野與開放的心靈。

〔註11〕黑格爾:《美學・藝術美的概念》,此處轉引自王元化:《傳統與反傳統》,上海文藝出版社1990年版,第113頁。
〔註12〕周作人:《關於魯迅》,載《宇宙風》第29期,1936年10月24日。
〔註13〕周作人:《關於魯迅》,載《宇宙風》第29期,1936年10月24日。
〔註14〕周作人:《關於魯迅》,載《宇宙風》第29期,1936年10月24日。
〔註15〕王夫之:《莊子解》,中華書局,1964年版。

從這個意義上說，莊子與魯迅有著相一致、相契合的精神境界，這也是民族文化一脈相承的精神聯繫，而這樣的精神傳統在當代人文環境中正面臨危機，值得反省。

三

莊子的思想本身便是一首絕妙的詩，那奇誕蔥蘢的想像力，恣肆瑰麗的文辭，自由驅遣的文風，造化之秘與匠心之運妙澈融合的意境，真可謂「辭趣華深，度越晚周諸子」。〔註16〕《莊子》中那種思想美與文字美的不可捉摸的渾圓，達到了中國語言詩性美的極致。聞一多稱道：

> 戰國時縱橫家以及孟軻荀卿韓非李斯等人的文章也夠好了，但充其量只算得辭令的極致，一種純熟的工具，工具的本身難得有獨立的價值，莊子可不然，到他手裏，辭令正式蛻化成文學了。他的文字不僅是表現思想的工具，似乎也是一種目的。

> 莊子的文學成就，幾乎成為中國文學的一個豐富的靈感源泉。〔註17〕

在歷來研究魯迅作品與中國傳統文學的歷史聯繫的文章中，較多的是注意到魯迅作品的風格與「魏晉文章」的一脈相承之處。當然，這是一個顯見的文學史事實。我以為，在這一顯見的事實背後，還有著更深遠、更微妙的歷史聯繫，那就是莊子的影響。我之所以認為這種影響關係更深遠也更微妙，是因為：第一，這種影響並非一目了然的，打個比方，猶如春雨「潤物細無聲」，是滲透在作家的藝術感受力、表現形式、審美理想等諸多方面。第二，這種影響經過魯迅獨特藝術個性的融化，而創造性地發展成為現代性的美學形式。因此，我在這一部分的分析，主要是通過對魯迅與莊子的作品文本的細讀，然後，根據自己的閱讀，來建立這兩者的比較關係。而個人的閱讀感受常常是體驗性的，經驗性的，所以，這部分的論述，具有強烈的主觀性與想像性的色彩。

我首先閱讀比較的第一類文本，是《莊子》與《野草》。《野草》是魯迅深刻、獨創的心靈詩篇。眾多「《野草》藝術探源」的研究文章，都探討過《野草》與尼采、波特萊爾、屠格涅夫等西方散文詩的關係。我通過閱讀，卻發

〔註16〕聞一多：《古典新義・莊子》。
〔註17〕聞一多：《古典新義・莊子》。

現，《野草》與《莊子》在題材、表現手法、藝術形式上有著更內在的相似性。我以爲，這種內在的相似性，更能體現魯迅與傳統文學的血脈關聯。下面，我就通過具體實例加以比較。

1.《莊子》中有兩處（《齊物論》、《寓言》）寫到「影外微陰與影的對話」的寓言。舉其中一例：

> 周兩問景曰：「曩子行，今子止；曩子坐，今子起，何其無特操與？」
>
> 景曰：「吾有待而然者邪？吾所待又有待而然者邪？吾待蛇蚹蜩翼邪？惡識所以然！惡識所以不然！」

《野草》中的《影的告別》與其有相似之處：

> 人睡到不知道時候的時候，就會有影來告別，說出那些話──
>
> ……
>
> 我不過一個影，要別你而沉沒在黑暗裏了。然而黑暗又會吞併我，然而光明又會使我消失。

上述的《莊子》與《野草》中的兩個例子，都運用了「影與形」或「影外影與影」對話這樣的象徵性、隱喻的藝術形式。那麼，這裏要追問的是，爲什麼會有這種的相似性？我以爲，這是源於他們藝術感知方式的相似性。《天下篇》說莊子，是因爲「以天下爲沈濁，不可與莊語」，所以，才採用「以卮言爲曼衍，以重言爲眞，以寓言爲廣」的表現方式，這清楚地說明了，莊子所運用的藝術形式與他對世界的感知方式相一致。《影的告別》中象徵的晦澀、暗示的神秘性，是與當時作者「虛無與黑暗」的心境相契合，這樣的心境與感受方式決定了魯迅對象《影的告別》這樣的隱喻性和象徵性藝術表現方式的選擇。而一旦把這種選擇表現爲具體可感的文本時，《莊子》中相似性的表現方式就可能會潛在地發生作用。

2.《野草》和《莊子》都多次運用夢境或夢幻式的表現方式。《莊子》中最著名的是「莊周夢蝶」：

> 昔者莊周夢爲胡蝶，栩栩然胡蝶也，自喻適志與！不知周也。
>
> 俄然覺，則蘧蘧然周也。不知周之夢爲胡蝶與，胡蝶之夢爲周與？
>
> 周與胡蝶，則必有分矣。此之謂物化。

莊子希望通過夢幻的方式來超越現實的紛亂、痛苦，而達到生命自由的內在詩意。

　　魯迅曾說：「世間本沒有別的一言說，能比詩人的語言文字畫出自己的心和夢，更爲明白曉暢的了。」〔註18〕他在《娜拉走後怎樣》中還說：「人生最苦痛的是夢醒了無路可走。做夢的人是幸福的；倘沒有看出可走的路，最要緊的是不要驚醒他。」〔註19〕

　　《野草》中寫到夢境的文章就有八篇之多，正是那些「夢」的「隱意」，構成了魯迅《野草》中隱晦而美妙的精神世界。然而，爲什麼《莊子》與《野草》中都有如此眾多的夢幻式的表現方式呢？正如魯迅所譯的廚川白村的《苦悶的象徵》中所說的：「生命力受了壓抑而生的苦悶懊惱乃是文藝的根柢，而其表現法乃是廣義的象徵主義。……凡有一切文藝，古往今來，是無不在這樣的意義上，用著象徵主義的表現法的。」〔註20〕

　　3. 由夢幻式的表現方式又引發出《莊子》與《野草》的想像性問題。莊子的想像力真可謂「風雲開闊，神鬼變幻」〔註21〕，「縹緲奇變，乃如風行水上，自然成文也」。〔註22〕而《野草》中也同樣體現了魯迅的「天馬行空」式的自由豐富的創造性想像，如《死火》中那種幽渺、瑰麗、怪誕而瞬息變幻的描寫，與《莊子》中的「藐姑射之山，有神人居焉，肌膚若冰雪，綽約如處子。不食五穀，吸風飲露；乘雲氣，御飛龍，而遊於四海之外」的描寫，真是相映成趣，展示了中國文學的超拔、豐富的想像世界。

　　除了上述的事例，我們在《莊子》與《野草》中還能舉出其它的相似性文本。如：

　　4.《狗的駁詰》中運用「我與狗對話，以及狗對『我』的反駁」的荒誕手法，《莊子・外物》篇中「鮒魚」寓言與之有相似性之處，寓言講述莊子看到車輪碾過的地方有條鯽魚，於是，就開始「莊子與魚」的對話。

　　5.《墓碣文》中寫到「死屍已在墳中坐起，口唇不動，然而說……」與《莊子・至樂》篇中「莊子與空骷髏的對話」，有著異曲同工之妙。

　　事實上，「每一位詩人都從自己的一些感情出發。當我們追究到最根本的感情時，很難說莎士比亞與但丁誰優誰劣」。〔註23〕我們在莊子與魯迅之間所

〔註18〕魯迅：《譯文序跋集・〈桃色的雲〉序》。

〔註19〕魯迅：《墳・娜拉走後怎樣》。

〔註20〕轉引自魯迅：《譯文序跋集・〈苦悶的象徵〉引言》。

〔註21〕羅勉道：《南華真經循本》。

〔註22〕劉熙載：《藝概》。

〔註23〕T.S.艾略特：《莎士比亞與塞内加的苦修主義》，《莎士比亞評論彙編》（下冊）中國社會科學出版社 1980 年。

做的比較，也應作如是觀，他們都是用豐富的審美形式來表達各自深邃的思想感情。而我們比較的眞正目的是在於，發現傳統文學富有生命力的藝術形式、表現手法、審美特徵如何在偉大而成熟的作家手中得到自由的、富於想像力的運用和發展，從而顯示民族文學河流深層的契合。

　　其次，我閱讀比較的第二類文本，是《吶喊》、《彷徨》與《莊子》。這是小說與散文之間的超文類比較，因此，很難借助既有的理論框架加以闡釋。在已有的《吶喊》、《彷徨》的研究中，較多的文章是集中在小說的思想方面的探討，而往往忽略了對《吶喊》、《彷徨》中所沉浸的獨特的完滿的藝術氛圍的體味。從閱讀的角度，我們常常能感受到《吶喊》、《彷徨》中有一種無法捉摸，變幻不定的氛圍。這種飄忽朦朧的氛圍似乎是由於文本內部的語言形式，又似乎是從文本固有架構中逃逸出來，彌漫在閱讀空間中，這是難以用邏輯形式加以演繹和描述的，我努力了多次，最終都不得不放棄。直到有一天，當我讀到《莊子・天運篇》中一段對音樂的描述時，才似乎有了一些領悟。《莊子・天運篇》中寫道：

　　　　奏之以無怠之聲，調之以自然之命。故若混逐叢生，林樂而無
　　形，布揮而不曳，幽昏而無聲。動於無方，居於窈冥；或謂之死，
　　或謂之生，或謂之實，或謂之榮；行流散徙，不主常聲。

莊子這裏表達的是一種感覺、知覺、情感、想像完全融合在一起的境界，並且，這種境界灌注著內在的詩意與和諧，猶如「無聲之中，獨聞和焉」、「澹然無極，眾美從之」。我以爲，魯迅小說《吶喊》、《彷徨》中的氛圍與《莊子》所描述的境界，有著內在的相似性。

　　爲了能夠更具體的加以說明，試舉《社戲》和《孤獨者》爲例。

　　我覺得，《社戲》中描寫「在河船上看戲」的場景，是魯迅小說中最富有美感的一節：朦朧的月色，水草的清香，悠揚、宛轉的橫笛，一切都在靜靜地彌漫開來，而遠處是縹縹緲緲的戲臺，點點叢叢晃動的人影，使人頓生夢幻般的感受，這與其說是一個江南水鄉的月景，不如說是一段絕妙的音樂，把人帶進如莊子所描述的那種，「聽之不聞其聲，視之不見其形，充滿天地，包裹六極」的直覺神秘的幻感的氛圍中。

　　從美學上看，《孤獨者》在魯迅小說中，獨具意味的悲劇感，讓人不安。每次的閱讀，我都會不停地思索這麼一個問題：《孤獨者》的悲劇感，除了來自人物的悲劇性命運外，在文本中，流動著的那種驚心動魄的美感力量來自

何處？我以為，這篇小說的悲劇感，在藝術形式上是通過兩個細節體現出來的。

其一，是魏連殳回鄉為他的老祖母收殮這一細節。魯迅在小說中是這樣寫的：

> 他卻只是默默地，遇見怎麼挑剔便怎麼改，神色也不動⋯⋯
>
> ⋯⋯大殮便在這驚異和不滿的空氣裏面完畢。大家都怏怏地，似乎想走散，但連殳卻還坐在草薦上沉思。忽然，他流下淚來，接著就失聲，立刻又變成長嚎⋯⋯但他卻只是兀坐著號咷，鐵塔似的動也不動。

人物的神態始終凝重不動，而內心卻迅疾流轉。整個敘述語態、聲氣從一種靜默、凝固而忽變為飛動、急切，猶如「冰山之忽塌，沙漠之疾移」，確實能夠給人的閱讀心理帶來激越的衝擊力。〔註24〕小說的美感力量就在這種敘述突轉之中，得到不可思議的增強。《孤獨者》中的這一細節的悲劇力量是深得從靜向動的突轉之精妙，這內含著道家傳統的「虛則靜，靜則動，動則得矣」的美學原則。我以為，過去的美學史研究，多是認為道家美學主「靜」，否定「動」。事實上，道家的美學思想並不否定「動」，而是認為需要把「動」置於「靜」的本源上來加以確認。如，「然則天地雖大，富有萬物，雷動風行，運化萬變，寂靜至無，是其本矣。」〔註25〕這顯然並不排斥靜與動的相互轉化，這種美學原則體現在具體的作品文本中就會產生一種突轉的美感力量。當然，小說是一種純粹性的藝術，魯迅在創作《孤獨者》時，也不可能單純以這種美學原則為模式，但是，它作為一種傳統的藝術經驗與想像方式，已經融進了魯迅的情感、想像的創造性世界之中。

其二，是魏連殳收殮的這一細節的悲劇感，更有著一波三折的衝擊力。魯迅就是以這個細節來結束小說的，他寫道：

> 他在不妥協的衣冠中，安靜地躺著⋯⋯含著冰冷的微笑⋯⋯
>
> 敲打的聲音一響，哭聲也同時迸出來，這哭聲使我不能聽完⋯⋯
>
> 我快步走著，彷彿要從一種沉重的東西中衝出，但是不能夠。
>
> 耳朵中有什麼掙扎著⋯⋯隱約像是長嚎⋯⋯
>
> 我的心地就輕鬆起來⋯⋯

〔註24〕參閱錢鍾書：《談藝錄》（補訂本），中華書局 1984 年版。

〔註25〕《易·變》王弼注。

這裏，作者把聽覺、視覺、幻覺都交織融匯在一起，敘述上顯得飄動、跌宕、曲折變化，如此「變動不居，融貫圓轉」的表現形式，能產生一種特殊的魅力，引發並籠罩在讀者閱讀的心理流程之中。〔註26〕

我以為，傳統文學的藝術經驗和美學原則不可能被任何作家抽象地繼承。它總是通過創造性的方式，來顯現自身的生命力的，就如魯迅所說：「這些採取，並非斷片的古董的雜陳，必須溶化於新作品中，那是不必贅說的事，恰如吃用羊牛，棄去蹄毛，留其精粹，以滋養及發達新的生體，決不因此就會『類乎』牛羊的。」〔註27〕因此，我對莊子與魯迅進行這種比較，並非為了說明這兩者間明確的模仿或繼承的關係，而是希望在比較中，看到傳統文學富有生命力的「現代性」和現代文學生生不息的「過去性」，我們必須時時刻刻感受到自己置身於一個偉大的文學傳統中。所以，我以為，雖然我的分析很大程度上是建立在閱讀體驗的基礎上，但是，我的閱讀體驗也一樣是根植於這一傳統的脈絡之中。

魯迅與莊子的內在聯繫，只是民族文學進程中的一種線索，隨著時間的推移，我們也許能更清晰地看到現代文學與傳統文學的深刻、創造性的歷史聯繫。

第三節　小說類型與小說詩學

一

新時期以來，由於研究者的審美自覺和西方理論的大量引進，人們對二十世紀中國小說詩學的研究，無論在研究觀念、方法等方面，還是在研究的廣度上，都有著長足的進展。比如，小說文體學、小說敘事學等理論方法，開始得到大量運用。但是，在這種精彩紛呈，新見迭出的研究格局中，我們不得不清醒地看到其中仍然存在著不足：（一）無論是敘事學研究還是文體學研究，它們都缺少一種整體性的研究視野，即當它們面對一個孤立文本時，確實有著別的研究方法所不能比擬的理論活力，但是，當它們面對的是一種詩學類型時，就往往顯得力不從心；（二）敘事學和文體學研究力圖解決的是

〔註26〕參閱錢鍾書：《談藝錄》（補訂本），中華書局1984年版。
〔註27〕魯迅：《且介亭雜文·論〈舊形式的利用〉》。

單一文本的審美特徵，而對眾多文本的審美特徵、風格等傳統性問題，則缺少足夠的敏感。正是基於上述的思考，我認為，二十世紀中國小說詩學研究要想獲得更深入的進展，就必須首先解決方法論上的難題，為此，我提出了「類型研究」這一新思路。

我之所以選擇「類型研究」這一視角切入二十世紀中國小說，是基於這樣兩方面的思考：（一）我以為，誕生於「五四」新文化運動的現代小說，在它的藝術現代化進程中，存在著兩個表面相反實則相成的「離心」和「向心」的合力。所謂的「離心力」，就是說，二十世紀中國小說在藝術創造性上始終保持著強勁的對小說藝術規範的背離、實驗、創新的活力。那種追求「要使小說不像小說」，希望能「多打開幾面窗子吧，只要是吹的，不管是什麼風」〔註28〕的創作觀念，使得二十世紀中國小說無論在創作方法，還是在審美體式、藝術風格、流派上都呈現出一種自由多元、生氣勃勃的歷史風貌。但是，如果我們再往深裏一看，就會發現，在這精彩紛呈的藝術風貌的深層，似乎又存在著某些相對穩定，並且具有類型性的詩學範疇。這裏打個不成熟的比方，就如我們在欣賞廣場花卉一樣，當置身於廣場之中時，你會感到四周是絢爛多彩、爭奇鬥妍的。但是，一旦你脫身於廣場之外，遠遠一望，這時，清晰地展現在你眼簾中的可能就不是一株株或一盆盆具體的花卉，而是這些花卉所擺列出來的具有各種層次、形態的圖案。此時，可能會有一種感覺在你心中油然生起，原先散亂的花卉，在你的新視野內變得那麼富有秩序，彷彿它們的每一種顏色、形狀都是在有意識地參與那些精巧的圖案的生成。我以為，類似的感覺在我們進入二十世紀中國小說文本的解讀過程中，也常常會產生。比如，當我們把《竹林的故事》（廢名）、《邊城》（沈從文）、《微神》（老舍）、《受戒》（汪曾祺）、《伍子胥》（馮至）、《聽音》（李拓之）、《白色鳥》（何立偉）這樣一些題材截然不同的小說文本歸在一起解讀時，就會發現，在這些文本中共同存在著一個詩學形式，那就是對一種獨特「意境」的感受、營造和表現。也就是說，我們可以借助「意境」這一詩學範疇把這些不同流派、不同作家創作的文本歸結在一起來研究。我把這種小說藝術史深層的詩學特徵，稱為「向心力」趨勢。我以為，這種「向心力」的存在，給「類型研究」提供了一種客觀的基礎。（二）二十世紀中國小說的發展、演變是與小

〔註28〕汪曾祺：《短篇小說的本質》，原載於《益世報·文學周刊》（天津），第43期，1947年5月31日。

說藝術自身的現代化進程緊緊地聯結在一起的。那麼，要客觀的分析、闡釋、評價二十世紀中國小說藝術的現代化程度和標誌，就必須從理論上爲這一分析、闡釋、評價找到一個切合小說藝術本體的「原點」。同時，也只有借助於這一「原點」，我們才可能測度出二十世紀中國小說在藝術創造上所達到的「制高點」，由於類型研究，是把自己的立足點牢牢地落實在小說文本的詩學層面，是一種對小說文本的詩學規則和詩學範疇的探討，所以，這種研究也是對這一「原點」的探究。因此，類型研究從某種意義上說，也是我們對二十世紀中國小說史的學術研究現狀的思考和新的研究嘗試。

二

「類型研究」作爲一種方法是「古已有之」。比如，在西方，早在亞里士多德的《詩學》中就提出，按「摹仿所用的媒介不同，所取的對象不同，所採取的方式不同」，可以把藝術分成不同種類。中國的曹丕在《典論・論文》中就強調「夫文本同而末異，蓋奏議宜雅，書論宜理，銘誄尚實，詩賦欲麗」。〔註29〕當然，在這些早期的著作中，類型研究還談不上是一種獨立的理論方法。此後，類型批評在西方經歷十八世紀「新古典主義」的「類型純粹論」和十九世紀浪漫主義的「否定類型說」這兩個理論誤區之後，一度遭到冷落（比如美學家克羅齊就對類型研究持激烈的否定的觀點）。到了二十世紀五十年代，由於結構主義的興起，類型批評又引起了人們的重視。〔註30〕必須指出的是，這些類型批評自身的理論發展史，構成了我們建立自己的類型研究方法的極具價值的資源。但是，與此同時，我也清醒地意識到：我面對的研究對象是二十世紀中國小說，我所置身的是中國美學傳統，這一切也決定了我必須建立起自己的類型研究的概念系統和運作方式。下面，我就對自己具體的研究設想做一些簡單的闡釋。

（一）對「藝術形式」的分析、解讀，是我進行類型研究的理論建構的出發點和中心環節。即，我是從小說文本的藝術形式內部的結構形態、敘事模式、文本體式和審美特徵這四方面的詩學因素及其聯繫來確立、界定和建

〔註29〕 參閱陳平原：《小說類型研究概論》，見《小說史：理論與實踐》，北京大學出版社 1993 年版。

〔註30〕 參閱陳平原：《小說類型研究概論》，見《小說史：理論與實踐》，北京大學出版社 1993 年版。

構一個類型的詩學範疇。而我之所以要把自己的理論建構的基點落實在藝術形式的層面上，是基於這樣的認識：一方面，藝術形式是最具有內在穩定性的，這樣就使得我們對二十世紀中國小說的類型劃分，能夠建立在一個相對具有邏輯性、自足性的框架上。我想，這一劃分方式的特點和長處，與已有的從題材、主題或人物形象上來劃分小說類型的方式相比，就會看得很分明。〔註31〕另一方面，藝術形式又總是一種「有意味的形式」，它是處於文本分析的「中心環節」。也就是說，從往內的一極來看，藝術形式的背後往往是深刻地凝聚著一個作家的藝術觀念、藝術思維方式和情感方式。可以說，藝術形式深深地鍥進了一個作家的全部的精神世界。然而，從向外的一極來看，藝術形式的創生、發展和演變往往隱秘地映照出人類意識的特殊形態。對於這一點，我想在這裏做些更具體的闡釋。比如，我們來分析一下「意境小說」的敘述模式中的「時間」和「空間」這兩個形式，「意境小說」的敘述的時間狀態往往是面向過去的，是一種穩定的、封閉的、與現代生活相隔離的存在狀況。也就是說，我們很難在廢名、沈從文等人創作的「意境小說」中，看出歷史變化的痕跡或標誌。而這樣一種時間的敘述狀態與小說家要在文本中所投注、滲透的單純化、終極性的價值理想是相契合的。但是，必須更細緻地讀出的是，在「意境小說」文本的結尾部分，作者往往又有意地創造出一個「瞬間」：或是人物的頓悟，或是人物命運的逆轉，或是敘事的中斷，如《桃園》、《邊城》的結尾就是如此。這一「瞬間」在敘述中的突兀性的出現，彷彿一把鐵鍬突然掘進原來一汪沉靜潭水的圍埠，扒開一道缺口，又把小說的敘述時間重新納入了那種不斷流逝、不可把握的時間的自然特性之中。而這種對時間自然特性的感知、體驗和呈現方式，完全是一種與古典循環論式的時間觀相區別的進化論的現代時間觀。

與時間相聯結而存在的是文本的敘述空間，我們看到，在「意境小說」中，文本的敘述空間常常是選擇那種邊緣地帶，更重要的是，這些邊緣地帶往往又是置於儒家文化圈之外，且具有自己獨特的文化形態。雖然，文本的敘述空間是處於邊緣化的描述和想像，但是，作者對這一空間，在心靈上卻越發彌漫出強勁的親和力。我以為，從這種敘述空間的詩學特徵中，可以隱約把握到現代文化中儒家文化與非儒家文化、漢文化與少數民族文化內在的

〔註31〕參閱陳平原：《小說類型研究概論》，見《小說史：理論與實踐》，北京大學出版社 1993 年版。

對話性。而這種對話性在現代作家身上往往又積澱爲一種現代性的文化心理結構。

當然，以上我們是選擇「意境小說」的藝術形式中的「時間」和「空間」這兩個因素來進行外向性的分析。也許，這些分析的內涵也可以通過對文本中的主題或人物的解讀來獲得。但是，我以爲，這裏從藝術形式這一中心環節切入的分析，也許更具有說服力。因爲，一個作家在創作中，對藝術形式的感知、體驗、創新常常是在一種不自覺甚至是一種無意識的精神狀態中完成的，而就是這種無意識的創作狀態，才更充分地說明了藝術形式是多麼深刻地紮進了一個作家的精神河床。同樣的，其小說的藝術思維方式、情感方式的現代性也可以從這一分析中得到有力的說明。

（二）對已有類型概念的內在詩學規則、範疇的釐清、界定，和對新類型的區分、選擇、鑒定，是我的類型研究的理論建構的核心功能。在當前的小說研究、批評中，許多類型概念彷彿就是一個可以任意變換、捏造的空洞的籮筐，可以同時盛不同的東西，也可以任意轉用，很少有人在使用這些類型概念時，對它內在的詩學規則、範疇做一種明確的界定和說明。所以，類型概念變得越來越混亂、隨意和模糊。試想，一把秤星模糊的老秤怎麼會有準確的稱量呢？因此，我以爲，通過對大量小說文本的藝術形式的解讀，來重新確立、界定已有的類型概念，這是類型研究的一項基礎工作。與此相聯繫的是，必須能夠大膽、合理地對新類型進行區分、鑒定和闡釋。在這方面，魯迅的《中國小說史略》中對諷刺小說與譴責小說在類型詩學上所做的區分、闡釋，對我是很有啓發的。而這種學術範式對現代類型研究的理論建構上的細緻化、準確化也是必不可少的。比如，現在有不少的研究文章在「詩化小說」這一範疇內，把郁達夫、廢名、沈從文、汪曾祺、蕭紅、師陀等人的小說都歸結在一起。而我以爲，如果立足於類型詩學的研究視角來看，那麼，就會發現這其中的區別是相當有意思的。

把郁達夫的小說與後幾位小說家的小說文本分離開來，一般是異議不大，我把這類小說界定爲「情調小說」。借用的納博科夫的分析方法，從結構形態來看，這類小說是按照作家或抒情主人公（有時這兩者又是重合的）的心理流程來安排情節發展、人物之間的關係以及主題線與非主題線的交叉、聯繫，以情感的強度來確立文本敘述結構的頂點。〔註 32〕這一類型的小說文

〔註32〕參閱納博科夫：《文學講稿》，三聯書店 1991 年版。

本的主人公多是被塑造成敏感的、神經質的性格特徵，這就內在地推動著文本結構的跳躍、曲折，這也在結構上爲小說運用表現主義、意識流等現代主義創作方法，提供了一個可能的空間。從創作的心理狀態來看，由於作家過多地沉湎於情緒的體驗和表達，所以，很難在文本的敘述過程中獲得一種必要的審美距離。〔註33〕因此，現代小說的敘述視角的限制、轉換的技巧與功能，就完全被這種單一化的抒情方式所替代。也就是說，我們在對這一類型的小說文本的藝術形式的解讀中，很難發現其在敘述觀點方面的多樣性創造。但是，這一類型的小說卻在體式和風格上呈現出自己鮮明的詩學特徵。比如，這類小說常常是通過逐一展現連續的視覺印象、心理細節以表達某種情感的積聚。在語式上多用「由……而想（憶）起……」來表示一種情緒或時間的連續流動及統一。〔註34〕這一類型的小說往往是一開篇就給讀者創造了一種強烈的印象或期望，然後，借助於一系列傷感的描述來不斷地推進、增強讀者的這一印象、期望，使得整個文本一直維持在一個濃鬱的抒情狀態，呈現出鮮明的浪漫主義的審美風格。〔註35〕正是這一系列的詩學特徵使得「情調小說」在類型詩學上與「意境小說」區別開來。

但是，要把廢名、沈從文、汪曾祺的小說與蕭紅、師陀等人的創作在類型上進行區分、界定，還得費些工夫，因爲其中牽涉到我們對一種新類型的命名和鑒定。對於像廢名、沈從文、汪曾祺等人創作的小說文本，我是直接採用已有的「意境小說」這一說法，而把蕭紅的《呼蘭河傳》、師陀的《果園城記》這一類型的小說文本命名爲「意象小說」。這其中雖然只有一字之差，但我以爲二者之間內在的詩學規則、詩學範疇是不同的。雖然，這兩種類型的小說文本都強調對一種「境界」的藝術創造，都運用一些「象徵」的敘述。但是，就如加繆所說的那樣，「一個象徵先要有兩個平面，一個觀念的世界和一個感覺的世界，此外還要有一個適合於二者的詞彙。提供這種詞典是最困難的。理解這兩個變得歷歷在目的世界，就是找出它們相互間的隱秘關係」〔註36〕。這裏，我借用的是加繆的思路，那麼，「意境小說」與「意象小說」在尋找、表現、創作這一「隱秘關係」的方式上，究竟有何不同？

〔註33〕參閱納博科夫：《文學講稿》，三聯書店1991年版。

〔註34〕參閱納博科夫：《文學講稿》，三聯書店1991年版。

〔註35〕參閱納博科夫：《文學講稿》，三聯書店1991年版。

〔註36〕加繆：《卡夫卡作品的希望與荒誕》，見《論卡夫卡》，中國社會科學出版社1988年版，第105頁。

　　我以為，「意境小說」和「意象小說」不同的類型詩學的奧秘就隱藏在其中，「意境小說」強調借助於感覺世界的描述和想像來達到對觀念世界的領悟和超越，這在廢名的小說中尤其明顯；而「意象小說」則是更多地把審美眼光投注於對感覺世界的把握、感受，力求通過自己的體驗選擇、吸收、歸納並處理感性材料。〔註 37〕比如，在《呼蘭河傳》中，蕭紅通過回敘的方式，讓自己童年生活中熟悉的「人」與「事」輕輕地浮出記憶的海面，她細緻地描寫著一連串的動作、狀態或對象，然後用一個描述性的、詩意的詞彙，將整個描寫收攏，聚成一種意象。同時，這些意象一旦生成，彷彿具有自我生命一樣隨著文本敘述而展開，或是反覆出現以創造一個渲染的氣氛，或是與相關意象聯結組成更大的意象單元，維持著文本的敘述流程。〔註 38〕作家與文本的意象世界之間關係是平行的，在精神上是處於互相感興、交融的狀態。而在「意境小說」中，無論是作者還是讀者都要求置於一種被超越、被領悟的精神狀態。同時，在詩學創造中，強調本文的審美距離。〔註 39〕就如廢名所說的：「創作的時候應該是『反芻』。這樣才能成為一個夢。是夢，所以與當初的實生活隔了模糊的界。藝術的成功也就在這裏。」〔註 40〕我以為，這一審美距離的有意創造，就給「意境小說」在敘述視點和結構上的自由度、創造性提供了豐富的想像空間。所以，敘述觀點的變換、小說體式上的匠心獨運和「抽象的抒情」〔註 41〕，就成了「意境小說」類型詩學的顯著特徵。從這裏對各自類型詩學的簡單分析中，就可以看出對「意境小說」和「意象小說」進行類型區分的可能性和必要性。為了更能說明我在類型研究中對新類型區分、鑒定的理論興趣，這裏我想舉一個來自個人閱讀體驗的例子。當我在閱讀魯迅的《吶喊》、《彷徨》時，對其中像《一件小事》、《頭髮的故事》、《鴨的喜劇》、《兔和貓》這樣的小說，一直未能找到一個與其詩學特徵相契合的詩學範疇來說明它。但是，你又能感覺到這些文本的體式在魯迅的小說中有它的獨特性，這種疑惑直到我接觸到吳曉東關於這些小說研究成果時，才似乎找到一種說明的衝動。

〔註 37〕參閱納博科夫：《文學講稿》，三聯書店 1991 年版。
〔註 38〕參閱納博科夫：《文學講稿》，三聯書店 1991 年版。
〔註 39〕參閱納博科夫：《文學講稿》，三聯書店 1991 年版。
〔註 40〕廢名：《說夢》，原載《語絲》第 133 期，1927 年 5 月。
〔註 41〕沈從文：《抽象的抒情》，見《長河不盡流》，湖南文藝出版社 1985 年版，第 112 頁。

我以爲，像《一件小事》、《頭髮的故事》這樣的小說，在體式上具有一種「元小說」的意味。也就是說，敘事作爲文本的主體與中心被整個地凸現在小說的審美前景中，幾乎每一篇都可以把它作爲小說敘述的一種基本模式、形態。魯迅創作這些小說是以文本化的語言展示給現代小說家們：應該如何對一個情節、一個故事的敘事過程進行操作，應該如何把小說從對生活的眞實再現衍生爲文本層面的虛構與想像，應該如何發掘小說語言本身的藝術美感。〔註42〕我以爲，對魯迅的這些小說只有從「元小說」的詩學範疇的視角來把握，才可能承載起茅盾曾說過的：「在中國新文壇上，魯迅君常常是創造『新形式』的先鋒；《吶喊》裏的十多篇小說幾乎一篇有一篇新形式。」〔註43〕所以，我們能夠通過「元小說」這一詩學範疇的分析、界定，從而對魯迅小說的創造性做出一種新的闡釋。

按照我的類型研究設想，我把二十世紀中國小說分成以下的類型：情調小說、意境小說、意象小說、諷刺小說、心理分析小說、心理體驗小說、新「演義」小說、「元小說」，等等。

三

在這種類型研究的理論建構中，還內含著我的一個小小的「學術野心」，即力求使自己的研究方式和理論建構爲建立中國現代小說詩學提供一種初步的嘗試。一個世紀對一個個體的生命來說是漫長的，而對於一個連綿不斷的歷史進程來說，卻又顯得短暫。如果立足於一種「長時段」的歷史視野，把二十世紀中國小說作爲一個整體來看待的話，我們就會發現，二十世紀中國小說在某些類型的詩學創造上表現出驚人的旺盛和成熟的創造力，而在另一些類型創作上，雖然我們的小說家們也投注了極大的熱情，但其創作出來的作品總不免讓人感到平淡、粗疏、隔膜。必須明確指出的是，雖然在詩學意義上說，每一種小說類型在藝術創造上都具有無限創新、發展、深化的可能性，也就是說，我們不能在本質上虛構出一種小說類型的審美價值的等級，但是，就二十世紀中國小說的類型來看，詩學創造的不平衡現象又是客觀存在的。這種客觀存在的不平衡現象是現代小說詩學的理論建構所必須面對並做出闡釋的問題。而類型研究至少在某一個方面對這一小說史上的藝術問題

〔註42〕參閱吳曉東：《象徵主義與中國現代文學》，湖南教育出版社1999年版。
〔註43〕茅盾：《讀〈吶喊〉》，載《文學周報》第91期，1923年10月8日。

能做出自己應有的理論貢獻。比如，每一個類型的詩學原則的創生、成長絕不是「空穴來風」，是受到諸多因素的影響和制約，其中每一個類型詩學與其所置身的美學傳統內在的契合、感應的程度尤其顯得重要。這就像一顆種子落在這片土地上也許能長成參天大樹，而落在另一片土地上可能只有枯死的命運。在對「意境小說」研究時，我們會發現，這一小說類型的詩學規則和詩學範疇在很大程度上與中國美學中的寫意傳統相契合，因此，對於擁有這一深厚的美學傳統的二十世紀中國小說家來說，創作這一類型的小說，顯然會更感到得心應手，無怪乎即使那些不是這一類型的小說文本，也不自覺地滲透著「意境」的審美因素。我以為，類型研究中所關注和探討的「理論點」，對我們思考現代小說詩學與傳統的關係，應該是有所幫助的。

同時，我們也必須時時提醒自己，在類型研究中對類型詩學規則和詩學範疇的確立、界定，不是像數學運算中的尋找最小公分母，而是應該像馬克思在《〈政治經濟學批判〉導言》中所說的：「從抽象上升到具體。」也就是說，應該把這些詩學規則和詩學範疇看成是藝術創造、發展的「生長點」，運用類型研究方法，其目的是為了更深入、具體地說明獨創性是從何而來的。同時，也需要明確的是，類型研究不是小說史研究，如果要說明這二者之間的關係，這樣的比方也許是恰當的：小說史猶如一條奔騰不息的大河，類型研究就如那些有選擇地設置於岸邊的水文站一樣，它一方面必須提供該河流的水深、水溫、流速、含沙量等具體數值；另一方面又必須科學地預測該河流的流向、汛情等整體性特徵。

第四節　小說類型詩學與文學傳統

一

由於類型研究要解決的核心問題是：（一）藝術獨創性和美學傳統之間的矛盾關係；（二）想像性藝術創造的審美自由與藝術成規之間的矛盾關係。〔註44〕因此，當我們把它作為一種研究方法引入小說詩學研究時，它對闡釋二十世紀小說詩學的獨創性，以及這種獨創性是來自何處等問題，就具有深刻的理論創造力。換言之，它對闡釋小說詩學與傳統關係尤其具有方法論的意義。

〔註44〕參閱陳平原：《小說類型研究概論》，見《小說史：理論與實踐》，北京大學出版社1993年版。

　　我們知道，二十世紀中國文學是在中西文化相互撞擊、對話、融合的社會文化語境中產生、發展起來的。在橫向上，它與西方文學之間具有明顯的借鑒、影響的關係；在縱向上，它又與傳統文學保持著深遠的歷史聯繫。對於前一個問題，學術界已有許多富有創見的研究成果，這裏就不再論列。然而，一方面，由於傳統自身的複雜性，另一方面，由於傳統的影響往往是潛在的，而不是一目了然，具體可摘的。〔註45〕這樣，就使得二十世紀中國文學與傳統關係這一課題既充滿誘惑力，又具有較大的難度。黑格爾曾有句名言：「密納發的貓頭鷹，要等黃昏來臨，才會起飛。」它的意思是，總結一個時代的哲學必須在那個時代的輪廓清晰地呈現出來之後才能出現。〔註46〕雖然，二十世紀中國文學的現代性進程遠未結束。但是，站在今天，我們已經有足夠長的歷史「時段」來冷靜客觀地反思這一文學進程。就如魯迅所言：「新文化仍然有所承傳，於舊文化也仍然有擇取。」〔註47〕並且，它的未來路向也必然是「和世界的時代思潮合流，而又並未梏亡中國的民族性」〔註48〕。在這個意義上說，二十世紀中國文學與傳統這一課題必然會在文學史這一研究維度上體現出它獨特的理論意義。

　　對於這一課題，國內學者如王瑤先生、唐弢先生，國外學者如普實克、白之、謝曼諾夫，都曾做過深入的探討。如王瑤先生的《關於現代文學的民族傳統問題》、《中國現代文學與古代文學的歷史聯繫》、《論魯迅作品與中國古典文學的歷史聯繫》，唐弢先生的《在民族化的道路上》、《西方影響與民族風格》等文章，都是這一課題的重要的研究成果，也是我即將展開論述的理論資源。然而，必須指出的是，這些已有的研究成果，大多數是著眼於從宏觀上把握、揭示二十世紀中國文學與傳統的內在關係，普遍表現出一種傳統／現代的二元論的思維特徵。也就是說，它們是把「傳統」與「現代」作為兩個相對的意義單元，強調的是在這二者之間建立起一種相似性的靜態比較關係。我以為，這樣的「傳統觀」是有其內在的理論缺失的。因為，從某種意義上說，「傳統」是一種「沒有創造者的創造性」，即在傳統的內部總是存在著許多富有創造力的活躍因子。同時，對於「現代性」而言，吸收傳統不

〔註45〕參閱希爾斯：《論傳統》，傅鏗等譯，上海人民出版社1992年版。
〔註46〕參閱王元化：《讀黑格爾》，江西百花洲出版社1996年版。
〔註47〕魯迅：《集外集拾遺·〈浮士德與城〉後記》。
〔註48〕魯迅：《而已集·當陶元慶君的繪畫展覽時》。

可能是一種簡單的直線的移植。傳統作為一種根源性力量在它的衍化、變遷過程中，能夠不斷地調整自身的存在方式，以使自己獲得「現代性」的價值結構。對於這一點，現代解釋學有著自己獨特的闡釋：「如果傳統不只是人們知道存在的東西，並且還意識到它是自己的起源的話，傳統就無法保存在一個充分的歷史意識中。改變已經確立的形式像捍衛已經確立的形式一樣，也是一種同傳統的聯繫。傳統只存在於不斷的變更中。」〔註 49〕與現代解釋學相反，現代接受理論強調的則是「現代性」中的「傳統性」。比如，姚斯在他的接受理論中，就把傳統理解為「隱性制度化」：許多文學作品被納入學校教材之後，「它們作為美學標準不知不覺進入一種傳統，成為預先確定的期待而使後世的美學態度標準（制度）化。」〔註 50〕無論他們在「傳統性」與「現代性」這二者之中，立足點放在哪一邊，現代解釋學與接受理論都強調這二者之間相互作用的動態關係。

在這種「傳統觀」的理論啟示下，我以為，擺脫過去「傳統／現代」二元論的靜態對應的視野，建立起「傳統←→創造←→現代」這樣一種以「創造」為中介的更具張力性的動態視野，就成為我們探討二十世紀中國文學與文學傳統關係的一種明智的研究範式。這一研究範式同樣也適用於我們即將展開論述的小說類型與文學傳統這樣一個子課題，並將在這一研究過程中呈現出它獨特的理論活力。

二

就藝術本性而言，藝術形式具有相對的穩定性，同時又是最敏感、最具創造性的。所以，從藝術形式（其中包括形式淵源、表現手法、藝術構思、藝術風格等層面）這一角度切入，可能將是把握二十世紀中國小說類型與文學傳統的歷史聯繫的有效途徑。更具體地說，這一研究思路將圍繞著三個方面展開：（一）二十世紀中國小說類型在受到傳統影響的同時，又是如何對這些傳統進行創新？（二）這些經過轉化和創新的傳統，又是如何內在地制約了二十世紀中國小說類型的詩學追求？（三）「現代性」的小

〔註 49〕伽達默爾：《解釋學與意識形態批判》。此處轉引自王先霈、王又平主編：《文學批評術語詞典》，上海文藝出版社 1999 年版，第 166 頁。

〔註 50〕姚斯：《接受美學方法的局限法》。此處轉引自王先霈、王又平主編：《文學批評術語詞典》，上海文藝出版社 1999 年版，第 166 頁。

說詩學又是如何反過來影響、制約或深化了現代小說對文學傳統的再發現、再闡釋、再創造？這一系列的提問，都要求我們在學理上做出回應與闡明。但是，我們必須看到，傳統的影響總是滲透在藝術構思、表現手法、藝術風格等細微之處，並總是存在於具體的作品文本之中。因此，對作品的具體細緻的感受、解讀，就成為進入這一課題研究之前的必要的審美經驗。同時，從作品出發，在理論探討中充分體現自己的感受性、體驗性、想像性，就成為這一課題的理論話語的獨特個性。——當然，這也給我們的研究帶來了挑戰。

基於研究的方便，我按照二十世紀中國小說與文學傳統的歷史聯繫的不同層面、不同方式。選擇二十世紀中國小說詩學的五種類型：抒情小說、意境小說、諷刺小說、歷史小說、「故事新編」式小說來進行探討。很顯然，這樣的劃分遠遠無法概括二十世紀中國小說的全部類型，但我認為，這裏所選擇的五種類型都是比較具有典範性的。而分析這些典範性的類型，它所可能揭示的某些內在的、規律性的東西，就會更具有說服力。這就如馬克思所說的那樣：這是一種「由抽象上升到具體的方法」，並指出這「顯然是科學上正確的方法」。〔註51〕

下面我將對所劃分的五種小說類型與文學傳統的內在關係，分別做一個簡要的闡釋，試圖回答：什麼是類型詩學的內在問題，及其回應這些問題的思路是什麼？這些問題和思路在小說詩學、小說史研究中，又具有怎樣的意義？

一、抒情小說。這一名稱源自周作人的一段譯後附記，周作人在《晚間的來客》譯後附記中說道：「我譯這一篇（指《晚間的來客》），除卻紹介 Kuprin 思想之外，還有別的一種意思，——就是要表明在現代文學裏，有這一種形式的短篇小說。小說不僅是敘事寫景，還可以抒情；因為文學的特質，是在感情的傳染，便是那純自然的描寫，如 Zola 說，也仍然是『通過著者的性情的自然』，所以這抒情詩的小說，雖然形式有點特別，但如果具備了文學的特質，也就是真實的小說。」〔註52〕不僅僅是周作人，事實上，有許多現代小說家都很看重小說中的詩意、詩趣、詩境。比如，茅盾認為屠格涅夫是「詩

〔註51〕馬克思：《政治經濟學批判導言》。
〔註52〕周作人：《晚間的來客・譯後記》，載《新青年》7卷5號，1920年。

意的寫實家」〔註53〕。郁達夫稱讚施托姆的小說:「篇篇有內熱的、沉鬱的、清新的詩味在那裏。」〔註54〕夏丏尊則稱國木田獨步「雖作小說,但根底上卻是詩人」〔註55〕。很明顯,由於正處於新文學初期這一特殊的文學語境中,所以,這些作家更多的是強調西洋小說中的「抒情性」,而有意或無意迴避中國傳統文學中的抒情性。但是,從現代小說史初期的創作情況來看,中國傳統的士大夫文學中的抒情傳統,尤其是古典詩歌的抒情性,對現代情調小說的情調、色彩和想像力方式都有著內在的影響。

就現代初期小說而言,我以為,抒情性的影響至少有兩個方面:(一)從形式角度來看,它打破了傳統小說的情節結構而出現情調結構,這一抒情性的敘述結構,在郁達夫的小說中體現得最明顯。(二)從現代小說語言的角度來看,抒情小說對語言音樂性、暗示性以及含蓄、韻味等追求,對促使現代初期小說的語言藝術性的生成具有特別重要的意義。因為,這一時期正處於現代小說語言形式的確立與發展的關節口,如何提煉現代白話,去除它的某些粗陋、俗俚的原生形態,就成為當時小說語言的核心問題,而在這一點上,抒情性就產生了相當有益的影響。但是,我們必須指出的是,在現代小說初期也存在著由於抒情方式的過於直露而破壞小說內在的審美特徵的負面現象。這一點在當時的「問題小說」以及創造社的小說創作中都有不同程度的體現。由此可見,抒情性在現代小說中扮演著一個相當矛盾的角色。我以為,正是這種既有正面的承傳而又有負面影響的矛盾性,充分體現了「傳統←→創造←→現代」過程中的複雜性。

二、意境小說。意境是中國古典美學中一個重要的審美範疇,強調以有限的筆墨去表現無限的意蘊。二十世紀中國小說創作對意境的詩學追求,繼承了這種寫意性的審美傳統,又進行獨特的創新,具體表現在以下三個方面:(一)從哲學的角度來看,「意境」的思想基礎是源自老莊哲學中的「言不盡意」說,認為相對於「道」、「意」這些終極範疇而言,「言」、「象」僅僅是派生性的、工具性的價值。這種關於「言」與「意」關係的哲學認識,深刻地影響了中國古典美學在美感理論上的表達,即一方面強調「課虛無以責有,叩寂寞以求音」〔註56〕;另一方面,又不得不承認「詩也者,有象之言,依

〔註53〕沈雁冰(茅盾):《俄國近代文學雜談》。
〔註54〕郁達夫:《〈茵夢湖〉的序引》,載《文學周報》15 期,1921 年。
〔註55〕夏丏尊:《關於國木田獨步》,《文學周報》5 卷 2 期,1927 年。
〔註56〕轉引自王元化:《思辨隨筆》,上海文藝出版社 1994 年版,第 304～306 頁。

象以成言，捨象忘言，是無詩矣；變象易言，是別爲一詩甚且非詩矣」〔註57〕。所以，對於二十世紀中國小說的意境創造來說，小說語言與小說意象的審美創造就成爲核心功能，即必須通過具體意象的「有」來體現「無」，通過具體有限的語言表達來體現無限的「意味」。應該說，「意境」的詩學追求，對現代小說家們來說，是一種很高的藝術挑戰。比如，廢名用唐人寫絕句的方式來寫小說，沈從文對小說文體的苦心經營，都是這種對「意境」詩學追求的體現。（二）「比興之義」是傳統詩學的重要特徵之一，也是傳統詩學在營造「意境」過程中最常使用的表現方式之一。二十世紀中國小說在意境的追求上一方面充分運用了「比興」詩學中的暗示、聯想、隱喻等表現方式，另一方面又與現代象徵主義、表現主義，甚至意識流的表現手法相溝通，這一點在廢名後期創作的小說如《莫須有先生傳》、《莫須有先生坐飛機以後》，以及沈從文的《看虹錄》等小說中，表現得最明顯。這些都是二十世紀中國小說對傳統的「意境」詩學的繼承與創新之處。（三）二十世紀中國小說的意境追求在藝術趣味上是古典的，是一種對古典美的再發現與再創造，但是，在精神價值上又是現代的，是現代中國知識分子的審美烏托邦，也是我們理解二十世紀中國知識分子精神世界的重要窗口。值得注意的是，以自由主義知識分子爲主體的「京派」作家群，在小說創作中都比較重視對「意境」的創造，由此可見意境的詩學追求對於二十世紀中國小說史與知識分子精神史的獨特而潛在的意義。也就是說，二十世紀中國小說如果失去這一類型的藝術創造，就將失去豐富而雋永的美感與詩學品味，也將失去一塊充滿精神價值的審美的、詩意的心靈棲居地。在這個意義上說，傳統的「意境」在現代小說的詩學創新中，不僅具有深刻的審美影響，而且具有深沉的精神內涵。

三、諷刺小說。腐朽、黑暗的現代社會生活是諷刺藝術生長的「溫床」，在現代小說史上，出現了大量的諷刺小說，魯迅、張天翼、沙汀等人的小說都是這其中典範之作。它們有力地吸收傳統文學中的豐富多彩的諷刺藝術。比如，魯迅不僅在《中國小說史略》中對《儒林外史》給予了充分的肯定：「秉持公心，指謫時弊，機鋒所向，尤在士林；其文又戚而能諧，婉而多諷：於是說部中仍始有足稱諷刺之書。」而且，在他的雜文中經常能看到對「諷刺」的精妙而深刻的闡釋，這一切都在他的小說創作中有著充分的體現。這一點只要我們用心去讀一讀《孔乙己》、《高老夫子》、《肥皂》等小說，就會有深

〔註57〕錢鍾書：《管錐編》，第 1 冊，中華書局 1986 年版，第 12 頁。

切的體會。按照魯迅對《儒林外史》的評價，成熟的諷刺作品應該能引起一種心靈的震撼與感動，但是，我們不得不指出，二十世紀中國的諷刺小說多數作品都寫得太露、太白，讓人讀起來總缺少那麼一種「苦中微甘」、「刺中帶情」的意味。那麼，為什麼二十世紀中國諷刺小說會有這樣的審美意味的缺失呢？像《儒林外史》這樣傳統的經典的諷刺小說的藝術創造對重建現代諷刺小說美學又將有怎樣的啓示性？我以為，要回應這些提問，可以從兩個方面入手。（一）現代生活的腐朽、黑暗給現代作家敏感的心靈帶來不堪承受的重壓，使得現代作家失去審美創造所必要的心靈餘裕，靈魂變得粗糙，感覺變得尖銳。所以，在進入藝術創造過程中，往往顯得「描寫時亦刻深，譏刺之切，或逾鋒刃」〔註58〕。（二）由於心靈的壓抑，必然帶來想像空間的狹隘。所以，現代諷刺小說在審美風格上比較缺乏傳統諷刺小說的「婉曲」的風度，而過於辭意淺露。因此，如何對傳統諷刺小說中的「戚」與「諧」、「婉」與「諷」進行創造性的借鑒與發揚，是現代諷刺小說能否眞正走上成熟的關鍵之所在。

　　四、歷史小說。中國文化傳統中有一個源遠流長的「史官文化」傳統〔註59〕，於是，在歷史與小說之間很容易就能達到相互溝通的地步。比如，錢鍾書先生在《管錐編》中就指出：「《左傳》記言而實乃擬言、代言，謂是後世小說、院本中對話，賓白之椎輪草創，未遽過也。」〔註60〕對於司馬遷的《史記》，宋人黃震就說過：「今遷之所取，皆吾夫子之所棄，而遷之文足以詔世，遂使里巷不經之說，間亦得為萬世不刊之信史。」〔註61〕對於《史記》多有「里巷不經之說」這一特點，今人郭沫若則乾脆說道：「司馬遷這位史學大家實在是值得我們誇耀。他的一部《史記》不啻是我們中國的一部古代的史詩，或者就是一部歷史小說集也可以。那裏面有好些文章，如《項羽本紀》、《刺客列傳》、《貨殖列傳》、《廉頗藺相如列傳》、《信陵君列傳》等等，到今天還是富有生命的。」〔註62〕

　　這些都是從歷史著述的角度來看小說，追求能夠達到「史籍詩心」的境

〔註58〕魯迅：《中國小說史略・清之諷刺小說》。
〔註59〕參見顧准：《顧准文集》，貴州人民出版社1994年版，第348～352頁。
〔註60〕錢鍾書：《管錐編》，第1冊，中華書局1986年版，第166頁。
〔註61〕黃震：《黃氏日鈔》卷四七。
〔註62〕郭沫若：《關於接受文學遺產》。此處轉引自楊義《中國古典小說史論》，中國社會科學出版社1995年版，第15～16頁。

界。然而，從小說的角度來看歷史又是怎樣的呢？傳統的閱讀習慣於把小說當成歷史來讀，甚至以攀附於歷史著述爲上乘。比如金聖歎就說：「《水滸傳》方法，都從《史記》中來，卻有許多勝似《史記》處。著《史記》妙處，《水滸》已件件有。」〔註63〕毛宗崗則說：「《三國》敘事之佳，直與《史記》彷彿。而敘事之難，則有倍難於《史記》者……殆合本紀、世家、列傳而總成一篇。」〔註64〕而張竹坡乾脆說：「《金瓶梅》是一部《史記》。然而《史記》有獨傳，有合傳，卻是分開做的。《金瓶梅》卻是一百回共成一傳，而千百人總合一傳，內卻又斷斷續續，各人自有一傳，固知作《金瓶梅》者必能作《史記》也。」〔註65〕由於中國小說具有依附於史傳的創作心態，帶來兩個方面的影響：一是它有力地吸收史籍、史學的敘事智慧（如敘事方式、敘事形態等）；二是使得中國的小說創作長期以來一直徘徊於「虛」與「實」的夾縫之中，嚴重地阻滯小說創作的想像力的豐富與發展。這種創作困境用魯迅的話來說，就是「據舊史則難於抒寫，雜虛辭復易滋混淆」〔註66〕。中國傳統的歷史小說的創作困境也深深地影響了現代歷史小說的創作發展。應該說，在整個二十世紀中國小說史上，優秀的歷史小說作品是寥寥無幾的。我以爲，這其中最根本的原因，就像魯迅在評價鄭振鐸的歷史小說《桂公塘》時所一語道破的：「太爲《指南錄》所拘束，未能活潑耳。」〔註67〕從我們對現代歷史小說與傳統關係的分析來看，傳統在某些層面是有十分強大的慣性與阻力的，在這種積澱已久的傳統中進行創新，需要作家非凡的創造力。那麼，在二十世紀中國小說史上有沒有這種特例呢？我的回答是：有。它就是《故事新編》。

　　五、《故事新編》式小說。把《故事新編》作爲一種獨立於歷史小說的新的詩學類型，這絕不是一種有意識的標新立異，而是基於以下兩個方面的思考：一是對《故事新編》自身的藝術形式及意義的一種全新的解讀。我以爲，在過去的研究中，我們總是以解讀《吶喊》、《彷徨》的方式來解讀、分析《故事新編》，這種解讀方式本身就存在問題：首先是，《故事新編》不是與《吶喊》、《彷徨》屬於同一藝術形式層面的文本，這就要求我們有新的讀法，而

〔註63〕金聖歎：《讀第五才子書法》。
〔註64〕毛宗崗：《讀三國志法》。
〔註65〕張竹坡：《批評第一奇書〈金瓶梅〉讀法》。
〔註66〕《中國小說史略・元明傳來之講史（上）》。
〔註67〕1934年5月16日致鄭振鐸信。

在我看來，最適合的讀法就是用解讀《莊子》的方式即想像性的方式去解讀它，這樣才能發現它豐富的藝術價值。我以為，寫作《野草》時，由於魯迅沉浸於自己孤獨的情緒之中，只照出自己心靈世界的一隅，具有濃鬱的主觀性，「文氣」也會因過於峻急而不免阻隔、晦澀，並且，在藝術表現上有時也顯露不平衡的痕跡。而到了寫作《故事新編》中後期的五篇小說時，魯迅那種天馬行空式的想像力得到了創造性的發揮。此時，魯迅很自由地往返於歷史文化，現實生活與自己的心靈世界。更重要的是，這種往返、觀照已經不是像《野草》那樣依靠於強烈的主觀抒情，而是通過對歷史文化、現實生活與內心世界充分的創造性想像的藝術方式加以表現出來。在我看來，《吶喊》、《彷徨》在現代小說史的開拓與創造之功不可沒，但就小說藝術本身而言，《故事新編》更具獨異之光彩，它在藝術創造和想像方面的感召力在二十世紀中國小說史上更充滿著挑戰性。二從《故事新編》與歷史敘述的關係來看，它的文學史意義就更加突出。我們在上文說過，中國是具有源遠流長的史傳文學傳統的，並且積累了豐富的審美規範，《故事新編》的創作打破中國史傳文學傳統的「經史、虛實」規範的束縛，完成了對現代作家禁錮已久的歷史想像方式的偉大解放，它的深刻的創新力是二十世紀中國小說史上的一個典範。這就提示我們，要試圖完成對史傳文學傳統的創造性的突破，就必然要求一個作家的內心具有強大的力量、睿智的思考與充沛自由的想像力。

附錄一　論魯迅的六種形象
——我的一次演講

　　關於魯迅的六種形象的提法，源於我正在撰寫的《魯迅傳》體例。我的《魯迅傳》不是根據時間順序來敘述，而是力求從六個方面來展現魯迅作為一個個體和作為一個思想者的複雜而豐富的內心世界。

　　我之所以產生如此的傳記寫作的基本構想，是基於我的人生體察和思考。我認為，雖然很多人一生可能只有一個名字，但是，每個人在他一生中卻可能有很多種形象，甚至一個人在一天之內，由於場合的不同、訴求的不同、語境的不同、對象的不同，所展現的形象也可能是各不相同的。這就是一般情況下所謂的人性的複雜和豐富。個體在每一個瞬間所展現給別人的形象可能只是冰山之一角，並且，往往是短暫而破碎的。正是這些短暫的、破碎的形象暗示著性格的複雜性、人性的複雜性和內心的諸多秘密。

　　在生活中，人們常常會遭遇如此的矛盾與不安：對於一個跟你十分親近的人，有時候你會覺得他離你非常遙遠，有時候會覺得他在你心目中非常清晰，有時候你又會覺得他在你心裏非常模糊，這樣一種矛盾的狀態就形成了一種人性的苦惱。實際上，每個人都有自己諸多不同的形象，在某一個具體的環境中就會呈現某種具體的形象，在這一具體環境中所形成的這一形象只是冰山露出的淺淺一角，更多的複雜性則隱藏在海平面之下，這就是我今天演講的基本立場。站在這個立場，我試圖通過對魯迅的六種形象的解讀，來理解人性的複雜。

　　當我們回憶自己所走過的人生道路的時候，就像把一支打開的扇子緩緩地合上。但是，當我們來書寫另外一個人的人生的時候，則像慢慢地打開一把扇子，每一個瞬間都可能帶給我們欣喜、帶給我們發現、帶給我們期待。我就把今天對魯迅六種形象的演講當作打開一把扇子的過程。

文學世界中的魯迅

　　文學世界中的魯迅形象是大家非常熟悉的。大家一聽到魯迅這個名字，就一定會和那些很具體的散文、小說、雜文、散文詩作品聯繫在一起。比如，《狂人日記》、《孔乙己》、《藥》、《祝福》、《紀念劉和珍君》、《爲了忘卻的記念》、《中國人失掉了自信力嗎？》等等。魯迅所創作的小說、散文、雜文、散文詩、詩歌，以及一生中所寫的日記、書信，就構成了一個文學世界。僅就這個文學世界而言，魯迅的形象也是豐富而複雜的。在這個文學世界裏有不同的文體，不同文體中的魯迅形象也是不一樣的。比如，小說中的魯迅形象、散文中的魯迅形象、散文詩中的魯迅形象、日記中的魯迅形象、雜文中的魯迅形象、書信中的魯迅形象，都各不一樣。在這幾種不同的文體中，魯迅所展現給他人的思想、情感、意志極爲不同，即使是在同一文體中，魯迅形象也是變化發展的。

一、小說中的魯迅形象

　　人們一般是把魯迅的小說作爲一個整體來研究的，尤其是把《吶喊》、《彷徨》作爲一個緊密相連的整體來看待，事實上，這種認知有其片面之處。我認爲，在《吶喊》、《彷徨》、《故事新編》這三部小說集中，魯迅的形象各有不同。《吶喊》源於魯迅的心靈吶喊和心靈自傳，他因爲有感於思想界的寂寞而發出啓蒙的吶喊，表達的是一種儘管有寂寞感但相對激昂的情感狀態。到了《彷徨》，文本的情感基調明顯有了落差，更多的是一種難以排遣的寂寞和悲哀，文本的深處已經低沉到透著一種悲劇感，深刻地反映出在「五四」落潮之後啓蒙知識分子的內心悲傷。到了《故事新編》，已不是表達悲哀的情緒，而是表達人生的一種荒誕感，他完全把自己內心中對於生命的荒誕感投入小說的敘述之中去，所有有價值的東西在「新編」之中都被消解了，所有神聖的東西在「新編」之中都被顛覆了。爲什麼在《故事新編》中這種荒誕感可以如此充分的展開，這是晚年魯迅內心的秘密。他在對神話傳說的再想像、

再創造中把生命體驗的荒誕感表現出來，在我看來，這是典型的後現代主義。我認爲，這種後現代主義特徵是理解《故事新編》的一把鑰匙。從《吶喊》到《彷徨》，再到《故事新編》，魯迅走過了一個怎樣不同的精神歷程？在這三部小說集中，魯迅展現了怎樣不同的自我複雜性和撲朔迷離的情感世界？

二、散文中的魯迅形象

　　一談到魯迅的散文，大家一定會首先想到《朝花夕拾》。事實上，除此之外，在魯迅創作的雜文集中還有大量膾炙人口的散文名篇，如《紀念劉和珍君》、《爲了忘卻的記念》、《憶韋素園君》、《憶劉半農君》、《關於太炎先生二三事》、《因太炎先生而想起的二三事》、《我的第一個師父》、《「這也是生活」……》、《死》、《女吊》、《在鐘樓上》、《〈凱綏·珂勒惠支版畫選集〉序目》等。這其中，那些回憶性的散文寫得特別好。魯迅散文的獨特之處就在於特別會寫人，大家知道，小說體裁比較便於塑造人物，而散文則便於記敘、抒情、議論。散文的基本功能是記敘、寫景、抒情、議論，而魯迅恰恰在散文的審美功能最薄弱的地方煥發出光芒。比如，在《朝花夕拾》這個散文集中，魯迅塑造了一系列人物形象，如阿長、范愛農、藤野先生等，這些人物形象顯然可以和小說中的人物形象相媲美。在中國古代散文中，塑造人物形象最成功的是史傳文學，特別是《史記》和《漢書》，留下了許多栩栩如生的人物形象。從某種意義上來說，《朝花夕拾》就受到史傳文學的深刻影響。魯迅散文中所留下的這些十分鮮明的人物形象，和他小說中的人物形象一樣，歷久彌新。

　　然而，如何分析散文從來都是一個難題。在我看來，散文分析雖然不可能像分析小說那樣有一套敘事理論作爲支撐，但是，我們也可以建立散文分析的結構與方法：在審美結構中，所有散文的第一層次一定是作家的所見、所聞、所歷、所讀。也就是說，首先要分析散文寫了什麼，寫了哪些事、哪些景、哪些所讀的書。其次，散文的第二個層次是作家對所見、所聞、所歷、所讀要有所感，具有第二個層次，散文就基本成型了。再者，優秀的散文一定是要有所思，就在這「有所思」的地方，可以區別出散文表現的精神深度，只有那些具有本體性的價值之思、歷史之思、生命之思的散文作品，才有可能成爲名篇。所聞、所感、所思這三個層次是有機遞進的。一篇優秀的散文總是能透過個體對生命、歷史、文化、自然等命題的感悟，具有貼近本體性的意義，如信仰和形而上的價值關懷。

在散文結構中，最難達到的就是「所思」層次。如何表現這種「所思」，往往成為散文審美創造的挑戰之一。比如，有的「所思」躍然紙上，有的「所思」深藏不露，有的「所思」游離不定，各有風度，然而，何者為勝呢？人們對此眾說紛紜。比如，周作人散文，有的就以不切題為要，表面東拉西扯，實則信馬而不由韁：似乎馬在四處溜達，但韁繩始終在他手上。有的又像水一樣蔓延開來，一派濕潤。如果說，周作人的散文結構常常是以曲為直，那麼，魯迅的散文結構則是以抑為揚，這在他寫人的散文中表現得最為典型，也形成了魯迅散文獨特的抒情方式。

一個作家在散文中的抒情方式值得我們研究。抒情方式是散文創作中一個很精妙、很複雜的結構技巧，魯迅最善於利用抒情方式的變化來形成一種審美風格。比如，他常常以遠為近，寓否定於肯定之中，通過情感的矛盾性及其矛盾性的曲折化解的過程來展現自己的內心世界。魯迅給我們留下許多優秀的散文篇章，我們若打開視野，就會發現：其中有不少可謂是千古奇文，如《女吊》，寫出了中國文化中一個最美的鬼魂；《無常》突出了「無常」的情與理，褪掉了恐懼的面目，成為黑暗中的精靈。當然，魯迅散文最傑出的還是《朝花夕拾》。《朝花夕拾》展現了魯迅從童年到少年的生活歷程，它是一部回憶性的散文集。魯迅以非常鮮活的筆觸，把從童年到少年的過程中自己所承受的屈辱、困惑，所得到的人生溫暖，所感受到的人生歡欣……總之，一個人在成長過程中可能遭遇到的各種不同的情感經驗，都在這個文本中充分的表現出來。在這個文本中，魯迅儘管飽嚐苦痛，飽受創傷，但仍不失赤子之心。

三、《野草》中的魯迅形象

《野草》是魯迅心靈的黑暗之旅，魯迅把內心中最隱蔽、最虛無的情感曲折地展現出來。閱讀《野草》，彷彿是隨著魯迅巡視他的心靈地獄，雖然只是匆匆一巡。此時此刻，他的內心過於黑暗，當他獨自審視自己內心黑暗的時候，他自己都感到害怕。

《野草》也是魯迅所有作品裏最複雜的一個文本，準確地說，是一個未完成的文本。為什麼這樣說呢？在我看來，創作《野草》就是魯迅打開自己如地獄般黑暗的內心世界，帶領讀者進入他的內心世界，也就在這時候，他發現自己的內心世界過於黑暗和虛無，他自己都感到一種恐慌，於是，他很

快地關上了自己的心靈之門，所以《野草》明暗不一。在非常詭譎的意境中，魯迅叩問著存在的意義，反思著什麼是死亡，什麼是生命的意義，什麼是有價值的活著，我是誰，我從哪裏來，我到哪裏去。如果我們要探究魯迅的內心世界，《野草》是一個非常好的通道。遺憾的是，在《野草》中魯迅過早地關上了自己的內心之門，所以，我們無法讀到一部更豐富更複雜的「心史」。

我一直有一個困惑，《野草》的黑暗、虛無與絕望，爲什麼沒有淹沒魯迅的反抗。直到我讀到特蕾莎修女的自傳，才有所領悟。特蕾莎修女把她一生的愛都奉獻給全世界的窮人，默默地做著黑暗中的微光，然而，當人們整理特蕾莎修女的書信時，卻發現她在信中反覆地講述著自己內心的黑暗和冰冷，但是，儘管如此，她始終沒有放棄對於苦難的承擔、對於上帝的信仰、對於愛的奉獻。在《野草》中，我們看到，魯迅也始終沒有屈服於黑暗與虛無的侵襲，在對黑暗與虛無的審視的背後，我們看到的是一種堅忍和永不妥協的堅持，這正是魯迅精神最可貴之所在，他並沒有被黑暗和虛無所吞沒，而是穿越了黑暗和虛無。

長期以來，學術界過多地關注《野草》中的黑暗和虛無，卻很少關注魯迅對於黑暗和虛無的一種審視。在我看來，透過《野草》，看到的是魯迅精神深層的另一面，看到《野草》作爲一部偉大詩篇的精神意義。

在藝術表現形式上，《野草》是一部象徵主義的文本。《秋夜》寫的是一支生命的交響曲，展現了不同形態的生命。比如，棗樹、小粉紅花、撲火的小青蟲，都是象徵著不同的生命的形態。秋夜是寂靜的，但秋夜中又有一種十分緊張的生命搏殺。

《野草》的象徵資源來自哪裏呢？是屠格涅夫、尼采、波德萊爾嗎？這是《野草》研究中必須解決的重要詩學問題。除了西方的象徵主義詩學資源外，《野草》又具有很傳統的一面。比如，蘇雪林就說過《野草》受到佛經的影響很深，這也是《野草》研究中值得破解的問題。在我看來，《野草》在幽深的意境創造上則和李賀詩學有異曲同工之妙，遺憾的是，這個問題仍有待於學術界的深入探討。

在《野草》中，魯迅不斷地叩問一系列本體性的問題：如何向死而生，生命的意義和存在的價值，精神的力量來自哪裏？這正是《野草》的精神哲學，也是《野草》扣人心弦之處。比如，在《過客》中，「過客」不願意接受少女的布施，他也明白再往前走便是「墳」，但是，他又不得不走下去，他不

想回到起點，卻不知道「我是誰，我從哪裏來，我往哪裏去」，只能不斷向前，這就是一種對生命存在的追問，這種追問的緊張感和精神深度是中國文學中所沒有的，它具有一種現代主義的精神高度，因此，《野草》也成為中國文學中最具現代主義思想特徵的文本。

通過《野草》，魯迅把我們帶進黑暗的內心世界，但他過早地關上了大門，才有後來的《故事新編》。《故事新編》的精神不是和《吶喊》、《彷徨》相近，而是和《野草》相接，《野草》中未完成的狀況到《故事新編》中得以展開，這個脈絡似乎從未有人談及過。

四、雜文中的魯迅形象

雜文是魯迅一生最重要的文化遺產。在他的雜文中，魯迅以冷靜而又充滿反諷的話語方式來表達對國民性的批判，對民族文化心理的深刻審視。魯迅的雜文既深刻、鋒利，又充滿著一種解構的快感，所有正統的、神聖的、道貌岸然的東西，在其筆下都變得分崩離析，都顯示出了它們的真面目。

閱讀魯迅的雜文，能感受到一種解構的快感，尤其是那些對國民性的審視和批判的雜文，具有一種魯迅式的解構智慧。他總是能看出現實深層的矛盾性，總是能在光滑中看到裂痕，正如他曾希望大家多讀野史，認為從中可以看到歷史的裂縫，而歷史真相恰恰就藏在這歷史的裂縫中。

通過解構來呈現某種真實狀態，這一點和福柯的知識考古學的分析方法，有著異曲同工之妙。在福柯看來，所有正義的背後都有一種壓迫性，福柯尖銳地看到了在歷史和現實中，權力結構的無所不在，以及權力對真相的扭曲、遮蔽，對自由的抑制。比如在《瘋癲與文明》中，他深刻探討了文明與理性對自由感性的一種壓抑。現實中的統治者總是樂於把世界描繪成一幅完整光滑的圖景，而魯迅卻可以找到了光滑背後的裂痕。過去的魯迅雜文研究重在討論其對國民性的批判，在我看來，魯迅如何看待事物，如何發現矛盾的思維方式，則更為重要。對矛盾的發現、尋找和解構，是魯迅雜文的生命力之所在。

晚年的魯迅，生活在文網森嚴的時代，但他以獨特的文化游擊戰（借用汪暉的說法）的方式，不斷尋找文網的漏洞，發出自己的聲音，他的思想沒有被森嚴的文網所控制、所扼殺，晚年創作的雜文就淋漓盡致地體現出他的這種獨特的文化智慧和生存智慧。

　　魯迅憑藉以少勝多、以小勝大、以曲爲直、以隱爲顯的方式進行著文化的游擊戰。藉此，他成功地回擊了無數次殘酷的文化圍剿，發展出一套文化反圍剿的戰略。我們研究魯迅雜文，更要關注他是如何做到這一點的。比如，《僞自由書》意在揭穿自由之僞，《準風月談》總是談出一些風月之外的東西。魯迅在雜文中所展示的這種反文化圍剿的智慧和獨特的話語方式，直接影響了魯迅雜文的文體特徵，也成就了魯迅雜文「嬉笑怒罵皆成文章」的話語風格。

　　魯迅雜文不是一本正經的說理，也不是滿腔怒火的斥罵，他以反諷的話語方式和理趣的風度進行著社會批評和文化批評，形成獨特的文體之美。我認爲，在這點上，魯迅既受到盧奇安的影響，又受到李贄的影響，這兩人的文章都是通過反諷和嬉笑怒罵的話語方式表現出一種獨特的思想魅力。精妙的反諷，並不是所有人都能做到的，只有把反諷的話語結構充分闡釋出來，才能回答爲什麼說魯迅的雜文是一種具有獨特美學意義的文學樣式。

五、書信中的魯迅形象

　　魯迅一生寫了許多書信，他忙碌著給母親、學生、朋友甚至陌生人寫信。書信展現了魯迅內心的另一面，這一面是人們在其小說、詩歌、散文中看不到的。當他給學生寫信的時候，他是一個老師，循循善誘；當他給母親寫信的時候，他是一個兒子，拳拳孝心；當他和朋友通信的時候，則常常披肝瀝膽地傾訴著自己在當時生存處境中的種種困惑。書信展示了魯迅非常私人化、個體化的一面。在書信中，魯迅扮演了各種不同的形象，展示出魯迅性格的多樣性：柔情、決絕、堅強以及無可奈何的人生苦惱。

　　要想深度解讀魯迅，書信是一個很重要的通道。在這裏，有多樣的人性面相，有多樣的人生苦惱，同時，也有許多欲蓋彌彰的遮掩，言不由衷的尷尬。從中我們可以看到魯迅的深情和坦誠，但也能看到他的多疑和狹隘。

　　從常理上說，由書信世界可以看到一個人和其它人溝通、交流時的狀態。在書信世界裏，一般不需要對自己進行多餘的遮蔽與修飾。但是，內在於魯迅自我結構中的對於社會責任的擔當和批判的意識，必然會使他的表達交流有時變得前後矛盾，欲言又止，甚至反覆無常。而人活著，卻要接受如此的束縛，那心靈將是多麼的沉重與痛苦。

六、日記中的魯迅形象

魯迅的日記，作為學術研究來說是非常有價值的。作為作品來閱讀時，卻了無意趣的。他的日記總是記錄著那些十分瑣屑、毫無詩意的世俗與日常生活細節，今天給誰寫信了、今天收到誰的錢了、今天又向誰借錢了、今天又碰到什麼事情了，諸如此類。透過日記來看他一天天的生活，可以看到他生活中很世俗的一面。簡單地說，這個生活是了無意趣的。於是，瑣屑灰暗的魯迅形象就在日記中出現了。請注意，這也是一個真實的魯迅。

值得注意的是，在其晚年的日記中，我們可以有限度地體會到他在晚年所過的那種秘密的地下室式的生活狀況。在晚年，他的交往是十分有限的，主要通過幾位親近可靠的朋友和學生（如胡風和馮雪峰）來認識瞭解外部世界，朋友的交往也變得十分單一有限，秘密的地下室式的生活狀況也使得他無法掌握到外部世界更加全面、真實的信息，這也在不同程度上影響了他晚年的思想立場和思想判斷。

比較而言，書信世界裏的魯迅，雖然釋放了很大一部分自我，但是，畢竟要在社會上扮演不同的角色，也必然會戴上不同的面具，其中多少有一些偽裝修飾的成分。因為，書信是一個互為他者的世界，也是一個互為鏡像的世界。但是，在日記世界裏，那是魯迅與自我的交往，是對自己生活的記錄，是對自我的一種記錄。可以看到，這個世界中的魯迅，是極其簡單、極其瑣碎、極其日常感性的。

我曾經期待可以從魯迅日記，通過統計魯迅和周作人寫信的日期和頻率，以及周作人回信的頻率，以獲得關於他們兄弟關係的一點蛛絲馬跡。雖然最終無功而返，但還是能有限復原出他們關係的基本面貌：他們之間的關係一開始還是十分融洽的，魯迅在周作人面前扮演著一個好大哥的角色。周作人給魯迅寄信的時候偶而也會附帶一頁羽太信子的信件。很有可能這個信件是請求魯迅幫助資助羽太信子的父母在東京的生活，因為魯迅曾多次給羽太信子的父親寄錢。從日記中記錄下來的魯迅所欠的債務，也可以看出魯迅的生活並不寬裕。但是，當時魯迅近乎單身漢的生活並不需要這麼大的家庭開銷，很可能，其中大一部分的花費是用在周作人一家身上。

深究這個問題就變得極其有意思，魯迅作為大哥，長兄如父般地承擔起了這個家族的生活擔子，魯迅與周作人的關係要好於與周建人的關係，有可能是和日本留學經歷有關。畢竟兩個人在異鄉親密生活了多年。儘管需要借

債，儘管家庭收支始終處在一個緊張的狀態，但是魯迅始終憑藉一己之力來承擔。如果剛回到故鄉的魯迅能夠苦苦支撐生活的話，也不會遠赴日本要求周作人回國了，這一段生活對於魯迅而言是十分不容易的。但是反觀周作人，抗戰爆發，他以家累所拖作爲自己留在北平的藉口，面對內外的壓力，他更多的是一種迴避，無力地反抗掙扎，最後任由命運擺佈。如果學術界能對魯迅與周作人的日記做一個比較閱讀與研究，一定會有諸多出乎意料的發現。

藝術世界中的魯迅

魯迅一生和現代美術結下了深厚的淵源，他是中國現代版畫藝術的重要推動者，又是現代西方美術的重要介紹者。他具有極高的藝術鑒賞力，既喜歡線條粗獷有力、色調明暗分明的現代版畫，又喜歡那些具有頹廢氣息的西方現代藝術，還喜歡風格陰鬱的古代畫像磚拓片的藝術形式。可以說，有一個特別的魯迅形象，就存在於光影、色彩、明暗、線條所構成的藝術世界之中，而這個藝術世界中的魯迅，常常把他在文學世界中所不能表達的情感、思想獨特地傳遞出來。

關於藝術世界中的魯迅形象，我們可以從以下幾個方面進行建構：

一、魯迅是現代版畫最重要的倡導者

魯迅不僅在理論上提倡現代版畫，而且身體力行。比如，魯迅組織了多次版畫展覽，並且親臨現場做細緻的指導。魯迅對版畫藝術的熱愛，或許是因爲版畫有力的線條能把他的內心世界呈現出來。那麼，版畫的線條感和放刀直幹的刻法與他雜文的創作風格有著怎樣的內在相通性呢？這個問題可以留給大家深思。

二、魯迅和西方現代藝術的關係

從《近代西洋美術思潮史》的翻譯，可以看出魯迅對現代藝術的觀點相當前衛。當他接觸西方現代藝術時，內心喜歡的是那些具有頹廢之美的藝術形式，如比亞茲萊的繪畫。在魯迅的臥室裏曾掛有三幅畫，其中一幅畫特別有意味：一個裸體的少女在曠野中迎風奔跑，在奔跑之中，少女的長髮在風中有力而舒展地飄揚。如此前衛，如此意境，如此美感和我們對魯迅的一般性想像截然不同。每當我面對這一細節時，我總會問自己一個問題：當魯迅

欣賞著這幅畫的時候，他內心感受到什麼？是沒有終點的奔跑的孤獨與無奈？還是這其中所具有的力量、熱情、堅持與青春？魯迅在對現代藝術作品的凝視中，一定流淌著某些在文學世界所沒有的東西，對魯迅的一生來說，這只是短暫的瞬間。人的一生不可能每時每刻都在凝視，但是，有時候，人的一瞬間的意義甚至大於他的一生。有的人一生都沒有停下腳步，他不知道什麼是凝視、什麼是眷顧，這樣的人生很可悲。因為，在這短暫的凝視中，人可以和自我實現很複雜的內在交流。

魯迅有許多機會直面西方現代藝術，陳丹青就說魯迅對西方現代藝術的理解遠遠超過了當時的藝術家。當夜深人靜之際，魯迅凝視著這些現代藝術的時候，呈現著的是一個怎樣的內心世界呢？當他出神地沉浸在這一藝術世界的時候，他的內心又是如何地敞開呢？他和他喜愛的藝術之間形成怎樣的對話和傾訴？當我們理解魯迅的時候，我們總是非常關注魯迅一生都在和哪些人在論爭，但是，關注魯迅凝視的出神的瞬間，也同樣重要。

三、魯迅對古代畫像磚拓片的興趣

漢畫像磚的拓片一般表現的是秦漢時期人們的一種想像世界，在這個想像的世界中幽明兩界沒有區別。因此，在死後的黑暗世界中仍保留著現世的熱情與歡娛，常常是秦漢墓室畫像磚的表現主題之一。經歷兩千多年的歲月，墓室畫像磚已然漶漫、斑駁，透出陰鬱和黑暗的氣息。一般人對於來自墓室的東西總是避之唯恐不及，而魯迅卻非常喜歡把玩這些來自黑暗歲月的東西，並且非常沉迷這種陰鬱之美。在這些拓片的圖案中隱匿著陰鬱、頹廢和死亡的召喚。對於陰鬱之美的沉迷、對於頹廢之美的欣賞、對於死亡之美的凝視，傳遞出一個非常複雜的、飄忽的、深邃的且不易捕捉的魯迅形象。

魯迅對死亡的豁達與超脫是眾所周知的，這或許是因為他的人生承受了太多的苦難，從而敢於直視黑暗與死亡，敢於在黑暗中點起一盞燈，照亮自己的內心世界。他一生收集了幾千張畫像磚拓片，我想，每當在深夜中看著這些東西，他的內心世界一定充滿著死亡的狂歡與想像，一定透亮著生命的喜悅與沉醉，從中可以看到魯迅獨特的、怪異的、與眾不同的審美取向，以及魯迅複雜的內心世界。在這一方面，至今學術界的研究仍然很不夠。

四、魯迅和西方現代版畫藝術的關係

在西方現代美術史上，比亞茲萊一般被認爲是頹廢派畫家，但是，魯迅卻非常喜歡比亞茲萊的作品。這其中就有一個矛盾：在文學世界中所展示的反抗的批判的魯迅形象，和在藝術世界中所看到的欣賞頹廢的陰鬱的藝術形式的魯迅形象，是完全不同的。這兩個魯迅形象看似矛盾，實則統一。我認爲，正是這個藝術世界的存在，使得魯迅可以把內心深處的複雜情緒，甚至潛意識中的某些「情結」，通過對它的凝視而傾瀉出來。

爲了幫助年輕版畫家成長，魯迅介紹了許多西方現代版畫藝術，比如比利時、德國的版畫家等，這其中他和珂勒惠支的關係特別值得研究。1936 年，魯迅寫下了長文《〈凱綏·珂勒惠支版畫選集〉序目》，集中對珂勒惠支的版畫做了自己的解讀。在文中，魯迅對珂勒惠支版畫的風格提出了很多精闢的見解，值得注意的是，魯迅深悟珂勒惠支版畫中悲哀情緒與死亡氣息。在某種意義上說，魯迅對珂勒惠支版畫的理解，其實是對自己內心世界的解讀，這二者之間有一種十分密切的心靈交流，實際上，他對珂勒惠支的解讀映照的是自己的內心形象。

早在 1931 年，魯迅就給《北斗》刊物寄過一幅版畫，這幅版畫就是珂勒惠支的《犧牲》，畫的是一個裸體的母親獻出孩子。據他自己說，他刊出這幅版畫的目的是爲了紀念當時剛剛被殺害的左聯五烈士之一柔石。當魯迅寄出這幅版畫的時候，他的內心一定是很複雜的，寄託著同樣作爲父親的他對於年輕生命犧牲的一種悲痛。在後來的多篇文章裏，魯迅一再感慨當時很多人並不知道這幅畫的意義之所在。

魯迅在《〈凱綏·珂勒惠支版畫選集〉序目》這一長文中，反覆強調珂勒惠支以深廣的慈母之愛，爲被侮辱者被損害者奔走、呼喊。我覺得，此時此刻，他讀畫就如同讀自己的心靈一樣，他的一生不也是以深廣的慈父之愛爲被侮辱者被損害者奔走、呼喊嗎？他一生的勞作，難道不是渴望著能夠喚醒他們、照拂他們，使他們能夠過上獨立而有尊嚴的生活嗎？無論欣賞也好，解讀也好，這個藝術世界只是瞬間生成的，在魯迅充滿獨戰與橫站的一生中，也只是那麼出神的一刻，然而，就是在這齣神的一瞬間，他的內心獲得一種盡情地宣泄。

在我看來，魯迅對珂勒惠支版畫的解讀，不是一種單純的藝術批評，更有其方法論的價值。我們知道，魯迅晚年寫過多篇回憶性散文。引人注意的

是，在晚年的回憶性散文中，魯迅兩次寫到對於自己老師章太炎先生的評價。他認為，章太炎先生是一個有學問的革命家，希望人們在評價章太炎先生時，不僅要看到他學問的一面，更要看到他反抗與革命的一面。這是魯迅非常獨特的理解、評價他人的方式，或許也可以成為我們解讀魯迅自身的一種方式。回到魯迅對珂勒惠支版畫的解讀上面，我們說，在這種解讀中，魯迅看到的是自己的內心世界。同樣，他對於其它西方版畫的解讀，看到的也是自己的內心世界。許多作家正是在對別人的解讀中，找到了一面鏡子，照見了自己的內心世界。魯迅解讀珂勒惠支版畫的過程，內含著許多闡釋學的意義與方法，比如，魯迅從什麼角度進入珂勒惠支版畫世界？發現了什麼？為什麼會有這種發現？這些解讀的角度、方法、途徑、路線圖，都是值得我們探究和借鑒的。

五、魯迅非常喜歡箋譜

晚年魯迅花了很多時間在甄選箋譜，集成了《北平箋譜》等。大家知道，箋譜的藝術是明清時期文人趣味的集中體現。如果你翻閱過箋譜，就會發現，箋譜的整個基調是清雅古樸的，充滿了意趣之美。魯迅為什麼會對充滿士大夫氣味的箋譜如此的鍾情和喜愛呢？我想，在對這樣趣味的沉浸和投入中，魯迅讓自己在粗糙的現實生活中找到一點詩意，讓自己荒涼的靈魂獲得一縷清泉。我一直有著這樣的想像：魯迅對於箋譜的欣賞就像是一個艱辛跋涉的旅人在粗獷的荒漠上忽然看到一縷清泉。在現實生活中，魯迅內心始終是十分緊張的，不斷地捲入各種各樣的鬥爭的漩渦之中，已使得他的靈魂變得萬般的粗糙而荒涼，正如他自己所說的那樣，過的是飛沙走石、遍體鱗傷的生活。對箋譜的沉迷使他粗糙的靈魂有所棲居，使得他能夠再一次的整裝出發。

總的來說，當魯迅注視著他眼前所喜愛的藝術世界的時候，無論是版畫、西方現代藝術、還是古代畫像磚的拓片、箋譜，他都沉浸在一種寧靜的心境之中，那些模糊、飄忽的情緒也就在這凝視的瞬間，傾瀉而出。如果我們能對魯迅在一生不同階段，不同語境下凝視、出神的瞬間，多加關注，就會發現，在這一瞬間生成的藝術觀照中，魯迅既表達了對於民間的想像，又表達了他對於現代藝術超前性的體驗，更寄託了他內心隱蔽的訴求。在日常生活，每個人都會經常陷入一種千言萬語不知從何說起的困境，文字不能表達我們

內心所有的一切，很多時候，內心的複雜根本無法用文字來表達，這個時候，人們可以在對藝術世界的凝視中獲得一種精神自由。我們可以不斷想像如此的場景：當夜深人靜之際，魯迅獨自凝視著眼前所喜愛的藝術作品，在凝視的瞬間，他內心油然而生一種沉靜和力量，從而穿透和照亮他內心的黑暗世界。在這一凝視和出神的瞬間，他找到了和自己黑暗的內心世界和諧共處的方式，找到了安放靈魂所需要的一縷清泉、一點詩意和一片綠洲。這就是我們所強調的在藝術世界中存在著一個非常複雜的、飄忽的、深邃的而且又不易捕捉的魯迅形象。我之所以反覆講述這個藝術世界中的魯迅形象，那是因為，我們的生活也非常需要這樣一個出神的凝視的瞬間，如果沒有這樣出神的瞬間，那麼我們內心的許多焦慮就無法得到宣泄。生活的緊張總會讓我們感到焦慮，出神與凝視就是緩解我們焦慮的一個非常好的方式，也許這個瞬間恰恰能讓我們內心中最糾結的情緒暫時地平復下來。

被丟失的魯迅形象

人們對自己記憶的丟失，也就是對自我的丟失。從 1909 年至 1917 年，是魯迅從日本回國到他走向新文化運動之間寂寞的八年。雖然魯迅在《吶喊‧自序》中對自己在這八年間的思想、精神以及痛苦得如被毒蛇纏住一般的靈魂，有過一段深刻的回顧，但是，關於這個八年，魯迅所留下的史料非常之少，近乎完全被丟失了。如果我們不能重建這八年魯迅的心路歷程，不能瞭解這八年魯迅究竟想了什麼，對於中國文化做了哪些思考，經受了怎樣的精神折磨，那麼，我們就很難理解此後魯迅的思想發展。

我認為，魯迅一生思想的基本結構就是在這個時期形成的，這寂寞的八年，也確立了他基本的體驗深度。關於這一點，我和日本學術界的觀點有巨大的差異。大家知道，日本學者在魯迅研究上水平很高。不少學者都持有一個觀點，認為魯迅的思想起點是在日本留學時期形成的，這一論斷的主要依據是魯迅在日本時期寫成的五篇論文，他們認為，這五篇論文中的思想是魯迅思想的原點。其實，魯迅在撰寫這些文章的時候非常年輕。據有關學者的詳細考證，這五篇文章也主要是拼湊他人的觀點而成的。並且，細讀之下，你將發現其中有不少觀點是前後矛盾的，我認為，國內學術界對魯迅早期五篇論文的細讀與闡釋仍然相當粗糙。事實上，日本學者提出這樣的觀點，隱

蔽著一個別有用心的學術立場，他們據此可以認爲，中國乃至世界近代最傑出的思想家魯迅是在日本文化中哺育出來的，是在日本文化的土壤上成長起來的。魯迅在日本期間發表的五篇文章，我不認爲這是魯迅思想的源頭，原因有三：首先，這五篇文章中有很多思想是借鑒他人的，甚至是直接引用。其次，這時期他的思想還不成熟，容易受到日本當時流行思潮的影響，還未形成獨立的思考。再者，這五篇文章不僅彼此矛盾，而且每一篇文章內在的思想邏輯也是前後不一。關於這一點，似乎國內學術界未做充分的文本細讀。這八年的寂寞期，對於魯迅的歷史觀、人生觀、世界觀、價值觀，以及對於國民性的思考等一系列思想的形成與發展，具有獨特的意義，因此，如何反駁日本學術界的有意誤讀，也是我正在撰寫的《魯迅傳》的題中應有之義。

對魯迅而言，這是寂寞的八年。他的內心的寂寞像一隻毒蛇一樣纏繞著他，讓他回到古代，沉入國民。那麼，這寂寞的八年，他想到了什麼？看到了什麼？體驗到了什麼？我們今天很難找到有效的文獻來重建魯迅的心路歷程，所能看到的只有幾篇簡短的書信。何謂回到古代？何謂沉入國民？在這個修辭的背後，魯迅當時真正在思考什麼？因此，重建魯迅這八年的心路歷程，就顯得意義重大，否則，我們就無法理解，爲什麼魯迅一走上五四文壇，他的思想就比同時期的其它人來得複雜、深邃、理性和清醒，我想，這和魯迅在絕望中的思考有關。進一步的追問是，在絕望和虛無中，他又做了怎樣的反抗？是什麼力量使他沒有被黑暗所吞噬？這些追問也都是十分重要的。是的，在痛苦和絕望中的思索，造就了他思想的深邃。毫無疑問，如果我們不能重建這八年魯迅的心路歷程，那麼，對於魯迅此後思想的研究都是無源之水，無本之木。如果我們不能合理地重建這八年魯迅的心路歷程，那麼，就很難理解後來魯迅何以能對中國文化做出如此深邃的剖析。這個被丟失的八年，恰恰是魯迅思想發展中最動蕩也是最爲刻骨銘心的八年。在絕望的狀態下，人們對人生、歷史、文化的思考，一定是出乎意料的清醒與透徹。

既然有效的文獻如此缺乏，那麼今天的學術界是否仍有可能重建魯迅這被丟失的八年的心路歷程呢？重建的方法、途徑又有哪些呢？這些都是魯迅研究者要共同思考的問題。在我看來，這種重建是可能的，只不過其路線圖應該是一種想像性的真實和迂迴性的進入。在這裏，我舉希區柯克的影片分析爲例。大家知道，希區柯克是一個著名的電影大師，同時，希區柯克也是

一個虔誠的天主教徒。他在現實生活中是非常嚴謹並且極端遵循清規戒律的，但是，在他的電影裏面恰恰表現了許多驚恐的地方，表現了許多人性的陰暗。那麼，這截然不同的兩個希區柯克，哪個是真實的呢？我曾經看過一本書，叫作《天才的陰暗面》，就是通過希區柯克的電影畫面來分析希區柯克內心的複雜性。因此，儘管魯迅這八年的時間丟失了，但是，我們可以通過這八年魯迅的閱讀、播遷、謀生、交往，來重建他這八年的內心世界。儘管沒有第一手的史料，但可以通過間接的方式來尋找這丟失的八年。如果能重建這丟失的八年，那麼，魯迅的形象將會變得相對完整些，並且可以為研究魯迅思想的發展變化，找到一個意義與價值的源頭。

翻譯世界中的魯迅形象

　　如果沒有對西方文學的借鑒，就不可能有中國現代文學，如果沒有對西方文學的翻譯與傳播，就不可能有我們今天所看到的中國現代作家多樣性的審美風格。

　　文學翻譯可以分為兩種類型，一種是翻譯家的翻譯，比如，朱生豪對莎士比亞戲劇的翻譯，汝龍對契訶夫小說的翻譯等，他們借助精粹與嫻熟的語言素養和技巧進入翻譯世界。另一種是作家的翻譯，就像魯迅和周作人的翻譯，在這種翻譯之中，往往隱藏著更為複雜的譯者的內在訴求。比如，周作人在二十世紀六十年代翻譯了《盧奇安對話集》。盧奇安是古羅馬晚期的思想家，在他的著作中，表達了很多「非聖無法」的思想，對當時古羅馬晚期的正統價值進行了尖銳批判。為什麼在六十年代周作人會選擇這樣一部非聖無法的作品來翻譯？回到歷史的語境，我們知道，那是中國意識形態控制森嚴的特殊時代，在這個時代，所有自由的、民主的思想根本不可能存在。對《盧奇安對話集》的翻譯，隱秘地表達出周作人對於那個時代的意識形態控制的曲折而無聲的抗議。

　　有意思的是，在翻譯中，魯迅常常偏愛具有陰鬱風格的作品，其目的也是通過翻譯來表達，來宣洩自己的內心情緒。通過翻譯這樣一種語言轉化的內在過程，我們可以看到一個活生生的跳動的心靈，也可以看到譯者一股流淌的情緒。因此，透過對魯迅翻譯的解讀，我們可以看到又一個被遮蔽的和被隱藏著的魯迅形象。魯迅翻譯有幾個重要特點：

第一，魯迅一生都在強調直譯，但是，魯迅對其翻譯的作品，常常寫有後記，而後記的內容多是譯者借題發揮，表達自己翻譯時內心的體會。翻譯不是簡單的外在於魯迅的另一項文字工作，在某種意義上說，翻譯是他一生事業的有機組成部分，他透過翻譯來表達著自己內心在別的地方所不能表達的情緒和情感。因此，如果缺少翻譯的世界，魯迅的精神世界是殘缺的，若缺少了翻譯者這一面向，那魯迅形象也是不完整的。

在我看來，翻譯對魯迅而言，其實是借他人的酒杯來澆自己心中的塊壘，儘管翻譯構築的是一個他人的文字世界，但是，在這樣的翻譯世界裏，則存在一個尚未被充分重視的魯迅形象。魯迅對譯作的選擇及其翻譯的過程，究竟存在著怎樣的特殊性呢？比如，魯迅為什麼喜歡選擇意境非常陰暗、神秘的作品來翻譯？這其中又潛藏著怎樣的情感意義呢？

第二，除了果戈理的作品，魯迅一生中翻譯的眾多作品都不是第一流的。魯迅的創作和果戈理的關係，是一個十分有趣的問題，果戈理精緻的諷刺藝術，不僅影響了魯迅的小說，也影響了他的雜文。在我看來，他們都是世界文學史上傑出的諷刺藝術大師，諷刺藝術是他們文學世界中最生動、最鮮活、最永久的生命力。魯迅有著很高的審美鑒賞力，然而，為什麼他所選擇翻譯的作品常常都不是第一流的？如此之高的審美鑒賞力和他如此不對稱的對翻譯作品的選擇之間所存在的矛盾性，說明了什麼？這些問題，似乎還未引起魯迅研究界的必要關注。

第三，對於翻譯作品的選擇，魯迅多是喜歡陰冷基調的作品，如安特萊夫等人的創作，這在魯迅思想的前期，還可以理解。但是，在其思想的後期，這種選擇就讓人困惑不已。比如，當魯迅已成為左翼精神領袖的時候，他翻譯的作品恰恰是在蘇聯已被批判的「同路人」文學，而不是普羅文學。當時，他作為左翼的精神領袖，一方面思想立場很堅定，但另一方面，美學觀念和文學趣味卻完全不一樣，怪不得當時左聯中的許多年輕人會覺得他很落伍。一個人的美學理論主張和內心的審美趣味存在著距離，這是左翼文學的一個潛在而十分重要的現象，從中可以看到左翼文學內在的複雜性。魯迅在對「同路人」文學翻譯的背後，交織著批判與同情，並巧妙地保持了一個合理的距離，於是，在他的思想世界的深處，理論和審美趣味就形成適當的張力，當然，這也有助於緩解他內心的緊張。當他成為左翼精神領袖之後，他不能輕易地在其文學世界中表達內心的陰暗面和虛無感，這時，翻譯或許是他所能

找到的最好的表達內心的通道，這就是為什麼在這時候他所翻譯的作品往往是「同路人」文學中有陰冷氣氛的作品。

第四，魯迅往往在其思想和藝術發展出現危機的時候，把大量的時間投入翻譯之中，這就提醒我們關注翻譯對於魯迅走出自己思想和藝術的危機，究竟起到怎樣的作用？魯迅對於譯作的選擇以及翻譯的過程，顯然是一個心靈的對話過程。他想要通過翻譯，來表達他內心的一種感受。值得注意的是，在他心裏出現危機的時候，往往是他翻譯最為有成就的時候，翻譯成為他解放內心世界、緩和自我與現實之間的尖銳矛盾、審視危機前因後果的一面鏡子。通過翻譯，他或許最終能跨越自己思想與藝術的危機關口。

第五，翻譯和魯迅的同一時期創作之間，構成一種深刻的互文性。也就是說，當你要研究他的翻譯作品的時候，需要瞭解他同一時期的創作，當你要解讀他的創作時期，也要研究其同一時期的翻譯。敏感的讀者一定會發現，他者文本在魯迅世界中始終是深刻存在的，彼此之間構成一個複雜的互文性的關係，這對分析魯迅也具有另一種方法論的意義。

古典世界中的魯迅形象

「五四」一代作家不是橫空出世的，他們和傳統有著密不可分的關係。海外著名漢學家林毓生先生認為，「五四」一代作家與傳統的關係是，感性上對於傳統充滿眷戀，但理性上卻是強烈的反傳統。而我認為，事實並非如此簡單，而是充滿著複雜的纏繞。「五四」一代作家一方面具有鮮明而尖銳的現代性意識，另一方面又和傳統保持了深厚的歷史聯繫。這其中既有不可調和的對立衝突，又有與生俱來的和諧共處。

關於魯迅與傳統之間的複雜關係，可以從以下幾個方面展開：

一、魯迅的傳統性

我們都知道，魯迅是現代中國最具有現代意識的思想家，但是，魯迅的一生無論在感情上還是在思想上，都和傳統文化保持著一種血脈相連的密切性。魯迅既是一個激烈的反傳統者，對於中國傳統文化做出許多激烈深刻的批判，又是一個非常傑出的中國古典文化的闡釋者、研究者。從學術史來說，他對中國古代文化所做出的貢獻是非常重要的。他的《中國小說史略》直到今天，仍是中國小說研究的奠基之作，已有的很多中國小說史都是在魯迅的

觀點上加以延伸完成的。魯迅用二十餘年的時間十多次校勘《嵇康集》，直到今天他所校勘的《嵇康集》仍是最好的版本之一。他研究中國文字變遷，為此寫過《門外文談》。他研究漢文學史，為此寫過《漢文學史綱要》。他對唐宋傳奇也頗有研究，並在鈎沉與整理上有諸多創獲。因此，從學術貢獻上來說，存在著一個古典文化世界中的魯迅形象。當他置身古代文化世界時，有著獨特的感受、認識與內心的寧靜，但是，他又如此尖銳地批判中國傳統文化。那麼，怎麼理解這種傳統和現代之間的矛盾性呢？我們必須認識到，傳統不是一個物品，它是不能外在於人的情感、意志、價值觀、信仰體系和思維方式等內在結構而傳承的。在這個意義上說，我們每一個人都既是現代的又是傳統的。因此，有必要打破業已形成的傳統和現代的二分法慣性思維模式。任何時候，傳統和現代都不是一枚硬幣的兩面，那麼，二者之間又是一種怎樣的結構關係呢？這個問題仍然值得我們深思。這也是魯迅研究中一個非常複雜的、也最容易引起歧義的問題。毋庸迴避的是，在「五四」一代思想家中，魯迅對於傳統文化的批判最為激進、最為猛烈，他甚至說，不要讀中國書，應該多讀外國書，外國書即使是頹唐的，那也是一種向上的頹唐。他不無極端地認為傳統文化是一個大染缸，因為這一系列思想主張，他也因此被認為是一個反傳統主義者的典型。要釐清這些問題的內在複雜結構，絕不能採取一個非此即彼的一元論的價值觀和思維模式。

首先，談論一個作家和傳統關係的時候，需要認清的是，究竟指哪一階段的傳統，又是傳統中的哪一種價值形態。比如，周作人就反覆強調他只和原始儒家有關係。其次，還要討論作家看待傳統的具體性，比如論述傳統是基於怎樣的價值訴求？這些提問都是討論的前提。也就是說，任何一次對傳統的認知與討論，都存在著具體的意義架構和參照體系。我們知道，魯迅在批判傳統時，都有具體的時間、空間，都是在具體的語境下進行的。比如，魯迅多次談到孔子，小說《出關》以及雜文、散文中都談到過孔子。但是，每一次談到孔子，都是在一種明確的背景和語境下進行的，這其中既有好感又有尖銳的嘲笑，魯迅批判的是那個被統治者所利用的作為文化工具的「孔夫子」，而不是那個知其不可為而為之的可以作為精神資源的「孔夫子」。在魯迅的筆下，沒有一個歷史人物或者一種傳統價值體系得到他無條件的肯定，他總是看到了事物的兩面性。而且，在不同的具體語境下，他總能看到傳統的多重性與歧異性。

　　橫看成嶺側成峰，這往往是我們認知傳統、認知歷史的思維困境。事實上，即使是個體對自我的認識，也常常是遠近高低各不同。比如，林紓在有生之年，最欣賞自己的畫作，卻乏善可陳；而他自己最不屑的翻譯，則載入史冊，影響深遠。時間對他開了一個不小的玩笑，這就是自我認識常有的悖論與遮蔽。

　　個體的自我認識尚且如此，對歷史的認識更是複雜得多。比如，關於晚明是中國現代文化史上談論較多的話題，在現代作家的眼中有許多種完全不同的關於晚明的歷史想像。比如，周作人看到的是一個閒適性靈的晚明，魯迅看到的則是一個血腥的充滿殺戮的晚明。歷史上只有一個晚明，但為什麼會有如此巨大的差異？我相信，今天的知識分子也一定會對晚清產生各種不同的歷史想像，會對洋務運動、戊戌變法等歷史事件產生不同的想像與闡釋，這種想像必然會既接近歷史事實的本相，又不可避免地遮蔽了歷史的某些真實。

　　回到魯迅和傳統的關係。我們知道，魯迅對中外文化傳統的評價都有一個價值立場，那就是，要看這一切文化傳統的存在是否有利於個體的溫飽、生存和發展。在《我們現在怎樣做父親》一文中，魯迅對於傳統文化的基本態度和價值立場表達得斬釘截鐵。更宏觀地說，他是把是否有利於民族的生存與發展，作為一個價值衡量的天平，如果不利於民族的生存和發展，那麼無論是什麼都要踏倒重來。這種價值立場，是我們重新評價魯迅的反傳統時所要清醒地意識到的。

　　值得注意的是，魯迅在學術方法方面，也並非無師自通的，而是有一個非常明確的師承關係，那就是章太炎古文經學的傳統，注重實證和考辨。正是這種注重實證和考辨的傳統，才使得蔡元培認為魯迅的學術研究深得清學之精華。從學術方法的有所繼承的這一面，也可以看出他和傳統的密切關係。當然，從魯迅和章太炎的關係，再往上可以追溯到浙東學派，這之間就會勾勒出魯迅學術方法的一個相對完整的譜系，遺憾的是，學術界對此的探究還很不夠。

二、魯迅的人格取向

　　對於魯迅文化心理中人格取向的分析，是一個很有意思的問題。一方面，中國的政治生態一貫是外儒內法，另一方面，在儒、道、釋三者之間，孰輕

孰重、孰是孰非，中國知識分子在文化心理結構上又表現出它獨有的複雜性。一般地說，中國知識分子常常以某種人格取向作為主體，在不同的處境下會發生人格取向的偏離。但也有極少數中國知識分子的文化心理結構是多重人格取向的綜合體。

魯迅的一生都面對著許多的絕望，但是他沒有被絕望所吞沒，始終不渝地對絕望做出反抗，在這個意義上說，他的人格結構的主體意識是傳統儒家知其不可為而為之的擔當意識。正是中國傳統儒家的擔當意識，才使得魯迅沒有放棄對國民性改造的希望和民族文化與民族精神新生的信心，沒有沉淪在時代漩渦的搏擊之中，這是魯迅人格取向中非常重要的維度。比如，在《影的告別》中，「影」毅然地走向黑夜，承擔起整個黑暗，這正是魯迅人格的自我寫照，這種承擔意識也是魯迅人格中十分偉大的地方。這種勇於擔當的責任倫理，在《頹敗線的顫動》、《過客》、《這樣的戰士》等散文詩中都獲得了象徵性的表達。

在我看來，魯迅的人格取向中還有法家的向度，魯迅受到法家智慧的許多啟發。法家對於人性的理解非常深刻，我認為，魯迅對於國民劣根性的批判和洞察力，很大程度上是來自傳統法家對人性惡的理解。魯迅一生都有一種很深刻的對人性惡的憂患意識，正是對人性黑暗面的體察，使得他對於改造國民性的艱巨，始終保持著足夠清醒的警惕，並且充滿著理性的悲觀。

在情感方面，魯迅又十分嚮往道家的自由，他曾說過：「我也何嘗不中莊周韓非的毒，時而很隨便，時而很峻急。」按我的理解，這裏的隨便，是對於自由的精神境界的嚮往，峻急就是對人性惡的深刻理解。

如果我們給魯迅的人格取向建立一個結構模式的話，那麼可以看到，在中間的主體是儒家，左邊是法家，右邊是道家。儒家代表著承擔，代表著入世的價值立場。當他處在逆境的時候，就會激發起內在的創傷體驗，使他偏向法家對人性惡的體察，當他介入對國民性的深度批判時，法家智慧使得魯迅不斷激發出深刻的思想批判的力度與鋒芒。當他處在順境的時候，就會偏向於道家，去追求一種自由的超脫的境界，道家使得魯迅內在緊張的情感不時得以紓解，使得他在極度無助之際，可以退回到內心的自由之中。所以說，儒家、法家、道家構成了魯迅人格結構的三個維度。

　　在這裏，我還要對魯迅與法家的關係多說幾句，因爲這個問題，尚未引起學術界的充分關注。魯迅對法家有著獨到的理解，主要表現在對人性的幽暗意識方面。法家對人性黑暗一面的認識，在中國傳統思想中是最爲深刻、獨到的。魯迅從法家思想中接受了許多這樣的資源，由此促進了他對國民劣根性的深刻認識。魯迅對於國民性的剖析是十分尖銳的，他從不會被僞善的溫情所遮蔽，但是，這種清醒、冷靜和苛刻的剖析同時又深深地刺傷了自己。

　　一直以來，學術界對法家在制度史和思想史的兩方面影響的分析，都很不夠。中國政治制度結構的內法外儒，使得這一政治制度既具有較爲穩定的結構基礎，又讓這一政治制度只能滋生出專制性的運作規則，這是法家思想的第一個悖論。法家基於人性惡的判斷，對這個世界有著與眾不同的清醒與深刻，但是，當一個人把一切都看得如此黑暗的時候，他又能去哪裏尋找創造意義與價值承擔的勇氣呢？這是法家思想的第二個悖論。儘管如此，我們不能抹殺滅法家在思想史上的地位，其實，新儒家也吸收了法家的思想資源。新儒家強調個體要注重修身養性，是因爲新儒家從法家的思想資源中看到了人很容易放縱自己，人的內心、欲望、感性是十分強大的，不可抑制的，這正是法家式的對人性惡的體認。因此，可以說，中國知識分子中最深刻、最清醒的那些人，在其思想結構中往往是外儒內法的。若用這樣分析模式來研究中國知識分子的精神史，或許能獨具隻眼。

　　法家思想是建立在人性惡的立場上，正是對人性惡的體察才使得我們能夠看到被道貌岸然的正統性所遮蔽的另一面，才使得我們能對生活中的各種各樣的幽暗性保持著一種清醒和理性。但是，這種洞察也會使個體和現實生活產生一種緊張的關係。這種緊張的讓人糾結的關係也使得魯迅不堪忍受。所以，當他和現實生活的緊張關係變得無法紓解的時候，他就會渴望退回到的道家內心的自由，產生對自由的精神境界的嚮往。在這個意義上說，魯迅是典型的中國現代知識分子，儘管受到西方思想的深刻影響，但在人格結構上仍然是典型的中國式的。

　　實際上，我們每個人的人格結構都有儒、道、法三個維度，只不過由於我們置身的精神處境、生活環境、價值立場不同，其呈現出的特徵也是不同的。我們一樣有對道家的超脫與自由境的嚮往，這是我們生活中少有的出神的瞬間。但是，我們更多的時候，是處在現實的緊張與磨礪中，人格結構更多地表現爲儒家與法家的艱苦博弈，也就是責任與逃脫、樂觀與悲觀、信

念與絕望、愛戀與憎恨的糾結，永無止境。一個人如果想人格不分裂，就必須在這種博弈的張力之中建立起一種彈性的平衡，就必須意識到，人的一生都是在尋找這種平衡機制中度過的。然而，爲什麼這種平衡又會輕易被打破？什麼時候又能回到平衡呢？這種平衡又在什麼條件下會再一次被打破，又再一次重新建立起一種新平衡呢？這一系列的內在複雜機制，就是個體人格變化發展的秘密與動力之所在。

三、魯迅對於魏晉風度的精神認同

在對歷史文化的想像和認同中，有一個時代讓中國知識分子念念不忘，那就是魏晉時代，這個時代被認爲是生命意思覺醒的時代。然而，對於歷史的後設性想像與認同總是有著主觀性的選擇，當我們想像某一個歷史場景的時候，往往會將殘酷的一面抹去。生命意識覺醒是魏晉時代的一種面向，但要知道，這種生命意識覺醒是籠罩在這個時代的腥風血雨和百般殘酷之下的。

魯迅在精神上認同於魏晉時期，劉半農曾贈給魯迅一副對聯：「托尼學說，魏晉文章」。1927 年，他在廣州做了一場演講，題爲《魏晉風度及文章與藥及酒之關係》，這是一篇非常有名的文章。在這篇文章裏，他表達了對於魏晉風度的理解。

魯迅對魏晉的精神認同是非常複雜的精神文化現象。首先，這其中曲折地表達了他內心的感同身受，魏晉時期是中國社會最爲動蕩的一個時代，在這樣一個歷史時期，所有的價值體系都面臨著分崩離析的危機，所有人的生命都處在朝不保夕的境地。在這個時期，最痛苦的當然是那些敏感的知識分子，面對這樣一個動蕩不安的歷史情境，許多知識分子都做出了艱難的人生選擇，比如，大家熟知的阮籍與嵇康。魯迅對於這個時代知識分子內心的痛苦與矛盾性，是非常瞭解的，對於魏晉知識分子所艱苦探索的精神與思想出路，充滿著深切的「同情」，他既對這個時代中國知識分子的人生選擇、價值立場充滿無限敬意，又對他們的死亡無比痛惜。所以，在魯迅一生中，有很多的筆墨都用來講述魏晉時期中國知識分子的精神風采。可以說，他對於魏晉時期中國知識分子的內心解讀，實際上傳達著他對於魏晉風度的一種精神認同。正是這種精神認同，使得魯迅能夠跨越時空，和歷史對話、和古人對話、和某一種他認爲神聖的價值體系對話。因此，魯迅對魏晉風度的精神認同，是一種跨越時空的靈魂之旅、對話之旅、思想之旅。在這個意義上說，

魯迅對魏晉風度的理解，就是他對於自己內心的理解。魯迅如何看待魏晉時期中國知識分子的精神立場、精神價值、精神出路，就是如何看待自己在現實生活中的精神立場、精神價值、精神出路，這是一個歷史與現實、自我與他者相互交融的精神過程。比如，他一次又一次校勘《嵇康集》，嵇康的遭遇引起他深切之同情，他也從嵇康的身上得到很多精神的認同。在校勘過程中，他把自己的內心完全投入其中，這一過程，既是在解讀一段心靈的歷史，又是在把魏晉風度自我對象化。這種移情的方式，這種把自己的靈魂完全地投入，這種跨越時空的歷史對話，就形成了魯迅學術研究的一個重要特點，那就是一種有感情的學問、一種有價值關懷的學問、一種有人文底蘊的學問。事實上，在研究中如果缺少了情感認同，就很難有獨到的視野。另一方面，這種情感認同也能使學術研究擺脫功利主義的追逐，有力地跨越許多世俗障礙。我認為，沉浸在魏晉風度的精神認同之中，這是魯迅心中最溫暖的一段秘密，於此，他找到了可以依存的精神世界的兄弟姐妹，在寂寞孤單之中，照亮自己的前行。

　　通過以上三個方面的闡釋，在這裏，我們可以提出一個非常重要的學術命題：如果魯迅不是簡單地反傳統，那麼，他和傳統又是一個什麼樣的關係呢？這其中有一個方法論的立場，即我們必須探究魯迅怎樣找到對傳統的反思和審視的立場？我認為，很重要的一點，就是他發現了傳統的異質性。魯迅敏銳地認識到，中國傳統並不是鐵板一塊，傳統內部始終在不斷發生變異，比如，不斷地發生裂變，不斷地出現正統和異端的矛盾，不斷地出現各種反叛的新質和異質。也就是說，在傳統的內部始終就存在著反傳統性，反傳統性並非絕對需要來自傳統之外。正是發現了傳統中不斷有新的異質的出現，他才找到了一種反傳統的資源與力量，也正是對於傳統內部的異質的發現，才使得魯迅獲得了獨特的對傳統批判與審視的立場，以及與現代對話、溝通的通道。如果說，胡適是在傳統之外，立足於西方的價值資源來反傳統，那麼，魯迅就是在傳統內部進行反傳統，通過尋求傳統中的異端的力量，通過對異端力量的再發現和再闡釋，找到了自己反傳統的價值立場，這是一個具有獨特意義的方法論。在這一方法論視野中，傳統和現代並非是硬幣的兩面，也不是非此即彼，傳統和現代是可以產生有機融合的。一種現代性如果不是從傳統內部生長出來的，那麼，這個現代性一定是沒有生命力的。一個有生機的傳統也一定不會是鐵板一塊的，它總是處在發展與裂變的過程中，會不

斷產生出自己的反對者和異端的力量等新質，正是這樣一種複雜性的動力結構，才使得傳統不斷地生長。如果傳統是鐵板一塊的，那麼，這樣的傳統必將是沒落的、腐朽的、停滯不前的。這就是我們從古典世界中的魯迅形象身上發掘出來的方法論價值。

被誤讀的魯迅形象

1936 年 10 月 19 日凌晨，魯迅去世了，但他依然「活」著，這就進入一種我稱之為「後魯迅」時代的魯迅形象。在魯迅去世後，就不斷有意識形態化的紀念活動，總的來看，在不同的歷史時期，官方對於魯迅的紀念與宣傳，既有一致性，也有差異性，這背後反映出意識形態的複雜變遷。由於官方是基於構建新型意識形態的功利目的，其所塑造的魯迅形象，也必然是一種變形的魯迅形象。

當然，對於魯迅形象塑造的最重要的歷史時期，是從新中國成立之初開始的。從此，魯迅成為意識形態體系中的一個高度政治化的符號。關於魯迅的闡述，成為官方意識形態體系的一個專屬性話語，關於魯迅的解讀，只能有一種聲音，且必須符合官方意識形態的規定。一旦魯迅成為意識形態體系的一個話語和符號，那麼所塑造的魯迅形象必然是一個身軀高大但是內心空洞的魯迅形象。也就是說，這種對魯迅形象的塑造一方面神化了魯迅，另一方面又遠離了魯迅。

日本學者藤井省三寫有一部著作，名為《〈故鄉〉的閱讀史》，分析了在不同的歷史時期，教材、教師、學生是怎樣理解《故鄉》這篇小說的，不同時期的教案又是怎麼編寫的。在這種不同的背後，怎樣傳遞出不同的歷史時期意識形態的變化。作者通過對《故鄉》的閱讀歷史的分析，看到其背後意識形態複雜的變遷，以及意識形態對於中學語文教育的限制與操縱。這樣的分析路徑很有啟發性。

關於魯迅思想及作品的闡釋，既是意識形態的應有之義，又是一種建構意識形態的資源、符號。比如，關於魯迅的紀念活動，誰出席，誰沒有出席，誰主持，都具有敏感的意識形態性。即使是紀念活動的海報，也有許多值得分析的地方。這一切信息都悄悄地傳遞著意識形態的潛在意義，因此，對魯迅的紀念，有時就會成為意識形態性的宣示。

然而，神化魯迅是一種誤讀，貶損魯迅也是一種誤讀。

我們知道，魯迅和右翼知識分子之間有許多矛盾，實際上，他和左翼知識分子也有許多矛盾。值得注意的是，我們應該怎樣理解魯迅和左翼知識分子的矛盾呢？我認為，要回答這個問題，就必須聯繫更為廣闊的歷史語境。中國現代革命背後有很複雜的國際力量的博弈，這其中既有蘇聯的因素，也有西方政治力量的介入，所以，有的歷史學家就把中國現代革命稱為中間地帶的革命。魯迅和左翼知識分子的矛盾，折射出中國現代革命內部的矛盾性，也折射出中國現代革命背後更為複雜的國際政治力量的縱橫交錯。

儘管魯迅與左翼內部知識分子的矛盾紛繁複雜，但畢竟同處一個陣營，並非是立場的分歧，而是對某一具體問題的思想方法的差異。比如，對「革命」的不同理解。首先，魯迅認為年輕的革命知識分子把「革命」過於簡單化了，他們認為，一種先進的思想可以在一夜之間直接灌進人們的頭腦之中，並改造其主觀世界。而魯迅認為，思想的轉變並沒有那麼容易，思想啟蒙仍然是必須堅持的主題，改造國民性始終是思想啟蒙與思想革命要承擔的使命。其次，年輕的知識分子把革命的過程想得過於簡單化，他們認為，革命勝利之後到來的就是一個黃金世界，而魯迅則追問道：如果在這黃金世界中仍然有流血、有犧牲的話，你還參不參與革命？很多年輕革命知識分子在這個殘酷的問題上，是無法經受得起考驗的。這恰恰擊中了他們對於革命的幼稚性的理解。再者，當時一些左翼知識分子以一種集團式的唯我獨尊的姿態出現，這和魯迅一生所堅持的個人的獨立的思想立場與價值立場，也有很尖銳的衝突，這一切，都造成了魯迅與左翼知識分子之間的矛盾性。

除此之外，魯迅一生還有不少的論爭值得討論：

第一，魯迅和體制內知識分子的論爭。比如，魯迅和陳西瀅、梁實秋的論爭。我認為，當你要研究中國現代思想文化史上有關論爭的問題時，首先要明白論爭的雙方各是一種怎樣的狀態。關於魯迅和陳西瀅、梁實秋的論爭，今天許多人都把同情給了陳西瀅和梁實秋，認為魯迅是如此的刻薄和狹隘。請大家注意，陳西瀅和梁實秋當時都是大學的教授，按今天的說法，他們都是體制中的人物。在某種意義上說，這場論爭是一個獨立在體制之外的人和一群體制內的人之間進行的論爭，是魯迅一個人在和陳西瀅背後的一股強大政治力量所進行的一種對抗。在陳西瀅的背後，有章士釗在撐腰，而魯迅僅僅是以女師大兼職教師的身份捲入這場論爭的。說到魯迅與梁實秋的論爭，

則更爲複雜些。大家知道，國民黨在北伐勝利之後，建立了一個相對鞏固的政府。從 1927 年到抗戰爆發之前，這是現代中國發展的穩定時期。在這十年間，儘管國共摩擦不斷，軍閥衝突時斷時續，但是，政治運行畢竟相對穩定。國民政府的建立與運轉需要大批人才，在這種情況下，大量從外國留學歸來的知識分子就順理成章地進入了這個體制。梁實秋就是這個強大體制中的一員，而魯迅在這時候仍然過著地下室式的秘密生活。所以，在某種意義上說，魯迅和梁實秋的論爭，是一個人獨自和一個體制的論爭，那麼，在這一不對稱的結構中，究竟誰是弱者誰是強者？如果我們抽離了歷史語境，可能會覺得魯迅很刻薄，但是，當我們認識到當時魯迅處在一種地下室式的生活狀態，是作爲獨立的個體同體制進行對抗時，就會知道，從一開始，這場論爭力量就是不對稱的。梁實秋在這一不對稱的論爭中，還不斷地暗示魯迅和共產黨有著密切的關係，這種別有用心的暗示，在當時會造成極其嚴重的政治和人身迫害。因此，我們不要輕易跨過歷史的時空，做一個簡單的是非判斷。難能可貴的是，魯迅雖然是一個人過著秘密的地下室式的生活，這是一種隨時有生命危險的生活，但是，他一個人獨自扛起了反抗體制的大旗，義無反顧。

第二，魯迅和周作人的論爭，又是另一種方式。兄弟兩人在文章裏有十分複雜的潛對話。周作人的很多文字是有針對性和指向性的，而魯迅針對京派（以周作人作爲精神領袖），針對朱光潛的批評，實際上是指向周作人的。這種複雜的潛對話，在中國現代文學中是一個很曲折很有趣的問題，遺憾的是，至今尚未得到充分的解讀。

不可否認的是，魯迅在論爭的某些具體判斷上，也會有所遮蔽，陷入有形無形的宗派主義的陷阱。由於地下室式的生活狀態，其所得到的眞實信息十分有限，在他思想判斷的某一時刻也必然會有所迷失。比如，在二十世紀三十年代，魯迅評價蘇聯，就存在著歷史性的遮蔽。當斯大林已經開始進行殘酷的大清洗的時候，魯迅仍對當時的蘇聯和斯大林讚賞有加。這是魯迅的悲劇，也是時代的悲劇，更是思想史的悲劇。

（本文爲 2013 年 3 月 30 日在福建省圖書館的演講，由方曉璐同學整理。）

附錄二　從「回憶」到「經典」
——重讀《朝花夕拾》

引　論

　　俄國著名作家康・帕烏斯托夫斯基在其經典之作《金薔薇》一書中，講述了一個關於「金薔薇」的樸實而悲傷的故事：故事的主人公夏米，原是法國殖民軍團的一個普通列兵，復員之後，始終過著一貧如洗的生活，最後當上了巴黎的一名清掃工。儘管多年過去了，但是，這個卑微的清掃工的內心始終無法忘卻曾經的一段經歷。墨西哥戰爭期間，夏米在韋拉克魯斯得了嚴重的瘧疾，於是他不得不被遣送回國。團長藉此機會托夏米把他的八歲女兒蘇珊娜帶回法國。在返國途中，為了安撫鬱鬱寡歡的蘇珊娜，夏米絞盡腦汁為她講了一個又一個的故事，這其中有一個故事打動了小姑娘的心，那是發生在夏米家鄉的故事。有一個年老的漁婦，「在她那座耶穌受極刑的十字架上，掛著一朵用金子打成的，做工粗糙的，已經發黑的薔薇花」，儘管如此貧困，老漁婦卻始終不願意把這件寶物賣掉。據說，這朵金薔薇是老漁婦年輕的時候，她的未婚夫為了祝願她幸福而送給她的，並且，關於這朵罕見的金薔薇還流傳著這樣的一個說法：「誰家有金薔薇，誰家就有福氣。不光是這家子人有福氣，連用手碰到過這朵金薔薇的人，也都能沾光。」這種說法終於應驗了，老漁婦的兒子，一位畫家，出人意料地從巴黎回來了。從此，「老婦人的小屋完全變了個樣，不但充滿了歡笑，而且十分富足」。當夏米講完這個

故事時，小姑娘忽然問道：將來是否也會有人送她一朵金薔薇呢？夏米機智地回答說，世上什麼事都可能發生。到了魯昂後，夏米就把小姑娘交給了她的姑媽，而他自己則流落到巴黎當了一名清掃工。就這樣，許多年過去了，在一次夜闌人靜時分，身為清掃工的夏米在塞納河邊的一座橋欄上，不期然地遇上了因與男友不和而傷心欲絕的蘇珊娜，此時的蘇珊娜已出落成一個大姑娘了。因同情她的處境，夏米就讓蘇珊娜在自己的家中暫住下來。五六天後，蘇珊娜又與男友重歸於好，離開夏米在巴黎郊外破敗的小屋，但這短暫的相聚徹底改變了夏米的內心世界，也徹底改變了夏米此後的人生。自從送別蘇珊娜之後，他就不再把首飾作坊裏的塵土倒掉了，而是全都偷偷地倒進一個麻袋，背回家去。他決定把首飾作坊的塵土裏的金粉篩出來，鑄成一小塊金錠，然後用這塊金錠打一小朵金薔薇送給蘇珊娜，祝願她幸福。就這樣，日復一日，年復一年，篩出的金粉終於足夠鑄成一小塊金錠了。夏米就請一位老工匠打了一朵極其精緻的薔薇花，此時，夏米的生命之火業已到了忽明忽滅、搖曳不定的瞬間。可憐的夏米，因為蘇珊娜遠渡美國終於沒有送出那朵凝結他一生的幻想、激情與愛的金薔薇。〔註1〕

在講完這個淒婉的故事之後，康·帕烏斯托夫斯基深情地寫道：「每一分鐘，每一個在無意中說出來的字眼，每一個無心的流盼，每一個深刻的或者戲謔的想法，人的心臟的每一次覺察不到的搏動，一如楊樹的飛絮或者夜間映在水窪中的星光——無不都是一粒粒金粉。我們，文學家們，以數十年的時間篩取著數以百萬計的這種微塵，不知不覺地把它們聚集攏來，熔成合金，然後將其鍛造成我們的『金薔薇』——中篇小說、長篇小說或者長詩。夏米的金薔薇！我認為這朵金薔薇在某種程度上是我們的創作活動的榜樣。奇怪的是沒有一個人花過力氣去探究怎樣從這些珍貴的微塵中產生出生氣勃勃的文字的洪流。然而，一如老清掃工旨在祝願蘇珊娜幸福而鑄就了金薔薇那樣，我們的創作旨在讓大地的美麗，讓號召人們為幸福、歡樂和自由鬥爭的呼聲，讓人類廣闊的心靈和理性的力量去戰勝黑暗，像不落的太陽一樣光華四射。」〔註2〕——在這個意義上說，作家每一次真誠的、源於內心的創作，猶如夏米

〔註1〕 〔俄〕康·帕烏斯托夫斯基：《金薔薇》，戴驄譯，上海譯文出版社2010年版，第1～12頁。
〔註2〕 〔俄〕康·帕烏斯托夫斯基：《金薔薇》，戴驄譯，上海譯文出版社2010年版，第11～13頁。

執著而艱苦的勞作，在簸揚之間，喧囂與浮華隨風飄散，而作家一直要到沉甸甸的記憶、情感與思想猶如金粉般隱隱出現了，才能安下心來。〔註3〕因此，每一部優秀的作品，都是一朵金薔薇，不論它旨在送給自己，還是他人。夏米是幸福的，他終於在有生之年鑄就了那朵金薔薇；但夏米又是不幸的，因為這朵金薔薇還沒來得及優雅而熱烈地綻放，就痛苦地凋萎在死亡記憶之中。然而，作為文學經典的「金薔薇」，卻能擺脫夏米式的命運之厄，儘管也將承受四季無窮的變幻，風雨無情的打擊，但它總能在春暖花開之際，綻放依然。《朝花夕拾》就如這樣一朵熠熠閃光的「金薔薇」，它也是由魯迅內心世界無限飛揚的記憶金粉鑄就而成。如今，在經受歲月磨礪之後，它仍舊如此綽約而雋永地開放在中國現代散文盛壇之上。

　　全面檢讀已有的《朝花夕拾》的研究文獻，我們不得不遺憾地看到，迄今為止，關於《朝花夕拾》的研究，仍以王瑤先生在 1983 年發表的《論〈朝花夕拾〉》為最高水平。高遠東先生曾在 1990 年的一篇評論中感慨地說道：「如果說新時期的魯迅作品研究的學術『記錄』大多由中青年學者所創造（如《吶喊》、《彷徨》研究之於王富仁、汪暉，《野草》研究之於孫玉石、錢理群），那麼關於《故事新編》和《朝花夕拾》研究的最高『記錄』則仍由王先生這樣的前輩學者保持著。個中原因頗耐人尋味。」〔註4〕三十餘年過去了，《吶喊》、《彷徨》、《野草》與《故事新編》的研究又有了很大的進展，唯獨面對《朝花夕拾》的研究現狀，我們的感慨一仍如舊，此時，個中原因已不是「頗耐人尋味」一詞所能敷衍的了。當然，要找到差距並試圖超越，首先必須公正而謙遜地分析和繼承前人的研究成果。

　　王瑤先生的《論〈朝花夕拾〉》，我們認為，有以下幾個方面的重大貢獻。一、他指出，「《朝花夕拾》各篇雖然也可以各自獨立成文，但作為一本書卻是有機的整體。」〔註5〕論文寫道：「在魯迅諸多創作集中，《朝花夕拾》這一特點是不容忽視的。因此，研究《朝花夕拾》，不能只把它看作是片段的回憶錄，也不能滿足於只就各篇作細緻地分析，還要注意把全書作為一個統一的機體來考察，瞭解作者寫這一組文章的總的意圖和心境，從總體上把握此書

〔註3〕〔俄〕康・帕烏斯托夫斯基：《金薔薇》，戴驄譯，上海譯文出版社 2010 年版，第 11 頁。

〔註4〕高遠東：《現代如何「拿來」——魯迅的思想與文學論集》，復旦大學出版社 2009 年版，第 242 頁。

〔註5〕王瑤：《魯迅作品論集》，人民文學出版社 1984 年版，第 147 頁。

的意義、價值和特色，認識它在中國現代散文創作和魯迅作品中的地位。」〔註6〕王瑤先生的這一論斷，具有方法論的意義，它確定了《朝花夕拾》研究所必要的整體性視野和架構。二、王瑤先生對《朝花夕拾》的藝術特點分析精當，並敏銳地看到《朝花夕拾》這些藝術特點與日本廚川白村《出了象牙之塔》一書中關於 Essay（隨筆）的論述之關係。他說：「這些藝術特點很容易使我們聯想到在寫《朝花夕拾》的前一年，魯迅翻譯的日本廚川白村《出了象牙之塔》一書中關於 Essay（隨筆）的論述。」〔註7〕王瑤先生對這一內在關係的揭示，有助於我們更深入地探討《朝花夕拾》對外來文學資源的借鑒與創新，也有助於我們更準確地闡釋《朝花夕拾》藝術特點的生成過程。在論文中，王瑤先生對這一問題做出獨到的分析，他寫道：「廚川白村對散文隨筆的特點所作的這些理論性的闡述，對中國曾有過很大的影響；郁達夫說：『至如魯迅先生所翻的廚川白村氏在《出了象牙之塔》裏介紹英國 Essay 的文章，更為弄文墨的人，大家所讀過的妙文。』值得注意的是，不僅他所闡述的這些特點與《朝花夕拾》的寫法有所契合，而且這也是得到魯迅自己的首肯的。據當時刊登《朝花夕拾》文章的《莽原》負責人之一李霽野回憶：『魯迅先生在同我們談到《出了象牙之塔》的時候，勸我多讀點英國的 Essay，並教導我勉力寫這種體裁的文章。』接著就說他們（指李霽野等人）同魯迅談過如『《狗·貓·鼠》這樣別開生面的回憶文，似乎都受了一點本書的影響，但是思想意義的深度和廣度，總結革命經驗的科學性，堅持韌性鬥爭的激情，都不是《出了象牙之塔》所能比擬，先生倒是也不否認的』。魯迅並且給他們（指李霽野等人）談過這類文章的寫法：『要鍛鍊著撒開手，只要抓緊韁頭，就不怕放野馬；過於拘謹，要防止走上『小擺設』的絕路。』」〔註8〕王瑤先生的這番闡述，不僅對探討《朝花夕拾》之「幽默和雍容」的藝術特點是如何形成有重要作用，而且對探討魯迅雜文的藝術特點是如何形成，也有重要的啓示。遺憾的是，迄今為止，在這條探索的路上，後人向前邁進的步伐仍然十分有限。三、《論〈朝花夕拾〉》是王瑤先生生前所寫的最後一篇關於魯迅研究的論文，對其個體生命歷程而言，「不能不說另有一種意義」。〔註9〕在論文的字裏行

〔註 6〕王瑤：《魯迅作品論集》，人民文學出版社 1984 年版，第 147 頁。
〔註 7〕王瑤：《魯迅作品論集》，人民文學出版社 1984 年版，第 166 頁。
〔註 8〕王瑤：《魯迅作品論集》，人民文學出版社 1984 年版，第 167 頁。
〔註 9〕高遠東：《現代如何「拿來」——魯迅的思想與文學論集》，復旦大學出版社 2009 年版，第 243 頁。

間，我們隱約地體會到，王瑤先生透過對魯迅回憶之解讀，曲折地流露出某種屬於他自己內心世界的情緒，不知不覺之中就與魯迅在回憶之中所流淌的情感交相輝映。總之，《論〈朝花夕拾〉》一文既有對魯迅創作心境的獨特解讀，又有對《朝花夕拾》藝術之美的獨特揭示，也有對自己晚年心境的獨特觀照，這一切，都使得這篇論文成為《朝花夕拾》研究史上的經典之作。

這就是擺在新一代《朝花夕拾》研究者面前令人敬畏的高度和無聲的挑戰。

在王瑤先生這些洞見的啟發下，我們或許能夠開闢出無數條通向《朝花夕拾》藝術世界的探索新路。在這裏，我們選擇的是詩學闡釋的研究方法。所謂詩學闡釋，就是將現代文本學理論付諸作品解讀、分析的話語批評實踐。在方法論上，詩學闡釋首先強調文本作為一個獨立自足的藝術世界，有著獨特的語言、意象、意境和意蘊，這就必然涉及對文本的敘述技巧、修辭方式、文體風格等審美機制的分析。其次強調文本的生成性，認為，文本中不僅有作家經驗的再現，而且有情感、個性的融入與價值關懷，因此，詩學闡釋必須把對文本的解讀與分析放置於「論世」與「知人」的網絡交錯之中，方可參透「文義」與「文心」。第三，詩學闡釋必然要覺察文本與作家所置身的歷史的、當下的精神主潮、審美風尚之間的複雜互動。基於上述的理論規定性，詩學闡釋在具體的操作實踐中，既要注意汲取西方現代文本學理論強調語言、結構、文體和修辭分析之長處，又要繼承中國傳統文本學關注文本與作家個性、文學傳統、時代風貌的多重融合性的理論智慧。綜觀而言，文本的詩學闡釋，既要求有針對文本內部的敘述、結構、風格的具體而微的揭示，又要求辯證地看待文本與外部的時代精神、文學傳統和作家個性之間多重的對話性與互文性。〔註10〕

在這一研究方法的指引下，我們的研究思路擬向兩個維度展開。

一是，在對文本的縱向生成的解讀中，闡釋文本的藝術之美。從縱剖面看，《朝花夕拾》的文本生成結構，是一種從「所憶」→「所感」→「所思」這樣一個從感性經驗到情感觀照再到智性審視的過程，這也是一種從審美到審智的過程。在這樣一個過程，文本的任何一個層面，無論是「所憶」、「所感」還是深藏著的「所思」，都需要借助語言的技巧與經營才能得以實現。換

〔註10〕鄭家建：《東張西望──中國現代文學論集》，海峽文藝出版社 2008 年版，第150～157 頁。

句話說，都必須落實在文本的敘述結構、抒情方式、修辭特點、文體風格等多重有機的審美創造上。只有對這一複雜的審美創造過程進行細緻解讀與精當剖析，才能揭示出《朝花夕拾》作爲經典的藝術奧妙。

二是，在對文本內與外的橫向關係的解讀中，闡釋文本意義結構的豐富性與複雜性。作家的精神主體、生命體驗、現實處境、文學傳統、思想脈絡以及創作道路等要素，對《朝花夕拾》而言，既在文本之內，又在文本之外，都與《朝花夕拾》存在著或隱或顯、或深或淺、似斷實連、似非而是的複雜關係。面對這種複雜關係，只有具備開闊的視野和足夠的細緻與耐心，才可能揭示《朝花夕拾》在「舊事」與「重提」、「朝」與「夕」的時空錯位之間所孕育著的心靈與思想的深邃性。

《朝花夕拾》作爲中國現代散文的經典之作，對它進行詩學闡釋將有助於我們探索現代散文的闡釋路徑。因此，我們的研究目標是，借助《朝花夕拾》研究個案，試圖建立一種關於現代散文的闡釋方法，或者說解讀路徑。眾所周知，在中西方文學史上，散文創作在數量上浩如煙海。與此類似，在中西方文學理論史、文學批評史上，散文理論也是繁茂如林，且蕪雜叢生。在這種情況下，若要選擇一種具有可操作性的解讀與分析的理論方法，則不免舉步維艱、四顧茫然，讓人幾乎無從著手。因此，如何像小說研究在理論方法上有敘事學那樣，建立一種散文之解讀與分析的方法論，哪怕是初步的，也將是一個十分誘人的學術課題。《朝花夕拾》的詩學闡釋，或許可以成爲一次有益的嘗試。

上篇　說吧，記憶——《朝花夕拾》「回憶」的敘述學分析

著名作家納博科夫把他的自傳題爲《說吧，記憶》，我一直很迷戀這一書名。每一次閱讀這本書，總有一種說不清的情緒。我總在想，當一個人的記憶之門打開之時，究竟會有怎樣的人與事隨之而汩汩流出呢？一個人又是怎樣做到讓這些汩汩流出的人與事，能夠有聲有色地活在話語的世界之中呢？令人欣慰的是，在西方文學史上有許多作家做到了，如歌德、巴爾扎克、普魯斯特、喬伊斯、福克納、海明威、茨威格、卡內蒂、格拉斯等人，他們都爲世人奉獻了凝結著各自記憶與生命的經典之作。而在中國，堪與之媲美之

作又有幾何？答案誠然是見仁見智，但無論如何，魯迅的《朝花夕拾》必居其一。

　　魯迅在《朝花夕拾·小引》中曾別有深意地說了這樣的一番話：「我有一時，曾經屢次憶起兒時在故鄉所吃的蔬果：菱角，羅漢豆，茭白，香瓜。凡這些，都是極其鮮美可口的；都曾是使我思鄉的蠱惑。後來，我在久別之後嘗到了，也不過如此；唯獨在記憶上，還有舊來的意味存留。他們也許要哄騙我一生，使我時時反顧。這十篇就是從記憶中抄出來的，與實際內容或有些不同，然而我現在只記得是這樣。」〔註11〕可以說，《朝花夕拾》的創作，是魯迅在重拾那些早已飄零在記憶深處的「舊來意味」。那些曾經蔥鬱的「朝花」，如今或許早已凋零。因此，對這一記憶世界的反顧，是我們研究的出發點。

　　在我們的闡釋視野之中，反顧的路徑有兩條：一是按照魯迅的寫作順序逐篇闡釋；二是先對《朝花夕拾》的記憶世界進行整體性的觀照，而後按照敘述形態的不同加以類型分析。顯然，第二種路徑更符合整體性視野與架構，這也是本文所選取的反顧之路。

　　當你進入《朝花夕拾》的記憶世界，就會發現，這裏的記憶井然有序，這裏的記憶有隱有顯，這裏的記憶有詳有略。更令人驚歎的是，記憶之中的人和事，並沒有因為時光的流逝而變得模糊不清，反而顯得栩栩如生、歷歷在目。那麼，魯迅如何做到這一點？這不僅是心理學問題，也是一個敘述學的問題。因此，對魯迅記憶世界的敘述學分析，就成為打開《朝花夕拾》文本世界第一道大門的關鍵所在。

一、被喚醒的靈魂

　　《朝花夕拾》的不少篇章，對中國讀者來說，確實是耳熟能詳。毫無疑問，印象最深刻的當屬其中的一系列人物形象。就讓我們再一次從那文字世界裏喚醒阿長、藤野先生、范愛農等人吧，且看看他們是如何從魯迅的記憶深處緩緩地走出，又是如何清晰地佇立在一代又一代讀者的眼前——恍若與我們迎面相逢。

　　在《阿長與〈山海經〉》一文中，魯迅深情地回憶了一個連名字也沒有的小人物，即「我」的保姆長媽媽。他寫道：「我們那裏沒有姓長的；她生得黃

〔註11〕魯迅：《魯迅全集》第 2 卷，人民文學出版社 2005 年版，第 236 頁。

胖而矮，『長』也不是形容詞。又不是她的名字……記得她也曾告訴過我這個名稱的來歷：先前的先前，我家有一個女工，身材生得很高大，這就是真阿長。後來她回去了，我那什麼姑娘才來補她的缺，然而大家因為叫慣了，沒有再改口，於是她從此也就成為長媽媽了。」開頭的這一番敘述，似乎在喚起讀者的同情。然而，魯迅隨即把筆鋒一轉，寫道：「雖然背地裏說人長短不是好事情，但倘使要我說句真心話，我可只得說：我實在不大佩服她。」是的！你看，在這個鄉下女人身上有著不少讓人討厭的「毛病」：「常喜歡切切察察，向人們低聲絮說些什麼事。還豎起第二個手指，在空中上下搖動，或者點著對手或自己的鼻尖。我的家裏一有些小風波，不知怎的我總疑心和這『切切察察』有些關係。」在這裏，魯迅勾畫了兩個極具小說化的細節：「低聲絮說」和「豎起第二個手指，在空中上下搖動……」——簡練而生動地寫出長媽媽喜歡搬弄是非的缺點。但是，又不全然如此，阿長也有其細心的一面，如，「又不許我走動，拔一株草，翻一塊石頭，就說我頑皮，要告訴我的母親去了」。這些管教對生性喜歡無拘無束的孩子來說，顯然是一種束縛。白晝時，阿長的管束儘管細心但又讓人討厭，然而，睡著的時候，卻是另一番情景：「一到夏天，睡覺時她又伸開兩腳兩手，在床中間擺成一個『大』字，擠得我沒有餘地翻身，久睡在一角的席子上，又已經烤得那麼熱。推她呢，不動；叫她呢，也不聞。」寫到這裏，阿長給人的印象差不多成為一個大大咧咧、不守規矩的粗俗女人。但是，「她懂得許多規矩；這些規矩，也大概是我所不耐煩的」。若果真如此，阿長又有什麼值得「我」深情回憶呢？顯然，這是作者有意要把讀者引向情感判斷的歧路口，其目的是為了出乎意料地展示阿長性格的另一面：正當「我」對繪圖的《山海經》念念不忘卻又一籌莫展之際，唯有她做到了：「過了十多天，或者一個月罷，我還很記得，是她告假回家以後的四五天，她穿著新的藍布衫回來了，一見面，就將一包書遞給我，高興地說道：『哥兒，有畫兒的「三哼經」，我給你買來了！』我似乎遇著了一個霹靂，全體都震悚起來；趕緊去接過來，打開紙包，是四本小小的書，略略一翻，人面的獸，九頭的蛇……果然都在內。」這是文本敘述的重大轉折點，但在這一敘述之中，魯迅有意略去了許多細節，如，阿長是如何買到「三哼經」的？這個過程對於一個不識字的女人來說，究竟是歷盡艱辛，還是得來全不費工夫？阿長買到「三哼經」時的心理狀態又是如何？其動機是出於對「我」單純的愛，還是功利性地對「我」這個小少爺的討好？書價

或許是一筆不小的開支，阿長有過猶豫嗎？這些看起來是基於人性的正常追問，魯迅都避而不語。文本只是集中筆墨極力突出「我」得到「三哼經」的激動心情，從而通過「我」的情感反應來折射阿長性格中所隱藏著的淳樸、善良的一面。文本敘述推進到這裏，也就完全翻轉了此前對阿長「不大佩服」、「無法可想」、「不耐煩」的感受。阿長，這個勞苦的鄉下女人就是這樣在魯迅的峰回路轉的敘述流變中，生動而鮮明地展示了她個性的多樣性和豐富性。就是這樣，時隔三十多年之後，在魯迅的記憶世界中，她再次復活了。值得注意的是，在刻畫阿長這一人物形象時，魯迅主要選取最能突出人物個性的細節、語言和神態，並且通過多個極富戲劇性的場景，展示人物細微的心理過程，使得人物性格更加生動、豐滿，這其中也展現了魯迅傑出的小說家天賦。

　　日本仙臺的一個名不見經傳的醫學教授，因《藤野先生》一文而在中國變得家喻戶曉。在這篇散文中，魯迅回憶了在仙臺醫學專門學校短暫的一年求學中與藤野先生之間的獨特友誼。和《阿長與〈山海經〉》中借助「我」與阿長的情感關係之曲折變化來推進敘述發展有所不同，對於藤野先生的回憶，魯迅側重於場景化敘述。這樣的敘述形態，並不要求敘述過程的完整性、曲折性，而看重的是有效的敘述聚焦，聚焦點越明確，人物性格的展示就越鮮明有力。

　　《藤野先生》一文，作者對藤野先生的正面著筆並不多，主要集中在關於「我」與「藤野先生」幾次交往場景的敘述：第一次是他擔心「我」能否抄下他上課的講義，希望「我」拿給他看一看，於是，「我交出所抄的講義去，他收下了，第二三天便還我，並且說，此後每一星期要送給他看一回。我拿下來打開看時，很吃了一驚，同時也感到一種不安和感激。原來我的講義已經從頭到末，都用紅筆添改過了，不但增加了許多脫漏的地方，連文法的錯誤，也都一一訂正。這樣一直繼續到教完了他所擔任的功課：骨學，血管學，神經學」。第二次是藤野先生修改我講義上的下臂血管的解剖圖，文中寫道：「還記得有一回藤野先生將我叫到他的研究室裏去，翻出我那講義上的一個圖來，是下臂的血管，指著，向我和藹的說道：『你看，你將這條血管移了一點位置了——自然，這樣一移，的確比較的好看些，然而解剖圖不是美術，實物是那麼樣的，我們沒法改換它。現在我給你改好了，以後你要全照著黑板上那樣的畫。』但是我還不服氣，口頭答應著，心裏卻想道：『圖還是我畫

的不錯；至於實在的情形，我心裏自然記得的。』」敘述之中，作者有意突出了「我」與藤野先生的「衝突」，從而產生了文本敘述的錯層感：「我」越是不以爲然，反而越能突出藤野先生在治學上的嚴謹與求眞的態度，也就越能充分地把「我」在回憶之時所感到的愧疚感表達出來，其產生的審美效果是，在敘述過程中，這一切表面上看起來是波瀾不驚，但內在之間卻暗流湧動。儘管此處的敘述並非對藤野先生性格的正面刻畫，但特意聚焦他對解剖圖的較眞態度，目的是要從側面刻畫他性格中方正嚴謹的一面。在敘「事」之中刻畫人物性格，是這篇散文重要的創作方法之一。

文本關於「我」與藤野先生第三次與第四次的交往的敘述，就相對簡略些，這種詳略得當的敘述使得文本的結構更加富有節奏。當然，在這種簡略之中，作者並沒有放過對人物性格的有力刻畫，如，第三次敘述藤野先生對「我」是否肯解剖屍體的擔心，文中寫道：「解剖實習了大概一星期，他又叫我去了，很高興地，仍用了極有抑揚的聲調對我說道：『我因爲聽說中國人是很敬重鬼的，所以很擔心，怕你不肯解剖屍體。現在總算放心了，沒有這回事。』」作者用了「極有抑揚的聲調」來形容，寫出藤野先生的內心從擔心到釋然再到欣喜的複雜過程。值得注意的是，在文本中魯迅特別敘述了藤野先生試圖向「我」瞭解中國女人裹腳的裹法，進而瞭解足骨怎樣變成畸形。二十多年後，這一細節再現於魯迅的腦海，肯定別有深意。裹腳作爲中國傳統文明的野蠻性表徵之一，曾引起新文化運動的思想家們猛烈的抨擊，其中尤以周作人、魯迅的批判最爲激烈、深刻。藤野先生作爲一個醫學工作者，從醫學的角度關注裹腳對足骨畸形的傷害，這一幕往日的情景，一定給了魯迅許多的批判勇氣與力量。

在對第三次、第四次交往的簡略敘述之後，作者的筆致由「弛」轉入「張」。關於「我」與藤野先生的第五次交往的敘述，文本極顯詳盡之所能，不僅描繪了人物在交往之中的語言、神態，而且盡可能突出人物的心理活動。如，文中寫道，「到第二學年的終結，我便去尋藤野先生，告訴他我將不學醫學，並且離開這仙臺。他的臉色彷彿有些悲哀，似乎想說話，但竟沒有說。」「將走的前幾天，他叫我到他家裏去，交給我一張照相，後面寫著兩個字道：『惜別』，還說希望將我的也送他。但我這時適值沒有照相了；他便叮囑我將來照了寄給他，並且時時通信告訴他此後的狀況。」在這段敘述之中，作者再一次有意強調「我」與藤野先生之間的情感錯位：「其實我並沒有決意要學生物

學，因為看得他有些淒然，便說了一個慰安他的謊話。」對此，藤野先生不僅沒有識破，反而表示惋惜，這就無聲地突出了他性格中真誠的一面。在離別之際，藤野先生對「我」有許多「惜別」之舉，而「我」因生活狀況之無聊，無以回應。文本越是強化這種情感錯位，就越能突出人物的性格特徵，也就越能突出人物之間的無法割捨的情感聯結。

值得一提的是，對於眾所周知的魯迅離開仙臺的原因，在《藤野先生》一文中，魯迅並沒有像在《吶喊・自序》中那樣著力渲染，從這點的區別也可以看出，魯迅在《藤野先生》一文中為了達到對人物性格的刻畫，而對敘述節奏和敘述聚焦所作的有意調控。

與《藤野先生》一樣，《范愛農》一文也是魯迅對青年時代友人的回憶。但回憶的敘述方式兩者卻截然不同。《范愛農》一文，作者強調的是敘述的時間性與歷史感，在敘述之中著眼於人物的外貌、語言、神態的前後不同，以此來展示人物的心理變化，刻畫人物性格。

魯迅選取了四個時期的范愛農來寫，突出不同時期范愛農不同的性格特徵。也可以說，《范愛農》一文寫了四個不同的「范愛農」。一是日本時期的范愛農：「這是一個高大身材，長頭髮，眼球白多黑少的人，看人總像在渺視。他蹲在席子上，我發言大抵就反對；我早覺得奇怪，注意著他的了，到這時才打聽別人：說這話的是誰呢，有那麼冷？認識的人告訴我說：『他叫范愛農。』」很顯然，作者有意借助人物的外貌、神態、語言和動作，突出范愛農的憤慨。這種「憤慨」的情緒，體現了十九世紀末的中國有志青年一方面對清王朝充滿痛恨而另一方面又找不到有力反抗手段的內在衝突。范愛農的「憤慨」是一代人的「憤慨」，也是一個時代的「憤慨」，在這裏，可以看出魯迅高度的歷史概括力。

二是革命前的范愛農：「他眼睛還是那樣，然而奇怪，只這幾年，頭上卻有了白髮了，但也許本來就有，我先前沒有留心到。他穿著很舊的布馬褂，破布鞋，顯得很寒素。談起自己的經歷來，他說他後來沒有了學費，不能再留學，便回來了。回到故鄉之後，又受著輕蔑、排斥、迫害，幾乎無地可容。現在是躲在鄉下，教著幾個小學生糊口。但因為有時覺得很氣悶，所以也趁了航船進城來。」「他又告訴我現在愛喝酒，於是我們便喝酒。從此他每一進城，必定來訪我，非常相熟了。我們醉後常談些愚不可及的瘋話，連母親偶然聽到了也發笑。」需要指出的是，關於回國之後至辛亥革命之前這段時間范愛農的具體

情形，作者是轉述范愛農自己的說法。我認為，魯迅巧妙地運用間接敘述的方式，既符合「限知視角」的內在要求，又把自己對革命前范愛農的處境與心境的同情，深深地埋藏起來。這很容易使我們想起魯迅在《吶喊·自序》中對自己情形的一段敘述：「如置身毫無邊際的荒原，無可措手的了，這是怎樣的悲哀呵，我於是以我所感到者為寂寞。這寂寞又一天一天的長大起來，如大毒蛇，纏住了我的靈魂。」〔註12〕這一時期的范愛農與這一時期的魯迅一樣，內心充滿著「寂寞」與「苦悶」，這種寂寞與苦悶有它特定的時代內涵。然而，與《自序》中對「寂寞」的「無端的悲哀」〔註13〕不同，魯迅關於范愛農的「寂寞」與「苦悶」的敘述，則透出一股「笑聲」，恰是這一點，讓我看到魯迅性格的另一面，即他在痛苦之中的「跌宕自喜」（陳丹青語）。

　　三是革命中的范愛農：「到冬初，我們的景況更拮据了，然而還喝酒，講笑話。忽然是武昌起義，接著是紹興光復。第二天愛農就上城來，戴著農夫常用的氈帽，那笑容是從來沒有見過的。」「愛農做監學，還是那件布袍子，但不大喝酒了，也很少有工夫談閒天。他辦事，兼教書，實在勤快得可以。」關於革命中的范愛農，作者敘述的重點是「范愛農的歡欣」，這種歡欣源於辛亥革命所帶來的解放感，源於對共和的信仰。作者儘管著墨不多，但還是寫出了辛亥革命帶給二十世紀之初中國知識分子的精神力量與精神變化，還是生動地再現了那個時代的精神氣氛。悲哀的是，這種「歡欣」之心情很快就消失殆盡，因為，辛亥革命並沒有帶來根本性的深刻變化，於是當「季茀寫信催我往南京」時，范愛農「也很贊成，但頗淒涼，說：『這裏又是那樣，住不得，你快去罷……』我懂得他無聲的話，決計往南京」。此後，范愛農不得不又回到舊的精神軌道上來。魯迅對范愛農的這種精神變化的敘述，深刻地融入了自己的歷史體驗，他曾說過：「見過辛亥革命，見過二次革命，見過袁世凱稱帝，張勳復辟，看來看去，就看得懷疑起來，於是失望，頹唐得很了。」〔註14〕毋庸置疑，在對革命期間范愛農精神變化的敘述之中，包含著魯迅自身的諸多歷史觀感，正如他自己所說，「後來也親歷旁觀過幾樣更寂寞更悲哀的事，都為我所不願追懷，甘心使他們和我的腦一同消滅在泥土裏的。」〔註15〕

〔註12〕魯迅：《魯迅全集》第1卷，人民文學出版社2005年版，第439頁。
〔註13〕魯迅：《魯迅全集》第1卷，人民文學出版社2005年版，第439頁。
〔註14〕魯迅：《魯迅全集》第4卷，人民文學出版社2005年版，第468頁。
〔註15〕魯迅：《魯迅全集》第1卷，人民文學出版社2005年版，第440頁。

　　四是革命後的范愛農，當「我從南京移到北京的時候，愛農的學監也被孔教會會長的校長設法去掉了。他又成了革命前的愛農。我想為他在北京尋一點小事做，這是他非常希望的，然而沒有機會。他後來便到一個熟人的家裏去寄食，也時時給我信，景況愈困窮，言辭也愈淒苦。終於又非走出這熟人的家不可，便在各處飄浮。不久，忽然從同鄉那裏得到一個消息，說他已經掉在水裏，淹死了」。在這一敘述中，魯迅有一個特別的提示：「他又成了革命前的范愛農」，強調范愛農的精神立場和精神處境與革命之前仍有內在的一致性，但另一方面作者在敘述時又連續用了兩個「愈」，突出范愛農在物質與精神方面更加的困苦。這種革命之後知識分子日益嚴重的困苦，魯迅在其小說《在酒樓上》、《孤獨者》、《故鄉》、《祝福》之中均有深刻的揭示，在雜文關於俄國十月革命前與後的知識分子選擇、出路與命運的論述之中，也有深刻的闡釋。可以說，范愛農的困苦，是一個時代之困苦的縮影，范愛農之死，是一個時代的精神之死。文本能獲得如此強烈的表現力，顯然得益於魯迅在敘述之中把自己的經歷和體驗深刻地投注其中。因此可以說，范愛農是魯迅精神家族的同胞兄弟，是魯迅的第二「自我」。

二、鐫刻的時光

　　《阿長與〈山海經〉》、《藤野先生》和《范愛農》三文，敘事的目的在於寫人，三篇散文在寫人方面各具特色。與此不同，《五猖會》、《從百草園到三味書屋》、《父親的病》、《瑣記》四篇散文，則重在敘事，當然，其間也寫到人物，如「我」的父親、書塾先生、衍太太、S城名醫等，但都不是敘述的重點之所在。僅就敘事而言，若仔細分析，則會發現，這四篇散文的敘事方式、敘事角度和敘事結構也頗有差異，這充分體現了魯迅高超的敘述才能。

　　《五猖會》一文，魯迅回憶了自己在童年時代的一次尷尬而又困惑的經歷。這篇散文初看起來，敘述重點應該放在關於五猖會方面。但是魯迅並沒有順從讀者的這種預期，文本中關於五猖會的敘述是簡略而快速的，文本的前半部分，在敘述之中盡力保持著一個基調，那就是孩子們對五猖會的歡快而期盼的心情，其目的是在結構上為後文情感的轉折埋下伏筆。文本敘述的重點則放在轉折的關口：當「我」正在為即將去東關看五猖會而興高采烈之際，父親卻有了一個出乎意料的舉動。文中寫道：「要到東關看五猖會去了。

這是我兒時所罕逢的一件盛事。」「因為東關離城遠，大清早大家就起來。昨夜預定好的三道明瓦窗的大船，已經泊在河埠頭，船椅，飯菜，茶炊，點心盒子，都在陸續搬下去了。我笑著跳著，催他們要搬得快。忽然，工人的臉色很謹肅了，我知道有些蹊蹺，四面一看，父親就站在我背後。」「『去拿你的書來。』他慢慢地說。……我忐忑著，拿了書來了。他使我同坐在堂中央的桌子前，教我一句一句地讀下去。我擔著心，一句一句地讀下去。兩句一行，大約讀了二三十行罷，他說：『給我讀熟。背不出，就不准去看會。』他說完，便站起來，走進房裏去了。我似乎從頭上澆了一盆冷水。但是，有什麼法子呢？自然是讀著，讀著，強記著──」這樣的時刻，讓「我」終生難忘。值得注意的是，這裏的敘述非常之翔實：船、船椅、飯菜、茶飲、點心等等，一應俱全，足見此行之隆重，然而，越是這種敘述的渲染，就越為文本接下來的情感逆轉增加一層敘述張力。且看作者又是如何敘述接下來的情感變化：「我」先是從蹊蹺變成忐忑著，而後是「擔著心」，最後是「似乎從頭上澆了一盆冷水」，人物的心理經歷著從疑惑到緊張再到絕望的過程，這一過程彷彿是一步一步地逼近人物的心坎。然而，敘述之中，作者對父親的刻畫始終只停留在簡要的幾句言語上，讀者根本無法看到此時父親的神態和心理活動，但是，對父親的敘述越是如此的簡潔，讀者卻越能感受到父親此時的威嚴，也越能感受到「我」此時的緊張。這種對潛在的心理落差的巧妙設置，更增加文本敘述的張力和飽和度。

　　《從百草園到三味書屋》是一篇膾炙人口的名文，一段童年的快樂時光在魯迅的回憶中神采奕奕。與《五猖會》強調自己難以忘懷的一段磨難不同，《從百草園到三味書屋》始終洋溢著輕鬆、活潑和童趣的氛圍。作者並沒有刻意去營造這種氛圍，而是娓娓道來，在輕鬆的筆調之中，時光彷彿在倒流。與《五猖會》有意在敘述之中設置心理落差不同，《從百草園到三味書屋》則淡化敘述的戲劇性和衝突結構，讓敘述沿著線性的進程而緩緩展開，就像一個人在不知不覺之中慢慢成長，快樂或者痛苦，有的依然記得，有的早已隨風飄散，這其中沒有遺憾，也沒有痛惜，只有一個個或深或淺的印痕鐫刻著時光悄悄流逝的足跡。但是，在《從百草園到三味書屋》看似平淡的敘述之中，也隱含著雋永的意味，這種意味是隨著文本敘述的徐徐展開而漸漸浮現出來，就如一顆含在口中的青橄欖。且讓我們從文本的開頭說起：

> 我家的後面有一個很大的園，相傳叫作百草園……不必說碧綠
> 的菜畦，光滑的石井欄，高大的皂莢樹，紫紅的桑椹；也不必說鳴
> 蟬在樹葉裏長吟，肥胖的黃蜂伏在菜花上，輕捷的叫天子（雲雀）
> 忽然從草間直竄向雲霄裏去了。單是周圍的短短的泥牆根一帶，就
> 有無限趣味。油蛉在這裏低唱，蟋蟀們在這裏彈琴。翻開斷磚來，
> 有時會遇見蜈蚣；還有斑蝥，倘若用手指按住它的脊梁，便會拍的
> 一聲，從後竅噴出一陣煙霧。何首烏藤和木蓮藤纏絡著，木蓮有蓮
> 房一般的果實，何首烏有擁腫的根。有人說，何首烏根是有像人形
> 的，吃了便可以成仙，我於是常常拔它起來，牽連不斷地拔起來，
> 也曾因此弄壞了泥牆，卻從來沒有見過有一塊根像人樣。如果不怕
> 刺，還可以摘到覆盆子，像小珊瑚珠攢成的小球，又酸又甜，色味
> 都比桑椹要好得遠。

如此的敘述，真是精彩之極，毫不誇張地說，僅僅舉出這一例，就足以證明
現代散文風格的「幽默、雍容、漂亮、縝密」。敘述之中不僅充分展示了魯迅
豐富的自然知識和對自然細緻的觀察力，而且也充分展示了魯迅獨特的語言
表現力：不僅準確地寫出百草園中不同動植物的形態、特徵，而且還能讓它
們各具特性、各有風姿。同時，為了展示百草園中童趣的多樣性，作者還有
意選擇冬季時的百草園來加以描繪：「冬天的百草園比較的無味；雪一下，可
就兩樣了。拍雪人（將自己的全形印在雪上）和塑雪羅漢需要人們鑒賞，這
是荒園，人跡罕至，所以不相宜，只好來捕鳥。薄薄的雪，是不行的；總須
積雪蓋了地面一兩天，鳥雀們久已無處覓食的時候才好。掃開一塊雪，露出
地面，用一支短棒支起一面大的竹篩來，下面撒些秕穀，棒上繫一條長繩，
人遠遠地牽著，看鳥雀下來啄食，走到竹篩底下的時候，將繩子一拉，便罩
住了。但所得的是麻雀居多，也有白頰的『張飛鳥』，性子很躁，養不過夜的。」
與前面對百草園動植物的細緻描繪不同，作者在這裏突出冬季時分百草園的
另一番景象：儘管已成為人跡罕至的荒園，但童年的「我」仍然能在雪天從
「無味」之中找到屬於自己的樂趣——捕鳥。文本對捕鳥的過程有一個非常
細緻的描述，從中可以看出魯迅對這一活動之記憶的鮮活感，也使得這一場
景充滿著電影特寫鏡頭的畫面感。

　　總之，文本雖然僅有兩處寫到百草園，但又各有不同的側重點，展現了
童趣的不同方面，使得文本的敘述顯得搖曳多姿、各呈異彩。「從百草園到三

味書屋」，按理說，文本對如何「到」、爲什麼要「到」，應有詳細敘述，但是，作者對此只是一筆帶過，並沒有詳加敘述，這樣就在無形之中加快了敘述節奏，相應的，也增強了文本連續性的畫面感。

對百草園的描寫，作者重在外部生態，而對三味書屋的描寫，則主要借助人物來映襯。這種在敘述方面有意識的差別，使文本的敘述方式、敘述風格有了多樣性的展示。且看作者是如何描繪三味書屋及其學習生活：「出門向東，不上半里，走過一道石橋，便是我的先生的家了」，「他是一個高而瘦的老人，鬚髮都花白了，還戴著大眼鏡。我對他很恭敬，因爲我早聽到，他是本城中極方正、質樸、博學的人」。「先生讀書入神的時候，於我們是很相宜的。有幾個便用紙糊的盔甲套在指甲上做戲。我是畫畫兒，用一種叫作『荊川紙』的，蒙在小說的繡像上一個個描下來，像習字時候的影寫一樣。讀的書多起來，畫的畫也多起來；書沒有讀成，畫的成績卻不少了。」對於三味書屋的讀書生活，可寫的方面很多，可選擇的寫法也很多，但魯迅有意選擇一種從側面寫來的方法。從側面寫來的方法在中國古文寫作傳統中則是十分常見，這種寫法一般不正面描寫所要敘述的重點，而是通過對與此有關的人物及其活動的敘述，來映襯所要敘述的重點之所在。關於三味書屋的敘述，魯迅就借鑒了這一寫法，生動地再現這一段讀書生活中幾件記憶猶新的事：一是，當「我」問先生「怪哉」這蟲怎麼一回事時，他似乎很不高興，臉上還有怒色。然而，先生爲什麼不高興呢？童年的「我」不得而知，當「我」重新憶起此事時，對先生不高興的原因，或許能略加推測，但也僅僅止於推測而已。二是，先生讀書時陶醉的情形：「讀到這裏，他總是微笑起來，而且將頭仰起，搖著，向後面拗過去，拗過去。」通過如此極富畫面感的描寫，一個私塾老先生迂執而又可笑的神態，躍然紙上。

魯迅在《吶喊·自序》中曾寫過這樣的一段話：「有誰從小康人家而墜入困頓的麼，我以爲在這途路中，大概可以看見世人的眞面目。」〔註16〕「父親的病」顯然是這途中一個關鍵的事件。對這一事件的記憶，也是魯迅心靈的一個痛苦的糾結點。他曾說道：「我有四年多，曾經常常，——幾乎是每天，出入於質鋪和藥店裏，年紀可是忘卻了，總之是藥店的櫃檯正和我一樣高，質鋪的是比我高一倍，我從一倍高的櫃檯外送上衣服或首飾去，在侮蔑裏接了錢，再到一樣高的櫃檯上給我久病的父親去買藥。回家之後，又須忙別的

〔註16〕魯迅：《魯迅全集》第 1 卷，人民文學出版社 2005 年版，第 437 頁。

事了，因爲開方的醫生是最有名的，以此所用的藥引也奇特：多天的蘆根，經霜三年的甘蔗，蟋蟀要原對的，結子的平地木……多不是容易辦到的東西。然而我的父親終於日重一日的亡故了。」〔註17〕櫃檯和質鋪的高度、別人侮蔑的眼神，至今想起仍然刻骨銘心，可見這一番磨難在魯迅心靈上所烙下的創傷印痕是多麼的難以撫平，以至於「病」與「藥」成爲魯迅創作中一個具有原型意義的母題：從軀體之傷痛擴展深化到對精神之傷痛的省思。

　　值得注意的是，在小說和雜文中，魯迅關於痛與病的敘述，字裏行間總是流淌著一種悲傷乃至憤激的情緒，總是直接強調疾病體驗對身心、人格與思想成長的複雜影響，但在《父親的病》中，魯迅則選擇了一種看似輕鬆的喜劇性的筆法。然而，文本的敘述之中越是洋溢著喜劇性，讀者卻越感到一種沉重的悲劇性，越能品味出一種濃鬱的悲傷與失望，文本內在的這種巨大的審美情感的落差，正是這篇散文敘述的關鍵之所在。這種敘述方式在寫於此前的小說《阿Q正傳》中，已有淋漓盡致的發揮。當然，由於《父親的病》觸及自己的「至親至痛」，因此，這種喜劇性的敘述方式必然會有所克制。且看下列的敘述過程：作者先是敘述如何請來 S 城中所謂的「名醫」，「我曾經和這名醫周旋過兩整年，因爲他隔日一回，來診我父親的病。那時雖然已經很有名，但還不至於闊得這樣不耐煩；可是診金卻已經是一元四角。現在的都市上，診金一次十元並不算奇，可是那時是一元四角已是鉅款，很不容易張羅的了；又何況是隔日一次。他大概的確有些特別，據輿論說，用藥就與眾不同。我不知道藥品，所覺得的，就是『藥引』的難得，新方一換，就得忙一大場。先買藥，再尋藥引。『生薑』兩片，竹葉十片去尖，他是不用的了。起碼是蘆根，須到河邊去掘；一到經霜三年的甘蔗，便至少也得搜尋兩三天。可是說也奇怪，大約後來總沒有購求不到的。」和《吶喊·自序》中的有關敘述相比，這裏的敘述更加詳細，也更有意突出這位名醫在「藥引」方面的與眾不同，越是寫出其「與眾不同」，就越能造成一種心理假象：這位「名醫」的醫術越高明，也就越增加親人對治癒父親的期待。然而，實際的治療效果卻恰恰相反，這就造成期待的落空，從而產生了一種深刻的悲劇感。

　　「這樣有兩年，漸漸地熟識，幾乎是朋友了。父親的水腫是逐日利害，將要不能起床；我對於經霜三年的甘蔗之流也逐漸失了信仰，採辦藥引似乎再沒有先前一般踴躍了。」這是「我」在父親生病過程中與 S 城的所謂「名

〔註17〕魯迅：《魯迅全集》第 1 卷，人民文學出版社 2005 年版，第 437 頁。

醫」第一回合的交往。雖然，「我」對那些「藥引」逐漸失去信仰，但還沒有滑入無望的深淵。而接著，請到的是另一位「名醫」，其藥引之莫名其妙有過之而無不及，關於這次交往的敘述，魯迅有意放鬆先前的克制，漸漸地對喜劇性筆法有所張揚：「陳蓮河的診金也是一元四角。但前回的名醫的臉是圓而胖的，他卻長而胖了：這一點頗不同。還有用藥也不同，前回的名醫是一個人還可以辦的，這一回卻是一個人有些辦不妥帖了，因爲他一張藥方上，總兼有一種特別的丸散和一種奇特的藥引。蘆根和經霜三年的甘蔗，他就從來沒有用過。最平常的是『蟋蟀一對』，旁注小字道：『要原配，即本在一窠中者。』似乎昆蟲也要貞節，續弦或再醮，連做藥資格也喪失了。但這差使在我並不爲難，走進百草園，十對也容易得，將它們用線一縛，活活地擲入沸湯中完事。然而還有『平地木十株』呢，這可誰也不知道是什麼東西了，問藥店，問鄉下人，問賣草藥的，問老年人，問讀書人，問木匠，都只是搖搖頭，臨末才記起了那遠房的叔祖，愛種一點花木的老人，跑去一問，他果然知道。」文本緊緊抓住這位「名醫」的「藥引」之奇特，並對這種「奇特」性進行有意的張揚，其目的是爲了造成一種落差：藥引越是奇特，越讓人期待有獨特的藥效，然而，父親的病還是終於沒有辦法挽救了。文本的情感至此從無望落入了絕望之中。用這種喜劇性的筆法寫出這種絕望的心境，這需要一種多麼高超的敘述技巧。細心的讀者會發現，在《父親的病》中，作者很少用筆去觸及在父親生病與治病期間，「我」和家人的內心世界，但是，讀者就在作者關於尋找藥引的敘述之中，仍能讀出「我」和家人心情的焦慮與期盼。如，文中一連串的「問藥店，問……」就婉轉地暗示著內心的焦慮與慌亂。借助對一連串動作的描寫來襯託人物的內心世界，這一寫法不僅在這篇散文中有精彩的表現，而且在《肥皂》、《離婚》等小說中已有「圓熟」與「深切」的展示。〔註18〕

　　無論是《五猖會》、《從百草園到三味書屋》還是《父親的病》，魯迅對回憶的敘述都相對集中在若干有限的人與事之上，敘述技巧的關鍵在於通過敘述視角和敘述節奏的有效調控，形成有效聚焦，從而使這些有限的「人」與「事」能夠鮮明而生動地浮現出來。然而，在《瑣記》一文中，作者對回憶的敘述的時空的跨度更大了，因此，對敘述技巧的要求也更複雜了。

〔註18〕魯迅：《魯迅全集》第 6 卷，人民文學出版社 2005 年版，第 238 頁。

　　首先，如何做到「瑣記」不「瑣」，是這篇散文的第一重挑戰。為此，作者有意選取若干片段來寫，並且這些片段都是處在自己成長歷程關鍵性的轉折點。如，文本對「我」為何要離開 S 城的敘述：由於「我聽到一種流言，說我已經偷了家裏的東西去變賣了，這實在使我覺得如掉在冷水裏」。「S 城人的臉早經看熟，如此而已，連心肝也似乎有些了然。總得尋別一類人們去，去尋為 S 城人所詬病的人們，無論其為畜生或魔鬼。」同樣是這一經歷，《吶喊·自序》的敘述則相當的簡略：「我要 N 進 K 學堂去了，彷彿是想走異路，逃異地，去尋找別樣的人們。」〔註19〕敘述的重點也有所不同，《瑣記》更強調「離開」的原因及其心情，從而顯得具體而又深切。

　　「記」是一種最常見的文體，也正是因為其文體之「熟」，相應的，文體之「匠氣」與「板滯」的危機也容易發作，因此，如何做到「記」而不枯燥、不呆板，是這篇散文的第二重挑戰。為此，作者通過有意渲染一些似乎無關緊要的「小事」，從而高度智慧地把筆致放在環境與氛圍的描寫上，藉此營造出一系列獨特的記憶氛圍，使「瑣記」之中充滿著時代真實感與歷史逼真性。如，「我」對學校的記憶，除了「桅杆」之外，就是早已填平的游泳池了。作者是這樣描寫的：「原先還有一個池，給學生學游泳的，這裏面卻淹死了兩個年幼的學生。當我進去時，早填平了，不但填平，上面還造了一所小小的關帝廟。廟旁是一座焚化字紙的磚爐，爐口上方橫寫著四個大字道：『敬惜字紙』。只可惜那兩個淹死鬼失了池子，難討替代，總在左近徘徊，雖然已有『伏魔大帝關聖帝君』鎮壓著。辦學的人大概是好心腸的，所以每年七月十五，總請一群和尚到雨天操場來放焰口，一個紅鼻而胖的大和尚戴上毗盧帽，捏訣，念咒：『回資囉，普彌耶吽，唵耶吽！唵！耶！吽！！！』」這就是十九世紀末中國所謂新式學堂的縮影，表面上是新學新氣象，骨子裏仍是古舊與迷信的。歷史的氣氛在魯迅關於和尚如何做道場的充滿幽默的敘述之中，不僅變得真切可感，而且在悄然之間所有關於這段歷史的宏大敘事都被解構了，展現為「草根中的歷史」、「民間中的歷史」。當然，這樣氣氛對一位有志於追求新學的知識分子來說，「總覺得不大合適，可是無法形容出這不合適來。現在是發現了大致相近的字眼了，『烏煙瘴氣』，庶幾乎其可也。只得走開」，「於是毫無問題，去考礦路學堂去了」。

〔註19〕魯迅：《魯迅全集》第 1 卷，人民文學出版社 2005 年版，第 437 頁。

　　如何在對「瑣記」的敘述之中，不忘卻「我」的主體性存在，是這篇散文的第三重挑戰。只有始終記住「我」的主體性存在，才能在「瑣記」之中抓住一條回憶的主線，從而形成敘述的主脈。關於這一點，在《瑣記》之中，作者不斷強調「我」在環境變化之中所做的不同選擇，不斷突出「我」在新環境之中所獲得的新體會，目的都是爲了突顯「我」的存在。如，敘述「我」對「新學」的閱讀：「看新書的風氣便流行起來，我也知道了中國有一部書叫《天演論》。星期日跑到城南去買了來，白紙石印的一厚本，價五百文正。翻開一看，是寫得很好的字，開首便道：『赫胥黎獨處一室之中……』哦，原來世界上竟還有一個赫胥黎坐在書房裏那麼想，而且想得那麼新鮮？一口氣讀下去，『物競』『天擇』也出來了，蘇格拉第、柏拉圖也出來了，斯多噶也出來了。」儘管有長輩的反對，但「仍然自己不覺得有什麼『不對』，一有閒空，就照例地吃侉餅、花生米、辣椒，看《天演論》」。「我」的感受在敘述之中仍然那麼新鮮、親切，這種獨特的在場感，生動地再現了那段歷史氛圍。《瑣記》回憶的是自己的一段經歷，然而透過一個人的經歷，折射的是一段宏闊的歷史。在《瑣記》之中，只要記憶在場，「我」就一定在場，隨之我們就能聽到歷史漸行漸近的足音。

三、「現在」與「過去」的交錯

　　《朝花夕拾》中寫人敘事的篇章，較少地雜入對現實社會的批判，以上的分析充分說明這一點。然而，《狗·貓·鼠》、《二十四孝圖》這兩篇散文則不同，在這兩篇文本中，有關回憶均是由於現實的激發，因此，這兩篇散文對回憶的敘述，必然存在兩重敘述視角、兩種敘述語調。敘述的挑戰性就在於，在文本之中，魯迅必須做到這兩重敘述視角之間的轉換是自然的，而不是相互割裂；這兩種敘述語調的銜接是順暢的，而不是突兀的。這一敘述的挑戰性也是我們要分析的關鍵之所在。

　　先來看一看《狗·貓·鼠》一文，魯迅在這篇散文中回憶了在童年時代對「隱鼠」的喜愛：「這類小鼠大抵在地上走動，只有拇指那麼大，也不很畏懼人，我們那裏叫它『隱鼠』，與專住在屋上的偉大者是兩種。我的床前就帖著兩張花紙，一是『八戒招贅』，滿紙長嘴大耳，我以爲不甚雅觀；別的一張『老鼠成親』卻可愛，自新郎新婦以至儐相、賓客、執事，沒有一個不是尖腮細腿，像煞讀書人的，但穿的都是紅衫綠褲。我想，能舉辦這樣大

儀式的，一定只有我所喜歡的那些隱鼠。……但那時的想看『老鼠成親』的儀式，卻極其神往……正月十四的夜，是我不肯輕易便睡，等候它們的儀仗從床下出來的夜。然而仍然只看見幾個光著身子的隱鼠在地面遊行，不像正在辦著喜事。直到我熬不住了，快快睡去，一睜眼卻已經天明，到了燈節了。」事實上，作者在如此滿懷深情地回憶起童年時代對隱鼠的喜愛之前，已經用了很多的筆墨敘述自己為什麼仇貓，那是因為貓對強者的媚態，對弱者的兇殘。在字裏行間影射的是當時魯迅正與之論戰的「現代評論派」的「正人君子」們。在審美接受中，讀者之所以會產生這樣的閱讀反應，主要是由於魯迅在敘述之中很巧妙地引述「正人君子」們當下的一些言論，這看似斷章取義，卻又順理成章；看似莫名其妙，卻又渾然天成。比如，在文中有這樣的一段話：「蟲蛆也許是不乾淨的，但它們並沒有自鳴清高；鷙禽猛獸以較弱的動物為餌，不妨說是兇殘的罷，但它們從來就沒有豎過『公理』『正義』的旗子，使犧牲者直到被吃的時候為止，還是一味佩服讚歎它們。」這裏所指涉的「公理」「正義」是陳西瀅等人最常用的字眼，甚至在 1925 年 11 月北京女子師範大學復校後，陳西瀅等人還在宴會席上組織所謂的「教育界公理維持會」，支持北洋政府迫害學生和教育界進步人士，魯迅在雜文《「公理」的把戲》中對此則有全面的揭露。〔註20〕但是，從文體的內在規定性來看，如果讓類似的現實指涉在文本中無限制地擴展，那麼，《狗‧貓‧鼠》在文體上就會蛻變成為一篇雜文。這時，魯迅就必須從此前敘述的信馬由繮轉而趕緊抓住彎頭，實現從「現實」回望「過去」，在這轉換的節點上，作者巧妙地寫下這樣一段話：「但是，這都是近時的話。再一回憶，我的仇貓卻遠在能夠說出這些理由之前，也許是還在十歲上下的時候了。至今還分明記得，那原因是極其簡單：只因為它吃老鼠──吃了我飼養的可愛的小小的隱鼠。」從敘述結構的功能上看，這段話真正起到起承轉合的作用，使文本順暢地完成從「現在」折向「過去」，從今天的「我」向過去的「我」的過渡。文本接下來就沿著有關「隱鼠」的視角而展開，敘述自己如何最終如願以償了：「有一回，我就聽得一間空屋裏有著這種『數錢』的聲音，推門進去，一條蛇伏在橫梁上，看地上，躺著一匹隱鼠，口角流血，但兩脅還是一起一落的。取來給躺在一個紙盒子裏，大半天，竟醒過來了，漸漸地能夠飲食，行走，到第二日，似乎就復了原，但是不逃走。放在地上，也時時跑到人面

〔註20〕吳中傑：《魯迅傳》，復旦大學出版社 2008 年版，第 207 頁。

前來，而且緣腿而上，一直爬到膝髁。給放在飯桌上，便檢吃些菜渣，舐舐碗沿；放在我的書桌上，則從容地遊行，看見硯臺便舐吃了研著的墨汁。這使我非常驚喜了。我聽父親說過的，中國有一種墨猴，只有拇指一般大，全身的毛是漆黑而且發亮的。它睡在筆筒裏，一聽到磨墨，便跳出來，等著，等到人寫完字，套上筆，就舐盡了硯上的餘墨，仍舊跳進筆筒裏去了。我就極願意有這樣的一個墨猴，可是得不到；……『慰情聊勝無』，這隱鼠總可以算是我的墨猴了罷，雖然它舐吃墨汁，並不一定肯等到我寫完字。」劫後餘生的隱鼠在作者的敘述之中顯得活靈活現，生趣盎然。這裏的敘述視角與敘述語調均保持在童年的記憶圖景之中，這就是《狗・貓・鼠》在現實激發下所憶起的童年經驗之一。

必須看到的是，這篇散文正是由於在現實的種種言論和處境的刺激之下起筆的，因此，在敘述之中必然潛存著一個現實性的召喚結構與意義指向，這樣就使得文本的敘述視角不得不頻繁地往返於過去與現實之間。「童年的經驗」也就在視角的不斷過渡與轉換之中，漸漸地成長、成熟，猶如一顆種子在歲月雨水的浸潤之下，在吸足水分之後，慢慢地膨脹、蘇醒，而後開始萌發抽芽。當「我」敘述到隱鼠被踏死之後，敘述的視角與語調又自然地回到「現在」：「這確實是先前所沒有料到的。現在我已經記不清當時是怎樣一個感想，但和貓的感情卻終於沒有融和；到了北京，還因為它傷害了兔的兒女們，便舊隙夾新嫌，使出更辣的辣手。『仇貓』的話柄，也從此傳揚開來。」這在結構上巧妙地照應了文章的開頭，作者所要表達的批判性的情感也在看似平和的語調之中悄然地蕩漾開來。

如果說《狗・貓・鼠》敘述的智慧在於作者通過敘述視角和敘述語調的調控技巧，很自然地完成從現實情境回望童年經驗，再從童年經驗回到現實情境的過渡與轉換，那麼，對於《二十四孝圖》來說，如何處理「過去」的敘述立場與「今天」的敘述立場之間的聯繫與差異，則是至關重要的。《二十四孝圖》是「我」在童年時代的閱讀物之一，那麼，在童年時閱讀《二十四孝圖》的經驗與感受是什麼？這種經驗與感受在「我」今天的內心世界留下什麼樣的印象呢？這其中的聯繫與差異又是怎樣呢？今天的「我」對此又是如何評判呢？「過去」的我與「今天」的我，就在這些疑問之中相互纏繞。因此，如何將「他們」有序地解開與連接，確實需要作者的心靈手巧。且看作者在這裏所展現的不凡身手：

　　文本一開始就用了很長的篇幅來鞭撻所謂的「反對白話，妨害白話」者，而後才轉入對有關《二十四孝圖》的敘述：「這雖然不過薄薄的一本書，但是下圖上說，鬼少人多，又為我一個所獨有，使我高興極了。那裏面的故事，似乎是誰都知道的；便是不識字的人，例如阿長，也只要一看圖畫便能夠滔滔地講出這一段的事蹟。但是，我於高興之餘，接著就是掃興，因為我請人講完了二十四個故事之後，才知道『孝』有如此之難，對於先前癡心妄想，想做孝子的計劃，完全絕望了。」這裏的敘述，強調的是「我」在童年時閱讀《二十四孝圖》的整體感受，敘述立場控制在童年的「我」經驗感受上。為了使這種敘述立場更加明確，作者進而集中選擇了自己閱讀「老萊娛親」與「郭巨埋兒」兩幅圖時的經驗與體會，這樣就把敘述立場從整體性向個體化聚焦。在《二十四孝圖》中，「其中最使我不解，甚至於發生反感的，是『老萊娛親』和『郭巨埋兒』兩件事」，「我至今還記得，一個躺在父母跟前的老頭子，一個抱在母親手上的小孩子，是怎樣地使我發生不同的感想呵。他們一手都拿著『搖咕咚』。這玩意兒確是可愛的……然而這東西是不該拿在老萊子手裏的，他應該扶一枝拐杖。現在這模樣，簡直是裝佯，侮辱了孩子。我沒有再看第二回，一到這一葉，便急速地翻過去了」。只要細心的閱讀，讀者就會發現，在這段敘述之中交錯著兩個立場，一是「我至今還記得」，這顯然指的是童年經驗；二是「然而……現在這模樣，簡直是裝佯，侮辱了孩子」，這顯然是成人的判斷。這兩種敘述立場的過渡，此處只用「然而」就完成了。但是，對於「郭巨埋兒」的敘述，顯然要複雜得多，其中尤為典型的是，作者運用了「佯謬法」，即表面上是故作不解，實際上是一目了然。文本是這樣敘述的：「至於玩著『搖咕咚』的郭巨的兒子，卻實在值得同情。他被抱在他母親的臂膊上，高高興興地笑著；他的父親卻正在掘窟窿，要將他埋掉了……我最初實在替這孩子捏一把汗，待到掘出黃金一釜，這才覺得輕鬆。然而我已經不但自己不敢再想做孝子，並且怕我父親去做孝子了。家境正在壞下去，常聽到父母愁柴米；祖母又老了，倘使我的父親竟學了郭巨，那麼，該埋的不正是我麼？如果一絲不走樣，也掘出一釜黃金來，那自然是如天之福，但是，那時我雖然年紀小，似乎也明白天下未必有這樣的巧事。」借助「佯謬」，作者細緻入微地刻畫了「我」在童年閱讀「郭巨埋兒」故事時的心理活動：先是「捏一把汗」，而後「才覺得輕鬆」，然而一想到自己的家境則又感到恐懼，一波三折地寫出兒童由於對人情世故還十分不解而產生的充滿困惑與憂

懼的心理變化過程。接著，作者又很自然地過渡到「現在」的立場：「現在想起來，實在很覺得傻氣。這是因為現在已經知道了這些老玩意，本來誰也不實行」，這是「我」久經歷練、洞悉世故之後的自嘲與解脫，也讓讀者會心一笑。

四、黑暗之舞

在《朝花夕拾》中，《無常》是一個異數，也是一篇奇文。如果非要在《朝花夕拾》之中選擇一篇「經典中的經典」，我會毫不猶豫地選擇《無常》。這篇散文與《女吊》，堪稱魯迅散文的雙璧。無論是構思的奇妙、敘述的奇崛和想像的奇幻，《無常》均有無可超越的獨到之處。先來看構思的奇妙。《無常》一文始終存在著雙重結構：生／死、陽間／陰間、冤抑／反抗、可怖／可愛、鬼／人，這種雙重結構的存在，一方面使得關於無常的敘述有著很明確的現實指向，另一方面也讓文本從陰鬱可怖的氛圍之中，透露出一股生命與反抗的樂趣。

無常是魯迅故鄉的民間迎神賽會上的一個特別的角色，對於無常，在文本中作者是把「他」放在不同的語境加以展示，這充分體現了這篇散文敘述的奇崛。先是迎神賽會上的無常：「至於我們——我相信：我和許多人——所願意看的，卻在活無常。他不但活潑而詼諧，單是那渾身雪白這一點，在紅紅綠綠中就有『鶴立雞群』之概。只要望見一頂白紙的高帽子和他手裏的破芭蕉扇的影子，大家就都有些緊張，而且高興起來了。」然後是城隍廟或東嶽廟裏的無常：「城隍廟或東嶽廟中，大殿後面就有一間暗室……在才可辨色的昏暗中，塑著各種鬼……而一進門口所看見的長而白的東西就是他。」接著，則是《玉曆鈔傳》上的無常：「身上穿的是斬衰凶服，腰間束的是草繩，腳穿草鞋，項掛紙錠；手上是破芭蕉扇，鐵索，算盤；肩膀是聳起的，頭髮卻披下來；眉眼的外梢都向下，像一個『八』字。頭上一頂長方帽，下大頂小，按比例一算，該有二尺來高罷；在正面……直寫著四個字道：『一見有喜』。」最後才是目連戲中的無常：「不過這懲罰，卻給了我們的活無常以不可磨滅的冤苦的印象，一提起，就使他更加蹙緊雙眉，捏定破芭蕉扇，臉向著地，鴨子浮水似的跳舞起來。」這四個不同語境中的無常形象有著不同的特徵：或可愛，或可怖，或灑脫，或冤苦。最後，再來看一看這篇散文想像的奇幻，這一特點在作者敘述目連戲的戲臺上的無常時體現得最為充分：「在許多人期

待著惡人的沒落的凝望中，他出來了，服飾比畫上還簡單，不拿鐵索，也不帶算盤，就是雪白的一條莽漢，粉面朱唇，眉黑如漆，蹙著，不知道是在笑還是在哭。但他一出臺就須打一百零八個嚏，同時也放一百零八個屁，這才自述他的履歷。」「我至今還確鑿記得，在故鄉時候，和『下等人』一同，常常這樣高興地正視過這鬼而人，理而情，可怖而可愛的無常；而且欣賞他臉上的哭或笑，口頭的硬語與諧談……」在這個想像的世界中，作者彰顯了無常人性與人情的一面，而去掉了陰森恐怖的另一面。從此，無常從黑暗的魂靈之舞，昇華成一個親切、可愛的文學經典形象，就像女吊那樣，此後，這兩個鬼魂成了「比一切鬼魂更美、更強的鬼魂」。

茅盾曾說：「在中國新文壇上，魯迅君常常是創造『新形式』的先鋒；《吶喊》裏的十多篇小說幾乎一篇有一篇形式。」〔註21〕綜上所述，我認為，這一評價若移用到《朝花夕拾》上來，也是頗為貼切的。

中篇　悲欣交集——《朝花夕拾》的情感結構

三月的泉州，柔細的刺桐花絮滿城飄飛。在這個季節，一個日暮時分，我登上清源山，在途中，看到岩石上刻著弘一法師的一行字：悲欣交集。蒼勁的線條之中透露悲涼、灑脫，剎那間，我的內心有一種說不出的感慨。四近是漸漸黯淡的霧靄，連綿的清源山像一隻疲憊蹣跚的怪獸，在霧靄之中隱隱約約。春雨漸漸地下得淅淅瀝瀝，行人也漸漸稀少下來，獨自一人在這行文字面前，我佇立了很久，我知道，這是弘一法師的絕筆，他把一生的悲歡離合、把對生命的眷戀與洞悉、把人性的羈絆與灑脫、把今生與來世、把恐懼與超然，都淋漓盡致地揮灑在這四個字的書寫之中。

線條尚且如此，何況文字。古往今來，無論是自傳，還是回憶錄乃至自傳體文學，其中最重要同時也最複雜的主人公，無疑是「自我」。然而，自我在不同文本之中有不同的存在方式：或者深藏不露，或者飄忽不定，或者喬裝打扮，或者躍然紙上。比如，茨威格在《昨日的世界》裏就宣稱，講述自己就是講述一個時代，他說道：「我從未把個人看得如此重要，以致醉心於非把自己的生平歷史向旁人講述不可。只是因為在我鼓起勇氣開始寫這本以我為主角——或者確切地說以我為中心的書以前，所曾發生過的許多事，遠遠

〔註21〕雁冰：《讀〈吶喊〉》，《時事新報・學刊》，1923 年第 91 期。

超過以往一代人所經歷過的事件、災難和考察。我之所以讓自己站到前邊，只是作為一個幻燈報告的解說員；是時代提供了畫面，我無非是為這些畫面作些解釋，因此我所講的根本不是我的遭遇，而是當時整整一代人的遭遇。」〔註22〕或許茨威格有些謙虛吧，在《昨日的世界》中，我們分明看到了二十世紀前半葉一個歐洲猶太知識分子的理想、激情與挫折；在一個劇烈變動的時代中，一個人文知識分子肩負著困惑與悲傷而漸漸遠去的背影。赫爾岑或許更有俄國知識分子的坦率，所以他在《往事與隨想》中明確宣稱自己的寫作更關注「自我」的內心，他說道：「本書與其名為見聞錄，不如說是自白書。正因為這個緣故，來自往事的片段回憶與出自內心的隨想，交替出現，混雜難分。」〔註23〕然而，即使在自己的回憶之中，「自我」真的能言聽計從，萬般馴服嗎？顯然不是的。君特・格拉斯在其自傳《剝洋蔥》中就說：「回憶像孩子一樣，也愛玩捉迷藏的遊戲。它會躲藏起來。它愛獻媚奉承，愛梳妝打扮，而且常常並非迫不得已。它與記憶相悖，與舉止迂腐、老愛爭個是非曲直的記憶相悖。你若是追問它，向它提問，回憶就像一顆要剝皮的洋蔥。」〔註24〕的確如此，洋蔥每剝一層，似乎離「核心」更進一層。但是，剝著剝著，你會發現，最後的「核心」是沒有的，每層都可能是「核心」：「第一層洋蔥皮是乾巴巴的，一碰就沙沙作響。下面一層剛剝開，便露出濕漉漉的第三層，接著就是第四、第五層在竊竊私語，等待上場。每一層洋蔥皮都出汗似的滲出長期迴避的詞語……層層何其多，剝掉重又生。」〔註25〕君特・格拉斯在面對回憶之時的感慨與無奈，魯迅在《朝花夕拾・小引》中也有相似的說法：「我常想在紛擾中尋出一點閒靜來，然而委實不容易。目前是這麼離奇，心裏是這麼蕪雜。……帶露折花，色香自然要好得多，但是我不能夠。便是現在心目中的離奇和蕪雜，我也還不能使他即刻幻化，轉成離奇和蕪雜的文章。或者，他日仰看流雲時，會在我的眼前一閃爍罷。」〔註26〕正是這樣的兩難困境，使得每一次的回憶都需要連接「今天」與「昨天」的橋梁。正如薩義德在自傳《格格不入》中所說的那樣：「寫這本回憶錄的主要理由，當然還是

〔註22〕斯蒂芬・茨威格：《昨日的世界——一個歐洲人的回憶》，三聯書店出版社 1991 年版，第 1 頁。

〔註23〕赫爾岑：《往事與隨想》，人民文學出版社 1993 年版，第 1 頁。

〔註24〕君特・格拉斯：《剝洋蔥》，譯林出版社 2008 年版，第 4 頁。

〔註25〕君特・格拉斯：《剝洋蔥》，譯林出版社 2008 年版，第 5 頁。

〔註26〕魯迅：《魯迅全集》第 1 卷，人民文學出版社 2005 年版，第 235 頁。

我今日生活的時空與我昔日生活的時空相距太遠，需要連接的橋梁，這距離的結果之一，是在我重建一個遙遠時空與經驗時，態度與語調上帶著某種超脫與反諷。」〔註27〕那麼，魯迅在《朝花夕拾》中所找到的連接「今日」與「昨日」的橋梁是什麼呢？我認為，就是流露在文本之中漸漸成長變化、漸漸變得清晰可鑒的自我情感。正是自我情感的作用，才使得記憶中的人與事從沉默之中浮現出來，變得熠熠生輝。反過來說，也正是有了這些記憶中的人與事，才使得自我情感有所附著，變得日益成熟與飽滿，就如米（記憶）在釉（自我情感）的作用下發酵成酒。魯迅就曾表述過相似的心情：「我靠了石欄遠眺，聽得自己的心音，四遠還彷彿有無量悲哀，苦惱，零落，死滅，都雜入這寂靜中，使它變成藥酒，加色，加味，加香。」〔註28〕那麼，在《朝花夕拾》之中，魯迅究竟表達了怎樣不同的自我情感呢？這些不同的自我情感在不同的文本中又有著怎樣不同的表達方式呢？在審美創造中，作家的所感與所憶又是如何相互點醒呢？

　　毫無疑問，在《朝花夕拾》中，魯迅所表達的自我情感是豐富多樣甚至是錯綜複雜的。為了闡釋的方便，我們按照這些自我情感的性質與構成，把它們劃分為：複雜、單純和混合三種類型。通過對這三種類型的解讀，我們可以藉此感知與把握魯迅內心豐富性的不同特徵和不同表現形態。就像一個艱辛跋涉的旅人，有時因久經滄桑而對人世間充滿懷疑，有時因多歷磨難而內心積聚憤怒，有時因人生的挫敗而力抑悲憤，有時因友人的亡故而痛苦不安；然而，有時又會單純如赤子之心，渴望著受人愛護的溫暖，渴望著沉睡天性的蘇醒，渴望著無拘無束的童趣，渴望著繁華如夢的迎神賽會。這一切都使得《朝花夕拾》情感之河低徊曲折，猶如因四季變化而不同的河流——或汩汩流淌，或競相奔流，或迷霧籠罩，或清澈見底。面對《朝花夕拾》這些複雜豐富的自我情感，我們在闡釋視野上應聯繫魯迅其它文類的創作，特別是雜文，方可透析；同時，在分析方法上，既要注意《朝花夕拾》情感世界的整體性，又要關注這種整體性在不同篇章的具體特點。

〔註27〕愛德華・W.薩義德：《格格不入：薩義德回憶錄》，彭淮棟譯，三聯書店出版社2004年版，第5頁。
〔註28〕魯迅：《魯迅全集》第4卷，人民文學出版社2005年版，第18頁。

一、現實的指向

　　我將其納入自我情感複雜類型的文本，有《狗・貓・鼠》、《二十四孝圖》和《無常》。在這三篇散文中，都有一個明確的現實的價值立場，童年的經驗與感受均在這現實的價值立場中得到折射，有時相互剝離，有時彼此變異，有時又互相映照。

　　在《狗・貓・鼠》一文中，魯迅表達了兩重的情感，一是對「貓」的痛恨，他說道：「現在說起我仇貓的原因來，自己覺得是理由充足，而且光明正大的。一、它的性情就和別的猛獸不同，凡捕食雀鼠，總不肯一口咬死，定要盡情玩弄，放走，又捉住，捉住，又放走，直待自己玩厭了，這才吃下去，頗與人們的幸災樂禍，慢慢地折磨弱者的壞脾氣相同。二、它不是和獅虎同族的麼？可是有這麼一副媚態！但這也許是限於天分之故罷，假使它的身材比現在大十倍，那就真不知道它所取的是怎麼一種態度。」上文已指出，《狗・貓・鼠》一文是在現實問題直接激發下寫成的，這裏的「貓」以及關於「仇貓」的原因，均是有所指涉，為此有必要對相關的歷史語境作些簡要回顧。1924 年底，「女師大」風潮一起，魯迅就站在學生這一方。他第一次公開表示對此次學潮的意見，是 1925 年 5 月 12 日發表在《京報副刊》上的《忽然想到（七）》，〔註29〕他寫道：「我還記得中國的女人是怎樣的被壓制，有時簡直並羊而不如，現在託了洋鬼子學說的福，似乎有些解放了。但她一得到可以逞威的地位如校長之類，不就雇傭了『掠袖擦掌』的打手似的男人，來威嚇毫無武力的同性的學生們麼？不是利用了外面正有別的學潮的時候，和一些狐群狗黨趁勢來開除她私意所不喜的學生們麼？而幾個在『男尊女卑』的社會生長的男人們，此時卻在異性的飯碗化身的面前搖尾，簡直並羊而不如。」〔註30〕「女師大」事件的擴大，隨即引發了當時北京教育界的分化。在這種情勢之下，魯迅對「現代評論派」的「正人君子」們玩弄所謂「公理」的把戲，及時地予以迎頭痛擊，這些在《華蓋集》及《華蓋集續編》中均有精彩的呈現。〔註31〕可以說，在《狗・貓・鼠》中所宣稱的「仇貓」的原因，就是魯迅在論戰中間所積累的憤怒情感的曲折體現，也使得這篇散文在回憶之

〔註29〕　朱正：《一個人的吶喊：魯迅 1881～1936》，北京十月出版社 2007 年版，第161 頁。

〔註30〕　魯迅：《魯迅全集》第 3 卷，人民文學出版社 2005 年版，第 64 頁。

〔註31〕　吳中傑：《魯迅傳》，復旦大學出版社 2008 年版，第 207 頁。

中充滿著時代感和論辯性。與「貓」的隱喻義相對立，「鼠」在文本中所隱喻的則是另一重含義，文本中反覆強調，在動物世界的殘酷而血腥的競爭之中，「鼠」時刻處於弱勢的地位。如果讀者能像對「貓」的隱喻解讀那樣聯繫該文本的寫作語境，那麼，就會對「鼠」的隱喻意義有所會心。1925 年 5 月 21 日，魯迅寫了雜文《「碰壁」之後》，尖銳地抨擊那些所謂教育家們對學生的迫害，他把無限的同情與正義給予了受迫害的學生，文中說道：「此刻太平湖飯店之宴已近闌珊，大家都已經吃到冰其淋，在那裏『冷一冷』了罷……我於是彷彿看見雪白的桌布已經沾了許多醬油漬，男男女女圍著桌子都吃冰其淋，而許多媳婦兒，就如中國歷來的大多數媳婦兒在苦節的婆婆腳下似的，都決定了暗淡的運命。」「我吸了兩支煙，眼前也光明起來，幻出飯店裏電燈的光彩，看見教育家在杯酒間謀害學生，看見殺人者於微笑後屠戮百姓，看見死屍在糞土中舞蹈，看見污穢灑滿了風籟琴，我想取作畫圖，竟不能畫成一線。」〔註 32〕在《狗‧貓‧鼠》中，「鼠」的處境不就是這些弱勢學生的寫照嗎？只有正視在這一歷史階段魯迅與「正人君子」們艱苦的論戰，才能找到解讀《狗‧貓‧鼠》情感內涵的切入點。

　　魯迅曾感慨地說道：「現在是一年的盡頭的深夜，深得這夜將盡了，我的生命，至少是一部分的生命，已經耗費在寫這些無聊的東西中，而我所獲得的，乃是我自己靈魂的荒涼和粗糙，但是我並不懼怕這些，也不想遮蓋這些，而且實在有些愛他們了，因為這是我轉輾而生活於風沙中的瘢痕。凡有自己也覺得在風沙中轉輾而生活著的，會知道這意思。」〔註 33〕兩個月後，魯迅寫成了《狗‧貓‧鼠》，於是，內心的愛與恨、悲痛與憤激再一次得宣洩與書寫。

　　在《二十四孝圖》一文中，魯迅表達的同樣是雙重情感體驗：一是對傳統教育扼殺天性、扭曲人性的鞭撻，他激烈而又語帶嘲諷地抨擊道：「正如將『肉麻當作有趣』一般，以不情為倫紀，誣衊了古人，教壞了後人。老萊子即是一例，道學先生以為他白璧無瑕時，他卻已在孩子的心中死掉了。」「彼時我委實有點害怕：掘好深坑，不見黃金，連『搖咕咚』一同埋下去，蓋上土，踏得實實的，又有什麼法子可想呢？我想，事情雖然未必實現，但我從此總怕聽到我的父母愁窮，怕看見我的白髮的祖母，總覺得她是和我不兩立，至少，也是一個和我的生命有些妨礙的人。後來這印象日見其淡了，但總有

〔註 32〕魯迅：《魯迅全集》第 3 卷，人民文學出版社 2005 年版，第 76～77 頁。
〔註 33〕魯迅：《魯迅全集》第 3 卷，人民文學出版社 2005 年版，第 4～5 頁。

一些留遺，一直到她去世——這大概是送給《二十四孝圖》的儒者所萬料不到的罷。」眾所周知，「人的發現」是五四思想的偉大與深刻之處，其中「兒童的發現」與「婦女的發現」又是驅動「人的發現」這駕思想馬車的堅實的兩翼。以幼者爲本位，對傳統禮教束縛、扼殺兒童天性的批判，在《新青年·隨感錄》中已有十分激烈的表達。如，魯迅在《隨感錄·二十五》中寫道：「中國娶妻早是福氣，兒子多也是福氣。所有小孩，只是他父母福氣的材料，並非將來『人』的萌芽，所以隨便輾轉，沒人管他，因爲無論如何，數目和材料的資格，總還存在。即使偶而送進學堂，然而社會和家庭的習慣，尊長和伴侶的脾氣，卻多與教育反背，仍然使他與新時代不合。大了以後，幸而生存，也不過『仍舊貫如之何』，照例是製造孩子的傢伙，不是『人』的父親，他生了孩子，便仍然不是『人』的萌芽。」〔註34〕在《隨感錄·四十》中，魯迅更是大聲疾呼：「可是東方發白，人類向各民族所要的是『人』——自然也是『人之子』。」〔註35〕對「人之子」的呼喚，是魯迅五四思想啓蒙的主線之一，也是魯迅立人思想的核心內容之一，它貫穿魯迅一生的思想探索和思想追求。二是對兒童天性的同情與發現：「回憶起我和我的同窗小友的童年，卻不能不以爲他幸福，給我們的永逝的韶光一個悲哀的弔唁。我們那時有什麼可看呢，只要略有圖畫的本子，就要被塾師，就是當時的『引導青年的前輩』禁止、呵斥，甚而至於打手心。我的小同學因爲專讀『人之初性本善』讀得要枯燥而死了，只好偷偷地翻開第一葉，看那題著『文星高照』四個字的惡鬼一般的魁星像，來滿足他幼稚的愛美的天性。昨天看這個，今天也看這個，然而他們的眼睛裏還閃出蘇醒和歡喜的光輝來。」爲了讓兒童的天性從傳統文化束縛之中解放出來，五四時期的思想家們提出了不同的方案和不同的解放道路。除魯迅之外，周作人、胡適、陳獨秀、李大釗、錢玄同、劉半農等人，對此均有自己的言說。毫不誇張地說，在五四思想中彌漫著一種「兒童崇拜」的風氣。因此，當我們重新審視這些言論時，就會發現，在這其中，有些不免刻意追求「語不驚人死不休」，有些不免「劍走偏鋒」。當然，如果我們要充分汲取這種沉澱在歷史之中的思想資源，則需要有一番披沙揀金的工夫。在諸多言論之中，魯迅的思想則顯出難得的理性與辯證。在這方面，最爲經典的思想文獻就是《我們現在怎樣做父親》一文，從某種意義說，

〔註34〕魯迅：《魯迅全集》第 1 卷，人民文學出版社 2005 年版，第 312 頁。
〔註35〕魯迅：《魯迅全集》第 1 卷，人民文學出版社 2005 年版，第 338 頁。

這是魯迅的「人」學論綱，它理性、深刻地闡釋了以幼者爲本位的「人」學思想。這是古舊的東方民族爲了從已承受兩千多年的家庭制度束縛之中解放出來所發出的一篇人性解放的宣言，它警醒了現代中國人重新審視自己的文化歷史，重新審視自己所遵從的規範倫理，重新審視自己所承擔的責任倫理。文中寫道：「我現在心以爲然的道理，極其簡單。便是依據生物界的現象，一，要保存生命，二，要延續這生命，三，要發展這生命（就是進化）。生物都這樣做，父親也就是這樣做……自然界的安排，雖不免也有缺點，但結合長幼的方法，卻並無錯誤……人類也不外此，歐美家庭大抵以幼者弱者爲本位，便是最合於這生物學的眞理的方法……所以我現在心以爲然的，便只是愛……這樣，便是父母對於子女，應該健全的產生，盡力的教育，完全的解放……中國覺醒的人，爲想隨順長者解放幼者，便須一面清結舊賬，一面開闢新路。就是開首所說『自己背著因襲的重擔，肩住了黑暗的閘門，放他們到寬闊光明的地方去，此後幸福的度日，合理的做人』。這是一件極偉大的要緊的事，也是一件極困苦艱難的事。」〔註36〕在今天的父母看來，這樣的言論不僅並非驚世駭俗，恰恰是通情達理的「常識」。但在當時，這樣的思考猶如瞬間閃爍的思想火光，點亮了五四人性解放與蘇醒的天空，給予了剛剛走出黑暗與寒冷的五四新人們，一線黎明的曙光和初春的溫暖。

《無常》一文所抒發的感情也是雙重的。表層上看，魯迅試圖借「無常」來傾訴自己內心的憤激之情，讀者對文中的許多「憤言」自然會產生「同情之瞭解」，如文中說道：「他們——敝同鄉『下等人』——的許多，活著，苦著，被流言，被反噬，因了積久的經驗，知道陽間維持『公理』的只有一個會，而且這會的本身就是『遙遙茫茫』，於是乎勢不得不發生對於陰間的神往。人是大抵自以爲銜些冤抑的；活的『正人君子』們只能騙鳥，若問愚民，他就可以不假思索地回答你：公正的裁判是在陰間！想到生的樂趣，生固然可以留戀；但想到生的苦趣，無常也不一定是惡客。」正如在《狗・貓・鼠》一文中已分析過的那樣，這段話中的「正人君子」、「公理」等詞彙都是有所指涉。魯迅與「現代評論派」的「正人君子」們的論戰和「三一八」慘案發生後的悲憤心境，直接影響了這篇散文的抒情內容與抒情方式，且讓我們還原歷史語境。在「女師大」事件中，魯迅針對「現代評論派」打著「公理」旗號的言論，進行了有力的還擊，這就使得陳西瀅有點招架不住。這時，同

〔註36〕魯迅：《魯迅全集》第 1 卷，人民文學出版社 2005 年版，第 135～145 頁。

一陣營的徐志摩就故作公允的樣子出來說話了，「大學的教授們」，「負有指導青年重責的前輩」，是不應該這樣「混鬥」，所以他要「對著混鬥的雙方猛喝一聲，帶住」。〔註37〕然而，魯迅並沒有被這虛假的公允所迷惑，誓言徹底揭穿「正人君子」們所玩弄的「流言」與「公理」的把戲，他隨即寫了《我還不能「帶住」》，予以堅決回應。他說道：「『負有指導青年重責的前輩』，有這麼多的醜可丟，有那麼多的醜怕丟嗎？用紳士服將『醜』層層包裹，裝著好面孔，就是教授，就是青年的導師麼？中國的青年不要高帽皮袍，裝腔作勢的導師；要並無偽飾，──倘沒有，也得少有偽飾的導師。倘有戴著假面，以導師自居的，就得叫他除下來，否則，便將它撕下來，互相撕下來。撕得鮮血淋漓，臭架子打得粉碎，然後可以說後話。這時候，即使只值半文錢，卻是眞價值；即使醜得要使人『噁心』，卻是眞面目。略一揭開，便又趕忙裝進緞子盒裏去，雖然可以使人疑是鑽石，也可以猜作糞土，縱使外面滿貼著好招牌……毫不中用的！」〔註38〕此番言論，眞可謂「正對論敵之要害，僅以一擊給與致命的重傷」。〔註39〕也正如他自己所言：「我自己也知道，在中國，我的筆要較爲尖刻的，說話有時也不留情面。但我又知道人們怎樣地用了公理正義的美名……行私利己，使無刀無筆的弱者不得喘息，倘使我沒有這筆，也就是被欺侮到赴訴無門的一個；我覺悟，所以要常用，尤其是用於使麒麟皮下露出馬腳。」〔註40〕如果不是在嚴峻的現實之中承受著無窮無盡的身心創傷與痛苦，如果不是時常在夜闌人靜之際不得不獨自舐盡流血的傷口，如果不是在人生的歷程中無數次身陷空洞而又無所不在的「無物之陣」，魯迅不可能對「流言」，對「反噬」會如此的深惡痛絕，對「下等人」的「活著」「苦著」會如此的感同身受。

對於魯迅來說，「華蓋」之運，眞是沒完沒了。「三一八」慘案發生後，陳西瀅又在《閒話》裏無端指責「民眾領袖」，說他們「犯了故意引人去死地的嫌疑」，這種陰險的論調，讓魯迅「已經出離憤怒了」，於是，接連寫了《「死地」》、《可慘與可笑》、《「空談」》等文予以駁斥，有力地伸張了正義與勇氣。〔註41〕我認爲，正是長期處在這樣險惡的歷史環境，才使得魯迅對在「一切

〔註37〕吳中傑：《魯迅傳》，復旦大學出版社2008年版，第230頁。
〔註38〕魯迅：《魯迅全集》第3卷，人民文學出版社2005年版，第258～259頁。
〔註39〕魯迅：《魯迅全集》第11卷，人民文學出版社2005年版，第41頁。
〔註40〕魯迅：《魯迅全集》第3卷，人民文學出版社2005年版，第260頁。
〔註41〕吳中傑：《魯迅傳》，復旦大學出版社，2008年版，第233頁。

鬼眾中，就是他有點人情」的活無常，產生了特殊的親近感。當然，在對無常與眾不同的親近感背後，還有一重隱秘的情感體驗，也就是說，在魯迅深邃的情感世界中始終存在著一個鮮爲人知的角落，那就是他對黑暗世界的凝視甚至眷戀，這在小說中、在《野草》中、在《女吊》中、在他終生所搜集的漢畫像磚的拓片中，都有幽深的體現。在魯迅的作品即使是相對明亮的文本之中，讀者總能看到一種黑暗底色，總能感覺到一種幽暗的影子在飄忽。或許正是不斷對黑暗的凝視，使魯迅磨礪了銳利的目光，使他能清醒地看到現實的另一面，並讓自己從與現實的緊張而壓抑的對峙之中解放出來。對無常的親近與欣賞，何嘗不是這樣一種心路歷程！

二、寂寞與溫暖

　　從情感的複雜性來看，《藤野先生》頗似《狗·貓·鼠》、《二十四孝圖》和《無常》，但這篇散文的情感廣度卻又有所不同：一是深刻地表達了中國知識分子的「日本體驗」，尤其是作爲弱國子民的屈辱感：「中國是弱國，所以中國人當然是低能兒，分數在六十分以上，便不是自己的能力了：無怪他們疑惑。」中國近現代知識分子的「日本體驗」，不僅對中國近現代文學史、文化史、思想史、政治史、學術史均產生了深廣的影響，而且，對中國近現代知識分子精神與人格的形成也具有獨特的作用。關於這一課題，儘管學術界已有所展開，但仍有許多未竟的領域有待開掘。〔註 42〕二是「幻燈片事件」所給予魯迅情感的刺激：「但我接著便有參觀槍斃中國人的命運了。第二年添教黴菌學，細菌的形狀是全用電影來顯示的，一段落已完而還沒有到下課的時候，便影幾片時事的片子，自然都是日本戰勝俄國的情形。但偏有中國人夾在裏邊：給俄國人做偵探，被日本軍捕獲，要槍斃了，圍著看的也是一群中國人；在講堂裏的還有一個我。『萬歲！』他們都拍掌歡呼起來。這種歡呼，是每看一片都有的，但在我，這一聲卻特別聽得刺耳。此後回到中國來，我看見那些閒看槍斃犯人的人們，他們也何嘗不酒醉似的喝彩，——嗚呼，無法可想！但在那時那地，我的意見卻變化了。」魯迅在創作生涯中曾多次提到這一事件，可見它對其思想變化的重要性，其中有兩次關於這一事件的敘述，相對比較完整，其一是《藤野先生》，其二是《吶喊·自序》。然而，同樣是敘述這一事件所給予「我」的刺激，與《吶喊·自序》相比，《藤野先生》

〔註42〕李怡：《日本體驗與中國現代文學的發生》，北京大學出版社 2009 年版。

則有所克制，對「我的意見的變化」之原因，並未作更深入的剖析。這其中的緣由，我認爲，除了因爲此前在《吶喊・自序》中已經有所敘述之外，《藤野先生》一文如此處理，還有審美表現上的考量：魯迅盡力壓抑自己受傷情感的抒發，不讓它淹沒了對藤野先生的感激之情。如果不是這樣，那麼，文本的情感結構就會失衡，並將破壞逐漸變得深厚的抒情氛圍。《藤野先生》一文在抒情上的有意調適，不僅沒有讓文本的情感慢慢消解，反而使得整個文本隨著敘述進程展開，抒情也在平穩之中漸漸達到飽和度。三是表達對藤野先生的懷念：「不知怎地，我總還時時記起他，在我所認爲我師的之中，他是最使我感激，給我鼓勵的一個。有時我常常想：他的對於我的熱心的希望，不倦的教誨，小而言之，是爲中國，就是希望中國有新的醫學；大而言之，是爲學術，就是希望新的醫學傳到中國去。他的性格，在我的眼裏和心裏是偉大的，雖然他的姓名並不爲許多人所知道。」「他所改正的講義，我曾經訂成三厚本，收藏著的，將作爲永久的紀念。」「他的照相至今還掛在我北京寓居的東牆上，書桌對面。每當夜間疲倦，正想偷懶時，仰面在燈光中瞥見他黑瘦的面貌，似乎正要說出抑揚頓挫的話來，便使我忽又良心發現，而且增加勇氣了，於是點上一枝煙，再繼續寫些爲『正人君子』之流所深惡痛疾的文字。」這麼一大段沉鬱的直抒感情的筆墨，在魯迅的文字世界中並不多見，足以見出藤野先生在他的內心世界的獨特地位。然而，在另一方面，我們也可以從中讀出魯迅寫下這段文字時內心的寂寞與孤獨。此時的魯迅正隻身處在荒涼的廈門島，正像他所描述的那樣：「記得還是去年躲在廈門島上的時候，因爲太討人厭了，終於得到『敬鬼神而遠之』式的待遇，被供在圖書館樓上的一間屋子裏。白天還有館員、釘書匠、閱書的學生，夜九時後，一切星散，一所很大的洋樓裏，除我之外，沒有別人。我沉靜下去了，寂靜濃到如酒，令人微醺。望後窗外骨立的亂山中許多白點，是叢冢；一粒深黃色火，是南普陀寺的琉璃燈。前面則海天茫茫，黑絮一般的夜色簡直似乎要撲到心坎裏。」〔註43〕是的，遠在黑暗的北平的家，暫時是回不去了；痛在內心的兄弟失和，永遠無法彌縫；情意初萌的愛，則又前途未卜……這一切都使得魯迅深陷寂寞與孤獨的漩渦而急於自拔。然而，哪裏才能找到抗爭的精神資源？顯然，不是在自己周圍人們之中，也不是在「當下」的現實之中。此時，四顧茫然，只能投向遙遠的回憶世界。從某種意義上說，魯迅與藤野先生的

〔註43〕魯迅：《魯迅全集》第 4 卷，人民文學出版社 2005 年版，第 18 頁。

友誼，是灰暗的中日現代關係史上的一抹亮麗的玫瑰色。〔註44〕有意思的是，對這一抹「玫瑰色」不同的解讀，曾影響了日本學者對魯迅形象的不同塑造，典型的事例就是，在竹內好的《魯迅》出版第二年，太宰治出版了題爲《惜別》的小說，其中關於魯迅這段經歷的敘述，就呈現出與竹內好的《魯迅》完全不同的生活場景和精神歷程。無論其中如何分歧，這一切都將豐富我們對《藤野先生》的闡釋。

在《范愛農》一文中，作者的感情發展波瀾起伏，但最爲集中也最爲強烈的流露，是在他得知范愛農落水死亡的時候：「夜間獨坐在會館裏，十分悲涼，又疑心這消息並不確，但無端又覺得這是極其可靠的，雖然並無證據。一點法子都沒有，只做了四首詩，後來曾在一種日報上發表，現在是將要忘記完了。」在這看似平靜的敘述之中，包含對老友范愛農無限的同情與懷念，對其命運的多舛無限的感慨與憂傷。但是，這篇散文在獲得這一極具力度的情感表達之前，作者早已有意地進行了多次的情感抑制與迴旋，從而形成《范愛農》一文獨特的抒情方式與抒情風格。一開始，「我」和范愛農的情感，彼此是極不融洽的，文中寫道，在認識范愛農之初，由於在發電報上的爭執，使「我」對他的感情極惡：「從此我總覺得這范愛農離奇，而且很可惡。天下可惡的人，當初以爲是滿人，這時才知道還在其次，第一倒是范愛農。中國不革命則已，要革命，首先就必須將范愛農除去。」這些故作誇張的筆調，其目的是要強調「我」對范愛農的惡感，並把讀者和范愛農的情感關係強烈推開，引向疏遠、冷淡的邊緣。接著，作者敘述了自己對范愛農惡感如何從淡忘到和緩的過程：「然而這意見後來似乎逐漸淡薄，到底忘卻了，我們從此也沒有再見面。」文本的抒情形態在此完成一個小轉換，從冷淡、疏遠的冰點漸漸升溫。當「我們」在一次偶然的場合再見面時，「互相熟視了不過兩三秒鐘」，就認出彼此來，「不知怎地我們便都笑了起來，是互相的嘲笑和悲哀」。儘管作者在這裏並沒有明確而詳細地敘述互相嘲笑什麼、悲哀什麼。但是，正是如此，給讀者留下無限的思考空間。有一點是明確的，是相同的經歷與處境，使彼此相互理解、相互接近。此後，「我」和范愛農時常來往，紹興光復之後，兩人還一起在師範學校共事過，面對「內骨子依舊」的所謂「光復」，只有范愛農理解「我」的處境與心情，所以，當季茀來信讓「我」去南京時，也只有范愛農贊成。「我」離開後，范愛農又成爲「革命前的愛農」，但他對

〔註44〕董炳月：《惜別·序》，新星出版社 2006 年版，第 15 頁。

「我」仍寄託著期待。文本正是通過對「我」和范愛農之間的情感關係，如何從對立逐漸變得密切起來這一過程性的敘述，才能夠將最後的抒情推升到情感飽和的「爆破點」。為了實現抒情方式的迴旋，《范愛農》一文還大量使用倒敘和間接敘述的方式，比如，關於范愛農在日本時為什麼要故意反對「我」的解釋，文本就使用了倒敘的方式；關於在「我」離開後范愛農的生活情形，用的則是間接敘述方式。這樣，不僅增加文本結構的彈性，而且也使得文本的抒情方式顯得虛實相生、張弛有度。

　　與《藤野先生》、《范愛農》一樣，《阿長與〈山海經〉》所要表達的也是對「他者」的感情。然而，更內在的相似之處，則在於三者都是在文章即將結束之際，才把抒情推向高峰，這一抒情特徵在《阿長與〈山海經〉》一文中尤為突出。在文章的最後，魯迅運用傳統悼文的文體和語言形式，直抒胸臆道：「……我的保姆，長媽媽即阿長，辭了這人世，大概也有了三十年了罷。我終於不知道她的姓名，她的經歷；僅知道有一個過繼的兒子，她大約是青年守寡的孤孀。仁厚黑暗的地母呵，願在你懷裏永安她的魂靈！」這裏的情感噴發，其效果，猶如巨浪拍擊海岸所綻放的衝天浪花和澎湃濤聲。事實上，為取得這種抒情效果，在文本的前面部分，抒情已有過多次反覆與迴旋，猶如海浪一層一層的疊加，每一次疊加之中都有前行與退後的交錯，最後才積累成更大的能量。一開始，「我」對阿長的搬弄是非深為不滿；對她的睡相，也實在無法可想；對她教給「我」的道理，感到煩瑣之至。然而，對她的感情有了明顯的變化，是在她告訴「我」有關「長毛」的故事之後：「這實在出於我意想之外的，不能不驚異。我一向只以為她滿肚子是麻煩的禮節罷了，卻不料她還有這樣偉大的神力。從此對於她就有了特別的敬意，似乎實在深不可測。」但「這種敬意」在得知她謀害了「我」的隱鼠之後，又完全消失了——情感又再次回到低點，猶如人為了跳得更高，必須有一段助跑，有一個向下力蹬的動作一樣，此前的抑制和迴旋，都是為了文本在最後能抒發出更強有力的情感。《阿長與〈山海經〉》中這種波浪式上陞的複雜的抒情方式，形成這篇散文獨特的內斂與舒展並存的抒情風格。

三、悲傷的旅程

　　關於《五猖會》，我們應該關注魯迅所表達的兩種情感。一是對童心的再發現。「我常存著這樣的一個希望：這一次所見的賽會，比前一次繁盛一些。」

「記得有一回，也親見過較盛的賽會。開首是一個孩子騎馬先來，稱爲『塘報』；過了許久，『高照』到了，長竹竿揭起一條很長的旗，一個汗流浹背的胖大漢用兩手托著；他高興的時候，就肯將竿頭放在頭頂或牙齒上，甚而至於鼻尖。其次是所謂『高蹺』，『抬閣』，『馬頭』了；還有扮犯人的，紅衣枷鎖，內中也有孩子。我那時覺得這些都是有光榮的事業，與聞其事的即全是大有運氣的人，——大概羨慕他們的出風頭罷。」童趣盎然的文字寫出了對迎神賽會的好奇、期待和參與的衝動，在文字之間流淌著一股歡欣雀躍的熱情，一種生動活潑的感性。可以想像，一個久經滄桑的中年人在回憶之時是多麼神往於那個已經逝去的充滿歡樂的世界。二是內心的寂寞與悲哀。在這段關於迎神賽會的描述之中，我們體會到了魯迅情感世界的豐富性和複雜性。這些文字越是生機蓬勃、歡聲笑語，我們越能感受到他的寂寞與悲哀。也就是說，這種歡樂的情感並不是文本要表達的終極訴求。果不其然，文本的情感結構隨即急轉直下，正當「我」爲能去看五猖會而興高采烈之際，父親卻要「我」把書背下來。儘管最終在父親的監督下，「我」把書背了下來，可以去看五猖會了，但「我卻並沒有他們那麼高興。開船以後，水路中的風景，盒子裏的點心，以及到了東關的五猖會的熱鬧，對於我似乎都沒有什麼大意思」。情感在這裏有一個巨大的落差，彷彿一道河流從百米之高的懸崖飛流而下，形成了強勁的瀑布。這種情感的落差越大，轉變得越急，就越能體味出作者內心的失落。

值得注意的是，關於這段經歷的敘述是與「父親」聯繫在一起，必然使得文本對傳統教育批判的鋒芒內斂了許多了，但又沒有失去其應有的力度。文本如何做到了這一點呢？我認爲，在這裏，作者非常智慧地以視角的轉換來兼顧思想與審美的齊頭並進。他在最後寫道：「直到現在，別的完全忘卻，不留一點痕跡了，只有背誦《鑒略》這一段，卻還分明如昨日事。我至今一想起，還詫異我的父親何以要在那時候叫我來背書。」難道作者眞的不解「父親何以要在那時候叫我來背書」嗎？顯然不是，這是作者在故作困惑，從而能夠把矛盾交織的內心感情深藏起來。

在《朝花夕拾》之中，《從百草園到三味書屋》最爲廣大青少年讀者所熟悉，其原因除了它被選入中學課文之外，還有一個更內在的原因，那就是這篇散文情感的歡樂、單純和明亮，彷彿是一枝開放在清晨還帶著露水的玫瑰，撲面而來的是陽光的氣息，是自然的生機。在文本之中，魯迅充分敞開了他

對童年生活的歡樂之體驗：百草園「其中似乎確鑿只有一些野草，但那時卻是我的樂園」。然而，正像魯迅在《秋夜》中運用象徵主義的創作方法所表達的那樣，棗樹「知道小粉紅花的夢，秋後要有春；他也知道落葉的夢，春後還是秋」。〔註45〕在《從百草園到三味書屋》中，我們也能夠隱隱約約發現魯迅在這種歡樂、單純與明亮的書寫之中所潛藏的寂寞和孤獨。長期以來，研究界關於《從百草園到三味書屋》的闡釋，對於文本中潛在的這種寂寞和孤獨的情緒，總在有意或無意之間加以忽略了。為了對此有更具體的解讀，必須回到《從百草園到三味書屋》的創作語境和在這期間魯迅的內心感受。這篇散文寫在廈門時期，魯迅在給友人的書信中，對這期間的生活常常感慨係之：「無人可談，寂寞極矣。」「為求生活之費，僕僕奔波，在北京固無費，尚有生活，今乃有費而失卻了生活，亦殊無聊。」〔註46〕「這裏就是不愁薪水不發。別的呢，交通不便，消息不靈，上海信的來往也需兩星期，書是無論新舊，無處可買，我到此未及兩月，似乎住了一年了，文字是一點也寫不出。這樣下去是不行的，所以我在這裏能多久，也不一定。」〔註47〕事實上，這些情感在《從百草園到三味書屋》之中也有著細微而曲折的流露：文本在充分敞開歡樂之後，並沒有忘卻隨之而來的遺憾，就像風和日麗之時，突然發現遠處的地平線上正悄然升起一抹烏雲。他寫道：「我不知道為什麼家裏的人要將我送進書塾裏去了，而且全城中稱為最嚴厲的書塾。也許是因為拔何首烏毀了泥牆罷，也許是因為將磚頭拋到間壁的梁家去了罷，也許是因為站在石井欄上跳了下來罷……都無從知道。總而言之：我將不能常到百草園了。Ade，我的蟋蟀們！Ade，我的覆盆子們和木蓮們！」這不是簡單地向百草園的告別，而是向歡樂的時光告別，作者也並非真的不知道「為什麼家裏的人要將我送進書塾裏去了」，從審美效果上看，作者越是對原因故作種種推測，就越能表達出在告別百草園時的遺憾與憂傷。與《五猖會》一樣，這種事後對原因佯做不知的曲筆，形成了《朝花夕拾》中別具一格的抒情方式。

在《父親的病》一文中，魯迅所表達的情感，表層上看似乎比較明確，如，對傳統中醫的批判，對傳統禮教的批判。其中對傳統中醫的批判，由於時代的差異而形成認識上的不同，需要作一些分析。今天的醫學發展，使人

〔註45〕魯迅：《魯迅全集》第2卷，人民文學出版社2005年版，第166頁。
〔註46〕魯迅：《魯迅全集》第11卷，人民文學出版社2005年版，第563頁。
〔註47〕魯迅：《魯迅全集》第11卷，人民文學出版社2005年版，第595頁。

們對傳統中醫的認識有了巨大的變化，我們不能由此而指責魯迅的偏激。因為對傳統中醫的批判，在五四一代思想家們的論述中，主要是把矛頭指向傳統中醫背後的天人感應的思維方式和巫醫不分的方法論，這一套思維方式和方法論與中國傳統社會的世界觀與價值觀之間具有同構性。對於這一內在陷阱，五四一代知識分子具有足夠的敏感與警惕，如陳獨秀、胡適、周作人、錢玄同、劉半農、林語堂等人在當時都發表過許多看似過激但不失銳利的言論。所以，我們也要在這樣的思想史背景中思考與理解魯迅對中醫的批判性。在這批判性的言辭背後，我們能體會到魯迅從無奈到絕望的情緒：父親的病在不同的「名醫」的診治下，卻日重一日地變得更加無望，並且這種無望的體驗是如此可怕地糾結在每一天的日常生活之中。值得注意的是，在文本之中，魯迅對這種情感的表達，使用的是一種近乎「黑色幽默」的方式。他放筆敘述了兩個「名醫」是如何開出種種奇特而又難辦的藥方與藥引，自己又是如何經受一番千辛萬苦的磨難才找到藥引，但其療效並沒有讓父親的病有所好轉，反而越來越重，這就造成過程與結果的錯位。文本沒有直接抒發這種錯位所帶來的絕望感，而是反其道而行之，有意渲染「名醫」們的藥引如何奇特，似乎給人以一線希望，語言之中也充滿著戲謔性的意味，文本對這種戲謔性的意味越是有意加以渲染，就越能反襯出「我」的內心的焦慮與無望。如果更進一層來看，那麼，在這種絕望的情緒背後，還存在著一種更深刻的體驗，即對生存和生命的荒誕之感。《父親的病》始終在敘述著一種悖謬性的存在形態：家人越是努力救治，而父親的病越是無望的嚴重起來；臨終的父親越是痛苦，而家人卻越是關注外在的習俗——此時此刻，沒有人耐心、冷靜地理解他臨終的心情。所以，在最後，作者說道：「我現在還聽到那時的自己的這聲音，每聽到時，就覺得這都是我對於父親的最大的錯處。」這種自嘲式的幽默包含著對人生荒誕的無限感慨——作者越是敢於自嘲，就越能看清他對人生體驗的深度。

　　和《父親的病》一樣，《瑣記》一文的情感看似簡單，實則複雜。在一篇文章之中相對完整地展現自己的經歷與情感的變化過程，這在魯迅作品中實屬少見，僅有《吶喊·自序》是如此。《瑣記》中，首先表達的是一種夾雜著憤怒卻又不知如何反抗的屈辱感：「大約此後不到一月，就聽到一種流言，說我已經偷了家裏的東西去變賣了，這實在使我覺得有如掉在冷水裏。流言的來源，我是明白的，倘是現在，只要有地方發表，我總要罵出流言家的狐狸

尾巴來，但那時太年青，一遇流言，便連自己也彷彿覺得真是犯了罪，怕遇見人們的眼睛，怕受到母親的愛撫。」魯迅的這番感歎，寫出了許多人在成長中或許都有過的類似體驗。其次是對新式學堂風氣的厭惡之感。他形象而幽默地寫道：「初進去當然只能做三班生，臥室裏是一桌一凳一床，床板只有兩塊。頭二班學生就不同了，二桌二凳或三凳一床，床板多至三塊。不但上講堂時挾著一堆厚而且大的洋書，氣昂昂地走著，決非只有一本『潑賴媽』和四本《左傳》的三班生所敢正視；便是空著手，也一定將肘彎撐開，像一隻螃蟹，低一班的在後面總不能走出他之前。」幽默形象的筆致之中充滿著辛辣的反諷意味。再次是漂泊之感：「畢業，自然大家都盼望的，但一到畢業，卻又有些爽然若失。爬了幾次桅，不消說不配做半個水兵；聽了幾年講，下了幾回礦洞，就能掘出金銀銅鐵錫來麼？實在連自己也茫無把握，沒有做《工欲善其事必先利其器論》的那麼容易。爬上天空二十丈和鑽下地面二十丈，結果還是一無所能，學問是『上窮碧落下黃泉，兩處茫茫皆不見』了。所餘的還只有一條路：到外國去。」上述的三種體驗分別鐫刻在魯迅不同的人生階段，表面上看起來彼此之間似乎較少聯繫，但是，若加以深層的分析，就會發現，貫穿於這三種體驗之中有一條共同的情感主線：那就是與周圍環境的「格格不入」。無論是「S城」，還是「礦路學堂」，「總覺得不合適」，這種「格格不入」的情感體驗，可以說是現代中國最先覺醒的一代知識分子的情感寫照。這一點，魯迅在《故鄉》、《祝福》、《在酒樓上》、《孤獨者》等小說中，均有深刻的表達。正是這種的「格格不入」，使得這一代知識分子不停地流蕩、漂泊，背負著「走」的命運。

在 1923 年 12 月所做的題爲《娜拉走後怎樣》的演講中，魯迅特別講述了一個來自歐洲的傳說：「耶穌去釘十字架時，休息在 Ahasvar（阿哈斯瓦爾）的簷下，Ahasvar 不准他，於是被了詛咒，使他永世不得休息，直到末日裁判的時候。Ahasvar 從此歇不下，只是走，現在還在走。走是苦的，安息是樂的，他何以不安息呢？雖說背著咒詛，可是大約總該是覺得走比安息還適意，所以始終狂走的罷。」〔註48〕Ahasvar 是傳說中的一個補鞋匠，被稱爲「流浪的猶太人」，我們無從揣測，當魯迅講述這個傳說時，他的內心感受是如何。然而，《瑣記》之中所表達的這種因「格格不入」而造成的流蕩與漂泊，不就是傳說中「走」的最好詮釋嗎？就像我們在《朝花夕拾》其它篇章中所看到的

〔註48〕魯迅：《魯迅全集》第 1 卷，人民文學出版社 2005 年版，第 170 頁。

那樣，在《瑣記》一文中，魯迅也是用一種幽默、輕鬆的筆致來寫這種漂泊、流蕩的感受，正是這種幽默的方式使得壓在心頭的漂泊之沉重與疲憊得以緩解。如，在文本的最後，作者寫道：「留學的事，官僚也許可了，派定五名到日本去。……日本是同中國很兩樣的，我們應該如何準備呢？有一個前輩同學在，比我們早一年畢業，曾經遊歷過日本，應該知道些情形。跑去請教之後，他鄭重地說：『日本的襪是萬不能穿的，要多帶些中國襪，我看紙票也不好，你們帶去的錢不如都換了他們的現銀。』四個人都說遵命。別人不知其詳，我是將錢都在上海換了日本的銀元，還帶了十雙中國襪——白襪，後來呢？後來，要穿制服和皮鞋，中國襪完全無用；一元的銀圓日本早已廢置不用了，又賠錢換了半元的銀圓和紙票。」正是在這種自我調侃、自我嘲諷之中，把初到異國他鄉的艱難與寂寞超越了，就像卡爾維諾所說的那樣——用「輕」表達「重」。〔註49〕

　　魯迅在《漢文學史綱要》中給予司馬遷的《史記》以高度的評價：「史家之絕唱，無韻之《離騷》。」〔註50〕這一評價，不僅蘊涵著魯迅對於《史記》思想與藝術成就的高度讚賞，也蘊涵著魯迅對司馬遷「發奮著書」的心領神會。魯迅自己的創作何嘗不是如此。他曾說道：「我以為如果藝術之宮裏有這麼麻煩的禁令，倒不如不進去吧；還是站在沙漠上，看飛沙走石，樂則大笑，悲則大叫，憤則大罵，即使被沙礫打得遍身粗糙，頭破血流……」〔註51〕「這裏面所講的仍然並沒有宇宙的奧義和人生的真諦。不過是，將我所遇到的，所想到的，所要說的，一任它怎樣淺薄，怎樣偏激，有時便都用筆寫了下來。說得自誇一點，就如悲喜時節的歌哭一般，那時無非藉此來釋憤抒情。」〔註52〕「世上如果還有真要活下來的人們，就先該敢說，敢笑，敢哭，敢怒，敢罵，敢打，在這可詛咒的地方擊退了可詛咒的時代！」〔註53〕「在現在這『可憐』的時代，能殺才能生，能憎才能愛，能生與愛，才能文。」〔註54〕儘管上述言論是針對雜文創作而言，但也提示我們，魯迅散文創作中的情感也是如此這般的息息相通。

〔註49〕〔意〕卡爾維諾：《新千年文學備忘錄》，黃燦然譯，譯林出版社2009年版，第1～31頁。
〔註50〕魯迅：《魯迅全集》第9卷，人民文學出版社2005年版，第435頁。
〔註51〕魯迅：《魯迅全集》第3卷，人民文學出版社2005年版，第4頁。
〔註52〕魯迅：《魯迅全集》第3卷，人民文學出版社2005年版，第195頁。
〔註53〕魯迅：《魯迅全集》第3卷，人民文學出版社2005年版，第45頁。
〔註54〕魯迅：《魯迅全集》第6卷，人民文學出版社2005年版，第419頁。

下篇　知性之美——《朝花夕拾》的審智意義

　　魯迅曾對《朝花夕拾》在創作過程中所經歷的環境變遷有過一個生動的描述：「文體大概很雜亂，因爲是或作或輟，經了九個月之多。環境也不一：前兩篇寫於北京寓所的東壁下；中三篇是流離中所作，地方是醫院和木匠房；後五篇卻在廈門大學的圖書館的樓上，已經是被學者們擠出集團之後了。」〔註55〕身處流離的創作環境，必然會激發作者對人生、對社會、對歷史、對生命作出更透徹、更複雜的反思與凝視。

　　從審美創造的高度來看，如果《朝花夕拾》僅有上述所分析的「敘事」與「抒情」兩個層次，它還不可能成爲中國現代散文的最經典之作。值得玩味的是，在這個文本之中，還存在著更內在的、更不易捕捉的「所思」層，這就是《朝花夕拾》的「審智意義」。有學者把散文之中的「審智」形態稱之爲散文的「知性」，並認爲，「所謂『知性』，當然有相對於理性和感性而言之意，但在此我無意強調它的哲學意義如老黑格爾所言。其實我所說的『知性』，乃指融合在此類散文中的一種不離經驗而又深化了經驗的感受力、理解力，因爲它既不同於理論論述的理性化，抒情敘事的感性化，甚至與激情意氣有餘而常常欠缺理性的節制及『有同情的理解』的論戰性雜文也迥然有別，所以姑且借用現代詩學中的知性來指稱它。……知性散文表達的則是經過反省和玩味，獲得理解和深化的人生經驗與生命體驗。正因爲所表達的不離經驗和體驗，所以知性散文仍保持著生動可感的魅力，又因爲所表達的經驗與體驗業已經過了作者的反覆玩味和深化開掘，所以知性散文往往富有思想的魅力或智慧的風度。」〔註56〕事實上，中國現代散文的審智問題或者說知性問題，〔註57〕很早就有學者注意到了。如，胡適在1922年即指出：「這幾年來，散文最可注意的發展乃是周作人等人提倡的『小品』散文。這一類作品，用平淡的談話，包含著深刻的意味；有時卻很像笨拙，其實卻是滑稽。」〔註58〕很顯然，這裏所謂的內含於平淡的談話之中的「深刻的意味」，就有一層思想與智慧的含義。1927年鍾敬文在《試談小品文》中則提出散文有兩

〔註55〕魯迅：《魯迅全集》第2卷，人民文學出版社2005年版，第236頁。

〔註56〕解志熙：《摩登與現代——中國現代文學的實存分析》，清華大學出版社2006年版，第399頁。

〔註57〕孫紹振：《中國散文60年選·導言》，海峽文藝出版社2010年版。

〔註58〕胡適：《胡適學術文集·新文學運動》，中華書局1993年版，第160頁。

個主要元素，便是情緒與智慧，情緒是湛醇的情緒，而智慧是「超越的智慧」。〔註 59〕郁達夫也強調說，散文是偏重在智的方面的，「智的價值是和情感的價值和道德的價值等總和起來」。〔註 60〕當然，關於散文的知性或者說審智的論述，當屬周氏兄弟最爲豐富、深刻。兩者相比之下，學術界對周作人理論的誤讀也最多，根源恰恰就出在其最著名的散文理論文獻之一《美文》。在《美文》中，周作人這樣寫道：「外國文學裏有一種所謂論文，其中大約可以分作兩類。一、批評的，是學術性的。二、記述的，是藝術性的，又稱作美文，這裏邊又可以分出敘事與抒情，但也有很多兩者夾雜的。這種美文似乎在英語國民裏最爲發達，如中國所熟知的愛迭生、闌姆、歐文、霍桑諸人都做有很好的美文，近時高爾斯威西、吉欣、契斯透頓也是美文的好手。讀好的論文，如讀散文詩，因爲他實在是詩與散文中間的橋。」「他的條件，同一切文學作品一樣，只是眞實簡明便好。」〔註61〕這篇散文理論文獻由於影響太大了，導致的結果是，人們對周作人散文理論創造性的認知始終停留在《美文》所提出的敘事與抒情範疇上。事實上，周作人在《美文》之後的一系列文章中，不僅在審美上已經大大超越了這種「敘事與抒情」的範疇，而且對現代散文的內涵有了更加豐富、深刻的闡述，只有把這些後續的論述與《美文》相聯繫，才能完整看出周作人的散文理論發展與特點。如，1930年周作人在《近代散文抄·序》中說道：「小品文則又在個人的文學之尖端，是言志的散文，他集合敘事說理抒情的分子，都浸在自己的性情裏。」〔註62〕1932 年，他在《雜拌兒之二·序》中又寫道：「平伯那本集子裏所收的文章大旨仍舊是雜的，有些是考據的，其文詞氣味的雅致與前編無異，有些是抒情說理的，如《中年》等，這裏邊兼有思想之美，是一般文士之文所萬不能及的。此外有幾篇講兩性或親子問題的文章，這個傾向尤爲顯著。這是以科學常識爲本，加上明淨的感情與清澈的理智，調和成功的一種人生觀，以此爲志，言志固佳，以此爲道，載道亦復何礙。」〔註63〕在 1935 年的《中

〔註 59〕 鍾敬文：《試談小品文》，《文學月報》（合訂本），1927 年第 7 卷。

〔註 60〕 郁達夫：《文學上的智的價值》，《現代學生》，1933 年第 2 卷第 9 期。

〔註 61〕 周作人：《周作人散文全集》第 2 卷，廣西師範大學出版社 2009 年版，第 356 頁。

〔註 62〕 周作人：《周作人散文全集》第 5 卷，廣西師範大學出版社 2009 年版，第 695 頁。

〔註 63〕 周作人：《周作人散文全集》第 6 卷，廣西師範大學出版社 2009 年版，第 122～123 頁。

國新文學散文一集·導言》中，周作人更明確地寫道：「我相信新散文的發達成功有兩重的因緣，一是外援，一是內應，外援即是西洋的科學哲學與文學上的新思想之影響，內應即是歷史的言志派文藝運動之復興。假如沒有歷史的基礎，這成功不會這樣容易，但假如沒有外來思想的加入，即使成功了也沒有新生命，不會站得住。」〔註64〕從以上簡要的梳理可以看出，周作人在《美文》之後始終都在強調散文中要有說理、思想等智性範疇。在中國現代散文史上，除了這些對散文知性的論述之外，更可貴的是，也出現了不少具有審智意義或者說充滿知性之美的優秀之作。正如解志熙先生所指出的那樣，梁遇春的《春醪集》，朱光潛的《給青年的十二封信》，溫源寧的《不夠知己》，錢鍾書的《寫在人生邊上》，馮至的《決斷》、《認真》諸文以及李霽野的《給少男少女》等，與周氏兄弟散文一道，共同繪就了中國現代散文史開闊而且開明的人文精神景觀。〔註65〕然而，長期以來，研究界對《朝花夕拾》的審智意義始終關注、闡釋得不夠。

王瑤先生在《論〈朝花夕拾〉》中曾發出這樣的疑問：「爲什麼在鬥爭特殊困難的時候魯迅要寫這麼一本以回憶往事爲內容的散文集呢？」他自己的回答是：「原因恐怕是多方面的。如前所述，現實鬥爭的『刺激』，應該還是一個直接的誘因……更重要的原因，是魯迅覺得把這些自己感受最深的經歷寫出來，不僅是個人的事情，而且對青年人有重大的現實意義。……我們知道《莽原》主要是由魯迅寄以期望的一些青年人辦的刊物，魯迅全力支持他們，並把這組文章題名爲《舊事重提》。『舊事』之所以值得『重提』者，不僅因爲它對現實仍有重要的借鑒或啓示作用，而且正因爲是『重提』，說明經過時間的考驗，作者對它的認識和理解也已經深化了，它就更應該引起人們的思考和重視。」〔註66〕我認爲，正是魯迅對自己所「歷」、所「閱」、所「感」的「所思」，即智性的觀照、省思、昇華，才成就《朝花夕拾》簡勁而深沉的審智高度。

〔註64〕周作人：《周作人散文全集》第 6 卷，廣西師範大學出版社 2009 年版，第 729 頁。

〔註65〕解志熙：《摩登與現代——中國現代文學的實存分析》，清華大學出版社 2006 年版，第 398～400 頁。

〔註66〕王瑤：《魯迅作品論集》，人民文學出版社 1984 年版，第 151～154 頁。

一、成長的困惑

在《朝花夕拾》中，《二十四孝圖》對傳統教育扼殺天性的批判最爲嚴厲；但在另一方面，對兒童天性的信仰也最爲堅固──這兩種思想立場在文本之中如一枚硬幣的兩面，彼此照應，彼此共生。魯迅在《二十四孝圖》之中反覆提醒人們：不論傳統教育如何給兒童天性設下種種的陷阱和枷鎖，兒童愛美的天性，即使還很幼稚，但總會蘇醒，也總有自己的生命力，總能像大石重壓之下的小草那般，曲曲折折地生長。這一思想與魯迅在《隨感錄》以及《我們應該怎樣做父親》等雜文中的思考一道匯成了魯迅人學的思想激流，並和周作人的「兒童的發現」等論述，構成了五四新文化中的一股有力湧動的思想洪流，不斷衝擊著舊思想舊文化的岸堤，使之日漸崩塌。

《五猖會》與《二十四孝圖》有一個共同的主題，那就是對傳統教育的批判。但是，正像上面所作過的分析那樣，《五猖會》的思想也並非如此單純。我認爲，魯迅在文中所要思考的是「成長的困惑和代際的隔膜」。

魯迅充分理解與同情兒童的天性。因爲兒童的天性總是表現出如此強烈的渴望和好奇心，正是這種渴望與好奇，使得兒童對外在世界始終保持著生機勃勃的興趣與愛好。童年時「我」對五猖會的渴念即是其一。但這種渴念是屬於「我這一代」，而「我」的父輩或許也曾經歷過這種渴念，而如今則忘卻了，所以「他」無法理解「我」的這種渴念。「他」有著與「我」完全不同的僅僅屬於他們自己的價值關懷與責任倫理，正是這種代際的隔閡才造成一代又一代人的成長困惑。所以，在文章的最後，魯迅感慨地說道：「我至今一想起，還詫異我的父親何以要在那時候叫我來背書。」這種成長的困惑和代際的隔膜將是永恆而輪迴的，魯迅在《野草‧頹敗線的顫動》，小說《故鄉》、《孤獨者》中都曾思考過這一精神困境，在他的雜文中對此更是感慨萬千。如在《雜憶》中就寫道：「我常常欣慕現在的青年，雖然生於清末，而大抵長於民國，吐吶共和的空氣，該不至於再有什麼異族軛下的不平之氣，和被壓迫民族的合轍之悲罷。果然，連大學教授，也已經不解何以小說要描寫下等社會的緣故了，我和現代人要相距一世紀的話，似乎有些確鑿。」〔註 67〕在寫於 1935 年的《病後雜談之餘》中魯迅則生動地說道：「假如有人要我說革命功能，以『舒憤懣』，那麼，我首先要說的是剪辮子……想起來也難怪，現

─────────────

〔註 67〕魯迅：《魯迅全集》第 1 卷，人民文學出版社 2005 年版，第 236 頁。

在的二十歲上下的青年，他生下來已是民國，就是三十歲的，在辮子時代也不過四五歲，當然不會深知道辮子的底細的了。那麼，我的『舒憤懣』，恐怕也很難傳給別人，令人一樣的憤激，感慨，歡喜，憂愁的罷。」〔註68〕在臨終絕筆《因太炎先生而想起的二三事》中，魯迅也表達過類似的想法。也就是說，魯迅對這一精神困境的省思已經超越成長與代際的層面，深化到對文化、歷史和民族之間隔膜的反思。

與《五猖會》相比，《從百草園到三味書屋》關於成長的思考則是亮麗、絢爛的一篇。但是，正像我們已指出的那樣，仍然能看到「陰影」在文本的背後悄然升起，漸漸地融入絢爛亮麗的氛圍，讓人不禁感慨快樂時光的短暫，美好事物的易逝。儘管百草園是「我」的童年樂園，但這一樂園很快就不再屬於「我」，「我」不得不告別心愛的一切，走進全城最嚴厲的書塾，去面對枯燥的習字與對課。儘管趁先生陶醉之際，「我」可以做自己想做的事：畫畫兒，但作為「我」快樂時光見證者的一大本《蕩寇誌》和《西遊記》的繡像，最後也不得不「因為要錢用，賣給一個有錢的同窗了」。一切曾經快樂的時光，最終都徹底地離散而去。值得注意的是，在《阿長與〈山海經〉》和《藤野先生》中，同樣寫過一個鮮為人所關注的「遺失」的細節。在前文，魯迅寫道：「阿長送給我的木刻的《山海經》，都已經記不清是什麼時候失掉了。」在後文，藤野先生曾改正過的講義，「不幸七年前遷居的時候，中途毀壞了一口書箱，失去半箱書，恰巧這講義也遺失在內了」。因「遺失」而帶來的不圓滿，永遠是成長中一個難以追回的美好的缺憾，任何一個人生都是如此。

二、對人性的洞察

在中國現代文學史上，還沒有一位作家像魯迅這樣受到那麼多的誤解、誤讀乃至污蔑。在紛擾之中，說他「尖刻」，就是歷來潑向魯迅的「髒水」之一。是的，魯迅曾經在《死》之中說過：「歐洲人臨死時，往往有一種儀式，是請別人寬恕，自己也寬恕了別人。我的怨敵可謂多矣，倘有新式的人問起我來，怎麼回答呢？我想了一想，決定的是：讓他們怨恨去，我一個都不寬恕。」〔註69〕然而，有哪一個人敢於把話說得如此堂堂正正，如此徹頭徹尾

〔註68〕魯迅：《魯迅全集》第6卷，人民文學出版社2005年版，第196頁。
〔註69〕魯迅：《魯迅全集》第6卷，人民文學出版社2005年版，第612頁。

呢？這正是魯迅人性中光明磊落的一面。其實，魯迅是一個真正充滿人情味的人性之子，在他的筆下有著太多對人性無限豐富的體察與寬容。比如，在他對阿長的感情與理解之中，就看得很分明：阿長是一個卑微的鄉下女人，她喜歡搬弄是非，但她也有狡黠而樸素的智慧，比如，當「母親聽到我多回訴苦之後，曾經這樣地問過她。我也知道這意思是要她多給我一些空席。她不開口」。我很長一段時間都在揣摩，阿長為什麼不開口？難道是確實愚鈍而無法理會「我」母親的話中之義？還是因愧疚而沉默？抑或裝傻試圖掩飾而過？我想，後者的可能性會更大些。值得一提的是，文本之中特別敘述了一個元旦的戲劇性情景，阿長在元旦清晨惶急的那一幕確實讓人感動不已，儘管長年勞作，但她也有對自己幸福的渴望。我想，只有對生活充滿愛、對人性充滿溫情的心靈，才能理解並同情一個卑微的底層勞動婦女對幸福的微不足道的祈盼。這種理解與同情正是源於魯迅對人性的溫暖而又柔軟的擁抱。值得注意的是，作者在文本中花費大幅筆墨，敘述了阿長對「我」講長毛的故事，儘管由此見出阿長的迷信，但在這可笑的迷信之中卻迸發出一種令人敬畏的勇氣和自我意識。如，阿長就對長毛故事中的女性作用深信不疑：「城外有兵來攻的時候，長毛就叫我們脫下褲子；一排一排地站在城牆上，外面的大炮就放不出來；再要放，就炸了！」儘管這裏有可笑的誇張，也有可憫的愚昧，但她的勇氣確實讓人「不能不驚異」。當然，這其中還包含著魯迅多重的歷史與文化的反思：一、在阿長式的民間想像中，她對所謂「起義」「革命」之類的理解是混亂的，「她所謂『長毛』者，不但洪秀全軍，似乎連後一切土匪強盜都在內」。二、突顯了農民戰爭的「暴力性」——輕易地殺人與任意地掠奪。三、中國底層民眾對野蠻的壓迫的薩滿教式的反抗。這一切都使得這個文本增加了豐富而複雜的歷史洞見。阿長是個不識字的女人，但她在心中卻默默記住了「三哼經」，買到「三哼經」的過程，或許歷經辛苦，或許輕而易舉。重要的是，她粗糙的心靈出乎意料地始終保存著對「我」的渴盼的敏感與體貼。正是這一點，使她成功地做成「別人不肯做，或不能做的事」。魯迅正是通過對一個底層勞動婦女性格的豐富而個性化的展示，表達了自己對人性的多樣化理解，儘管這其中有批判有諷刺，但更有寬容和敬意。這種對人性的多樣化理解，貫穿魯迅一生的創作歷程。如，寫於晚年的兩篇散文《我的第一個師父》和《「這也是生活」……》，讀來意味雋永。「我」的師父是一個和尚，但他有一個「我的師母」，「在戀愛故事上，卻有些不平常」。「我

所熟識的，都是有女人，或聲明想女人，吃葷，或聲明想吃葷的和尚。」〔註70〕文中對「我」師父師母和師兄們的言行舉止的評價，不僅毫無道學式的苛酷，而且充滿人情的溫潤。在《「這也是生活」……》一文中，作者深有感觸地寫到自己在病中的深夜醒來：「街燈的光穿窗而入，屋子裏顯出微明，我大略一看，熟識的牆壁，壁端的棱線，熟識的書堆，堆邊的未訂的畫集，外面的進行著的夜，無窮的遠方，無數的人們，都和我有關。我存在著，我在生活，我將生活下去……」〔註71〕正是對生活的無限關聯感和深情注視，才使得人們的內心變得日益豐富，才使得人們在深夜敏銳聽到黎明的足音漸漸走近，才使得人們有勇氣在無盡的等待與磨難之中抵抗廣闊無邊的寒冷，這就是每一位讀者在閱讀這篇散文時所沛然而生的內心感動。

關於《父親的病》，似乎要說的話已經不多了。然而，敏感的讀者一定會對文本中的這樣一段敘述，頗感疑惑和不安。無數次的閱讀，我都會產生這種心理反應。魯迅在文本中寫道：「父親的喘氣頗長久，連我也聽得很吃力，然而誰也不能幫助他。我有時竟至於電光一閃似的想道：『還是快一點喘完了罷……』立刻覺得這思想就不該，就是犯了罪；但同時又覺得這思想實在是正當的，我很愛我的父親。便是現在，也還是這樣想。」文中的語氣似乎在辯解，又似乎在懺悔，這正是這個文本思想的複雜之處。有的論者將它解讀成魯迅的原罪意識，有的論者甚至由此探討魯迅個體心理與人格之中的弒父情結。我認為，這段文字之中體現的則是魯迅對人性中幽暗面的認識，「所謂幽暗意識是發自對人性中與宇宙中與始俱來的種種黑暗勢力的正視與省悟：因為這些黑暗勢力根深蒂固，這個世界才有缺陷，才不能圓滿，而人的生命才會有種種的醜惡，種種的遺憾。」〔註72〕對人性幽暗面的認識，是人類偉大的思想文化的重要組成部分。「我們知道，西方傳統文化有兩個源頭，希臘羅馬的古典文明和古希伯來的宗教文明。希臘羅馬思想中雖然有幽暗意識，但是後者在西方文化中的主要根源卻是古希伯來的宗教。這宗教的中心思想是：上帝以他自己的形象造人，因此每個人的天性中都有基本的一點『靈明』，但這『靈明』卻因人對上帝的叛離而沮沒，由此而黑暗勢力在人世間伸展，造成人性與人世的墮落。在古希伯來宗教裏，這份幽暗意識是以神話語言表

〔註70〕魯迅：《魯迅全集》第6卷，人民文學出版社2005年版，第598頁。
〔註71〕魯迅：《魯迅全集》第6卷，人民文學出版社2005年版，第624頁。
〔註72〕張灝：《張灝自選集》，上海教育出版社2002年版，第2頁。

述出來的，因此，如果我們只一味拘泥執著地去瞭解它，它是相當荒誕無稽的。但是我們若深一層地去看它的象徵意義，卻會發現這些神話所反映出的對人性的一種『雙面性』瞭解──一種對人性的正負兩面都正視的瞭解。一方面它承認，每個人，都是上帝所造，都有靈魂，故都有其不可侵犯的尊嚴。另一方面，人又有與始俱來的一種墮落趨勢和罪惡潛能，因為人性這種雙面性，人變成一種可上可下，『居間性』的動物，但是所謂『可上』，卻有著限度，人可以得救，卻永遠不能變得像神那麼完美無缺。這也就是說，人永遠不能神化。而另一方面，人的墮落性卻是無限的，隨時可能的。這種『雙面性』、『居間性』的人性觀後來為基督教所承襲，對西方自由主義的發展曾有著極重要的影響。」〔註 73〕在中國，對人性幽暗面的認識最深刻、最徹底也最豐富的思想流派當屬法家，這是眾所周知的。事實上，儒家文化在這方面也有它獨特的思想洞察力和思想貢獻，「儒家思想與基督教傳統對人性的看法，從開始的著眼點就有不同。基督教是以人性的沉淪與陷溺為出發點，而著眼於生命的贖救。儒家思想是以成德的需要為其基點，而對人性作正面的肯定。不可忽略的是，儒家這種人性論也有其兩面性。從正面看去，它肯定人性成德的可能，從反面看去，它強調生命有成德的需要就蘊涵著現實生命缺乏德性的意識，意味著現實生命是昏暗的，是陷溺的，需要淨化，需要提升。沒有反面這層意思，儒家思想強調成德和修身之努力將完全失去意義。」〔註 74〕我認為，對人性幽暗面的自我體認，是魯迅一生最深邃最銳利的思想武器，它不僅是魯迅對國民性批判的怒火與利劍，也是魯迅自我解剖的不竭動力。關於魯迅幽暗意識的思想資源及其形成過程，在研究界還沒有引起足夠重視。我認為，這是解讀魯迅思想世界的又一把關鍵性的鑰匙。〔註 75〕

　　潛存在《瑣記》有關回憶片段連綴的深層結構之中，有一個深邃的主題值得思考，那就是對喬裝成溫情與善良的「虛偽之惡」的體察，這在魯迅對衍太太的刻畫之中看得尤其透徹。對「虛偽之惡」所衍生出「瞞和騙」與「做戲的虛無黨」，是魯迅對傳統文化和國民劣根性的一個深刻的診斷。他曾在《論睜了眼看》一文中寫道：「中國人的不敢正視各方面，用瞞和騙，造出奇妙的逃路來，而自以為正路。在這路上，就證明著國民性的怯弱，懶惰，而又巧

〔註 73〕 張灝：《張灝自選集》，上海教育出版社 2002 年版，第 3 頁。

〔註 74〕 張灝：《張灝自選集》，上海教育出版社 2002 年版，第 11 頁。

〔註 75〕 鄭家建：《思想的力量》，《文藝報》，2010 年 9 月 22 日第 18 期。

滑。一天一天的滿足著，即一天一天的墮落著，但卻又覺得日其見光榮。」〔註76〕「中國人向來因爲不敢正視人生，只好瞞和騙，由此也生出瞞和騙的文藝來，由這文藝，更令中國人更深地陷入瞞和騙的大澤中，甚而至於已經自己不覺得。世界日日改變，我們的作家取下假面，眞誠地，深入地，大膽地看取人生並且寫出他的血和肉來的時候早到了；早就應該有一片嶄新的文場，早就應該有幾個兇猛的闖將！」〔註77〕在這慷慨激昂的疾呼之中，魯迅渴望著坦率與誠實的文學精神，渴望著能激濁以揚清的文化創造力，渴望著堆積在民族靈魂深處的歷史積垢能徹底地被滌蕩。魯迅在《馬上支日記》中還形象地把那些「雖然這麼想，卻是那麼說，在後臺這麼做，到前臺又那麼做……」的人，稱爲「做戲的虛無黨」或「體面的虛無黨」，〔註78〕「衍太太」形象或許是這一稱號最具體生動的注釋。

三、存在之思

《狗‧貓‧鼠》一文，內含著作者對生命存在的思考，尤其是對處於複雜激烈競爭之中的弱者生命之脆弱性的思考。且看魯迅是如何思考在動物界的生存邏輯鏈中，作爲弱者的老鼠的生存狀態：「老鼠的大敵其實並不是貓。春後，你聽到它『咋！咋咋咋咋！』地叫著，大家稱爲『老鼠數銅錢』的，便知道它的可怕的屠伯已經光降了。這聲音是表現絕望的驚恐的，雖然遇見貓，還不至於這樣叫。貓自然也可怕，但老鼠只要竄進一個小洞去，它也就奈何不得，逃命的機會還很多。獨有那可怕的屠伯——蛇，身體是細長的，圓徑和鼠子差不多，凡鼠子能到的地方，它也能到，追逐的時間也格外長，而且萬難幸免，當『數錢』的時候，大概是已經沒有第二步辦法的了。」我認爲，魯迅之所以在這裏要如此細緻地描述老鼠在逃命過程中的驚恐、絕望和最終無可逃脫的劫難，目的是爲了要強烈地傳達出弱者的脆弱與無辜，弱者的無可反抗的命運。事實上，對生命尤其是弱者生命狀態的獨特關懷，是魯迅一生思考的主題。如，1933 年他在《爲了忘卻的記念》中悲憤地回顧道：「在這三十年中，卻使我目睹許多青年的血，層層淤積起來，將我埋得不能呼吸，我只能用這樣的筆墨，寫幾句文章，算是從泥土中挖一個小孔，自己

〔註76〕魯迅：《魯迅全集》第 1 卷，人民文學出版社 2005 年版，第 254 頁。
〔註77〕魯迅：《魯迅全集》第 1 卷，人民文學出版社 2005 年版，第 254～255 頁。
〔註78〕魯迅：《魯迅全集》第 3 卷，人民文學出版社 2005 年版，第 346 頁。

延口殘喘，這是怎樣的世界呢？」〔註 79〕是的！在他的生命歷程中經歷了太多無辜的殺戮與血腥的事件，他的文字觸目驚心地記述著這一切：看過清王朝殺人（《藥》、《虐殺》、《隔膜》、《買〈小學大全〉記》），看過袁世凱的殺人（《「殺錯了人」異議》），看過帝國主義殘殺中國平民（《忽然想到（十）》、《忽然想到（十一）》），看過段祺瑞政府殘殺手無寸鐵的青年學生（《無花的薔薇之二》、《「死地」》、《「空談」》、《為了忘卻的記念》），看過恐怖的「清黨」運動（《答有恒先生》、《而已集·題辭》），看過國民黨反動政府殘殺進步人士（《中國無產階級革命文學和前驅的血》、《寫於深夜裏》）……正是不斷目睹這種種或公開或秘密的殘酷而血腥的事實，幼時記憶中的這個景象，才會被反覆勾起，並與現實的情景互相疊加，互相印證。〔註 80〕

《范愛農》一文既有反思歷史的沉重之感，又有感歎一代知識分子命運的蒼涼之感。雖然辛亥革命成功了，但並沒有給中國社會帶來根本性的變化，正如文中所說：「我們便到街上去走了一通，滿眼是白旗。然而貌雖如此，內骨子是依舊的，因為還是幾箇舊鄉紳所組織的軍政府，什麼鐵路股東是行政司長，錢店掌櫃是軍械司長……」這種歷史的循環和停滯之感，魯迅在《阿 Q 正傳》和一系列雜文中均有深刻的論述。如，他曾說道：「可以知道我們現在的情形，和那時的何其神似，而現在的昏妄舉動，胡塗思想，那時也早已有過，並且都鬧糟了。」「試將記五代、南宋、明末的事情的，和現今的狀況一比較，就當心驚動魄於何其相似之甚，彷彿時間的流駛，獨與我們中國無關，現在的中華民國也還是五代，是宋末，是明季。」〔註 81〕無論是改朝換代，還是革命光復；無論是專制，還是共和……知識分子總是處於政治的歧途上，總是不得不在歷史的洪峰之中沉浮漂流。在范愛農身上，我們可以看到魏連殳、呂緯甫的身影，也可以看到魯迅對處在歷史變革中知識分子命運的思考。因此，在《范愛農》一文中，魯迅所表達的歷史思考是深沉的：處於變革之中的知識分子，總是痛苦地承擔著「在而不屬於兩個社會」〔註 82〕尷尬的命運。

對《藤野先生》思想寓意的解讀，長期以來人們較多地停留在直觀的層

〔註 79〕魯迅：《魯迅全集》第 4 卷，人民文學出版社 2005 年版，第 502 頁。

〔註 80〕陳丹青：《魯迅與死亡》，見《笑談大先生》，廣西師範大學出版社 2011 年版。

〔註 81〕魯迅：《魯迅全集》第 3 卷，人民文學出版社 2005 年版，第 17 頁。

〔註 82〕汪暉：《反抗絕望》，三聯書店出版社 2008 年版，第 112 頁。

面，認為，藤野先生由於對學術的熱愛而超越國界和種族的隔閡。但是，在我看來，《藤野先生》彷彿打開了一扇窗，讓我們窺見魯迅的自我與思想形成過程中所存在的另一種形態的精神源泉。當我們分析魯迅的自我與思想形成的精神資源時，一般的說，傾向於從以下幾個方面來闡釋：一是中國古代文化與精神傳統，尤其是魏晉傳統；二是西方文化中的「摩羅詩人」傳統，尤其是十九世紀末以尼采為代表的「新神思宗」的現代性批判的思想傳統；三是近代以來以章太炎思想為主脈的師承傳統。但是，《藤野先生》則告訴我們：還有一個感性的、記憶的傳統，這個傳統雖然不是以深厚的文化脈絡為底蘊，但它卻以活生生的經驗與情誼，浸潤與影響著「我」的精神成長。我認為，正視魯迅的自我與思想中的這個具體而生動的感性傳統，將有助於更具個性化地理解與闡釋魯迅的自我與思想成長過程和價值資源的多元性和複雜性。

《無常》中的「活無常」是一個民間文化的形象，當我們欣賞、親近這一獨特的民間文化形象時，不能忘卻魯迅在這一形象之中所投入的複雜的思想意蘊。首先是魯迅與眾不同的審美觀。那就是對陰鬱之美的愛好，這種審美趣味，在中國現代審美文化史上絕對是一種「異數」，他《朝花夕拾》中的《死》、《女吊》和《野草》中的《墓碣文》、《死後》諸文以及對漢畫像磚拓片的鑒賞，都是這種別具一格而又迥異流俗的審美觀的確證。其次，在這種審美觀背後，深藏著魯迅對死亡與生命的雙重性理解：生命之重總是與死亡之輕相生相伴。正如《野草·題辭》所說的那樣：「過去的生命已經死亡。我對於這死亡有大歡喜，因為我藉此知道它曾經存活。死亡的生命已經朽腐。我對於這朽腐有大歡喜，因為我藉此知道它還非空虛。」〔註83〕再次，這種獨特的審美觀是魯迅用於反抗現實的秘密武器之一，海內外學者夏濟安〔註84〕、李歐梵〔註85〕和丸尾常喜〔註86〕、陳丹青〔註87〕對這一問題均有精彩的論述，此處就不再展開。

盧那察爾斯基曾在「純粹藝術家」和「純粹思想家」之間做過一個極富

〔註83〕 魯迅：《魯迅全集》第2卷，人民文學出版社2005年版，第163頁。
〔註84〕 參閱夏濟安：《魯迅作品的黑暗面》，見《國外魯迅研究論集》，樂黛雲編，北京大學出版社版，1981年。
〔註85〕 參閱李歐梵：《鐵屋中的吶喊》，河北教育出版社2000年版。
〔註86〕 參閱丸尾常喜：《「人」與「鬼」的糾葛──魯迅小說論析》，人民文學出版社2006版。
〔註87〕 陳丹青：《笑談大先生》，廣西師範大學出版社2011年版。

創見的比較，他說：「所謂的『純粹藝術家』，看起來彷彿是憑著感情衝動而進行的創作，事實上這不過說明：在這種藝術家身上，具體形象的思維，是起著支配作用的。普列漢諾夫正確地認為，藝術工作不能排除概念的思維。然而，我們也可以假定有這麼一個人，在他邏輯概念領域內完成的過程超過了情感形象思維。在頭一種情況下，可能為藝術家兼思想家；後一種，則是思想家兼藝術家。然而如果我們發現有這麼個人，他的思維幾乎完全缺乏形象性（這正如完全欠缺使用概念的思維一樣，是很少可能有的情況），那麼我們就可以認為，這就是近乎『純粹思想家』的類型。」〔註88〕魯迅究竟屬於哪一種類型呢？我想，關於《朝花夕拾》的知性闡釋，或許能給你提供一條思考的線索。

結語　「變動中的秩序」

小時候，生活在鄉下，晚上只能就著一盞小小的煤油燈，讀書寫字。當大人們不在身邊的時候，我就趁機走神。其中有一個情節至今記憶猶新。那時，我常常會出神地盯住煤油燈，緊緊地看著，那根細細的彎曲的燈芯線的頂端，燃著一團小小的火焰，火舌總在不停地向上闖騰而又微微地搖擺著。在火焰的中央有一粒深藍的火心，靜靜燃燒著，似乎凝固了，又似乎有一點虛空──那時，我不知該怎樣形容這番景象。直到有一天，我讀到卡爾維諾在《新千年文學備忘錄》中的一個說法──火焰的原則即「變動中的秩序」時，才似乎有所領悟。這一種動中有靜的內在結構，這種外部表現為有形、變動、實在，而內核穩定、凝結卻又虛空的形態，不正是散文的美學原則嗎？

優秀的散文，總像是一團燃燒的火焰。作家所歷、所聞、所見、所閱，構成了作家無限豐富多彩的經驗和知識，這些經驗和知識在作家的內心世界不斷地累積、碰撞、擠壓、沉澱、醞釀，急切地等待某個契機的出現，正如那源源不斷地輸向燈芯的煤油；契機終於來了，那可能是一句話，一個細節，一個擦肩而過的臉龐，一種莫名其妙的情緒，一次不期然的相遇，一次輕微的心傷，這時，創作的衝動就像一點火星落入油盞之中，於是，經驗和知識就在瞬間被點燃了，內心情感像火舌一般升騰，發出「喋喋」的聲音，舐破

〔註88〕盧那察爾斯基：《海涅──思想家》，見《外國理論家作家論形象思維》，中國
　　　　社會科學出版社 1979 年版。

四周的黑暗。這猶如散文之中汩汩流淌的自我情感——或悲傷，或憤激，或歡欣，或渴望。然而，有經驗的人都知道，觀察、判斷這團火焰能燃燒多久，它的火力猛不猛，關鍵還在於其火心是否深藍，是否穩定。對於散文的最高要求也是如此，即作家能否在對「所感」的抒發之後，再深化一步：有所思，有所沉思，有所深思，有所哲思，如果能達到這一深度，那麼，這團火焰就將永遠燃燒在讀者的心中，並照亮整個世界。於是，這樣的散文也就可能成爲文學性經典。這就是《朝花夕拾》文本從回憶到文學經典的創造之路。

（本文合作者：賴建玲）

附錄三　重讀《魏晉風度及文章與藥及酒之關係》

1927 年 9 月間，魯迅在廣州夏期學術演講會上所做的演講《魏晉風度及文章與藥及酒之關係》，是一篇重要的理論文獻。它在探討魯迅的思想發展尤其是魯迅與傳統文化關係等方面有著獨特的學術意義。

關於《魏晉風度及文章與藥及酒之關係》的研究，學術界已經形成三個相對明確的解讀方向。（一）人們由此探討魯迅思想、創作與魏晉文學的歷史關係。（二）由於這篇演講發表在 1927 年 9 月間的廣州這一特殊的歷史時空，加上魯迅在後來致陳睿的書信（1928 年 12 月 30 日）中也說過：「在廣州之談魏晉事，蓋實有慨而言。」這就促使後來的研究者不斷地追索文本字裏行間的「微言大義」。這兩個解讀方向各自都有一批重要的學術成果面世。此外，還存在第三個解讀方向，那就是把這篇演講與《中國小說史略》、《漢文學史綱要》等學術論著聯繫起來加以考察，從中探討魯迅的文學史研究方法。在這方面，以王瑤先生的論述最為獨到，他在《中古文學史論·重版題記》中說道：

> 作為中國文學史研究工作的方法論來看，他（魯迅）的《中國小說史略》、《漢文學史綱要》、《中國新文學大系小說二集導言》等著作以及關於計劃寫的中國文學史的章節擬目等，都具有堪稱典範的意義，因為它比較完滿地體現了文學史既是文藝科學又是歷史科學的性質和特點。……他能從豐富複雜的文學史中找出普遍性的、可以反映時代特徵和本質意義的典型現象，然後從這些現象的具體

分析和闡述中來體現文學的發展規律，這是對文學史研究工作者具
有方法論性質的啓發意義的。〔註1〕

王瑤先生在該書中承認自己研究中古文學史的思想和方法，是深受魯迅《魏
晉風度及文章與藥及酒之關係》一文的影響，他曾把魯迅的這一文學史方法
論概括爲「典型現象法」〔註2〕，即從紛繁複雜的文學史進程中選擇可以反映
文學史的歷史特徵的文學現象，然後在具體的歷史展開過程中，充分把這些
現象同時代背景和社會思潮相聯繫，同文人的生活和作品聯繫起來。〔註3〕比
如，魯迅把他擬寫的六朝文學的一章定名爲「酒、藥、女、佛」，這四個字指
的都是文學現象，關於「酒」與「藥」，魯迅在《魏晉風度及文章與藥及酒之
關係》一文中已有精彩的論述。「女」與「佛」主要是用於描述彌漫於齊梁的
宮體詩和崇尚佛教以及佛教翻譯文學的流行。〔註4〕

我認爲，王瑤先生上述的闡發是迄今爲止學術界對《魏晉風度及文章與
藥及酒之關係》一文的文學史研究方法論最精闢的概括。但是，這些結論是
否已經窮盡了這一演講所內含的全部方法論精髓呢？我認爲，還遠遠不夠。
在文中還有兩個十分獨特的文學史研究方法論並未得到充分的探討：即關鍵
詞研究法與心理分析法。

所謂的心理分析法，若用魯迅在文中的話來說，就是要「明於知人心」。
他在文中先引述《莊子‧田子方》中的一段話「中國之君子，明於禮義而陋
於知人心」，然後做出自己的判斷：「這是確的，大凡明於禮義，就一定要陋
於知人心的，所以古代有許多人受了很大的冤枉。」正是這一獨特的方法論
所介入的分析視角，使得魯迅對魏晉時期人物的精神和思想有著深刻的洞
見。他以銳利無比的眼光看出隱藏在嵇康、阮籍等人內心深處的隱痛，看出
他們表面上是禮教的破壞者，但內心「實在相信禮教到固執之極的」，魯迅這
一對嵇康、阮籍等人精神結構和人格結構的悖論的發現，不僅對探討魏晉文
學精神，而且對分析魏晉的自然論玄學都有著重要的學術啓發。〔註5〕黑格爾
曾說，什麼是智慧？智慧就是在別人認爲矛盾已經鈍化的地方能看出矛盾仍

〔註1〕王瑤：《中古文學史論‧重版題記》，北京大學出版社1998年版。

〔註2〕王瑤：《關於現代文學研究工作的隨想》，見《王瑤文集》第5卷，北嶽文藝
出版社1995年版。

〔註3〕王瑤：《中古文學史論‧重版題記》，北京大學出版社1998年版。

〔註4〕王瑤：《中古文學史論‧重版題記》，北京大學出版社1998年版。

〔註5〕進一步研究可參閱余敦康：《魏晉玄學史》，北京大學出版社2004年版。

然尖銳地存在著。我認為，正是心理分析方法給予魯迅獨特的智慧方式，使他對歷史以及歷史上人物有著與別人不同的洞察力。比如，他在文中對陶淵明的評價就別出心裁，他說：「陶潛之在晉末，是和孔融於漢末與嵇康於魏末略同，又是將近易代的時候。但他沒有什麼慷慨激昂的表示，於是便博得『田園詩人』的名稱。但《陶集》裏有《述酒》一篇，是說當時政治的。這樣看來，可見他於世事也並沒有遺忘和冷淡……由此可知陶潛總不能超於塵世，而且，於朝政還是留心，也不能忘掉『死』，這是他詩文中時時提起的。用別一種看法研究起來，恐怕也會成一個和舊說不同的人物罷。」我認為，正是這種「明於知人心」的深刻的介入與分析視角，才可能使魯迅的文學史研究能不斷得出與舊說迥異的獨到新見。

　　由於篇幅的原因，在這裏，我著重談一談所謂的關鍵詞研究方法。魯迅在談到漢末魏初的文學時，用了四個關鍵詞：清峻、通脫、華麗、壯大。當然，這四個關鍵詞並非魯迅首創，它來自劉師培的《中國中古文學史講義》，在書中劉師培以按語的方式對魏晉文學的「清峻」、「通脫」、「壯麗」等風格做了頗為精當的藝術分析，這是魯迅進一步闡釋的基礎。但是，我認為，魯迅對這四個關鍵詞的闡釋並非僅僅像他自己在這個演講中所說的那樣：「我的講，倘若劉先生的書裏所詳的，我就略一點；反之，劉先生所略的，我就詳一點。」更重要的是，他把這四個關鍵詞放在漢末魏初的歷史情境之中，充分考察當時社會、政治和思想文化對這四個關鍵詞內涵的形成所具有的深刻影響。

　　以「清峻」為例，為什麼會形成這種風格呢？要回答這一問題，必須綜合多方面的歷史因素。漢末魏初是中國歷史上一個十分動亂的年代，崇尚刑名之學、推行名法之治，是統治階層的一個必然選擇，所以曹操在《以高柔為理曹椽令》中說：「夫治定之化，以禮為首；撥亂之政，以刑為先。」史籍多稱：「魏武好法術，而天下貴刑名。」魯迅把漢末魏初文學的「清峻」特徵的形成就是放在這樣的歷史語境中加以闡釋，他說：「董卓之後，曹操專權。在他的統治之下，第一個特色便是尚刑名。他的立法是很嚴的，因為當大亂之後，大家都想做皇帝，大家都想叛亂，故曹操不能不如此……因此之故，影響到文章方面，成了清峻的風格——就是文章要簡約嚴明的意思。」與劉師培的闡釋不同，在這裏，關於「清峻」的解讀，已不是單純的審美判斷，而是滲透了諸多複雜的社會政治和思想文化因素。不僅關於「清峻」的闡釋是如此，在《魏晉風度及文章與藥及酒之關係》中，魯迅對其它三個關鍵詞

的闡釋都是如此，這種對歷史語境關聯性的敏感是魯迅運用「關鍵詞」研究方法的最大特徵。

當然，從方法論的發展史來看，魯迅雖然運用了關鍵詞的研究方法，但這還不是一種方法論的自覺。作為人文科學研究的方法論之一，「關鍵詞」的研究方法直到近年來才受到學術界的關注。在時間上，它最初是發生於二十世紀七十年代英國「文化研究」學派中，「文化研究」的代表人物雷蒙·威廉斯在 1976 年出版了《關鍵詞》一書，該書考察了一百三十一個彼此相關的「關鍵詞」，在考察中，威廉斯發現每一個詞都可能存在意義轉變的歷史、複雜性與不同用法，及創新、過時、限定、延伸、重複、轉移等過程；而且，詞義本身及其引申的意涵會隨時代而有相當的不同與變化。〔註 6〕威廉斯說：「我稱這些詞為關鍵詞，有兩種相關的意涵：一方面，在某些情境及詮釋裏，它們是重要且相關的詞。另一方面，在某些思想領域，它們是意義深長且具指示性的詞。他們的某些用法與瞭解『文化』、『社會』（兩個最普遍的詞彙）的方法息息相關。」〔註 7〕

威廉斯在討論關鍵詞時，常常偏重於歷史考察。比較而言，在《魏晉風度及文章與藥及酒之關係》一文中，魯迅並非在考察他所運用「清峻、通脫、華麗、壯大」等關鍵詞的詞義流變，但他的研究思路與研究方法與威廉斯在《關鍵詞》一文中所運用的方法有著內在的相似性，即他們都十分重視將關鍵詞的內涵與歷史語境串聯在一起，重視建構關鍵詞與各知識領域間的相互關係性。〔註 8〕比如，對「通脫」的理解，魯迅在文中說道：漢末魏初文學崇尚通脫的原因，「自然也與當時的風氣有莫大的關係。因為在黨錮之禍以前，凡黨中人都自命清流，不過講『清』講得太過分，便成了固執」。「所以深知此弊的曹操要起來反對這種習氣，力倡通脫。」「更因思想通脫之後，廢除固執，遂能充分容納異端和外來的思想，故孔教以外的思想源源引入。」這可以說就是一篇簡明扼要的漢末魏初思想流變史。以「通脫」為關鍵詞，魯迅精闢地分析了為什麼漢末魏初的社會文化思想會發生「出儒入玄」的變化，這種變化又如何內在地影響了文學思想和風格的新變。這就構成了以關鍵詞「通脫」為中心環節的相互關聯、相互質證的闡釋循環。

〔註 6〕威廉斯：《關鍵詞》，劉建基譯，三聯書店 2005 年版，第 7～9 頁。
〔註 7〕威廉斯：《關鍵詞》，劉建基譯，三聯書店 2005 年版，第 7～9 頁。
〔註 8〕劉建基：《譯者導讀》，《關鍵詞》，三聯書店 2005 年版，第 5～6 頁。

　　我曾經說過：研究中的關鍵詞就像夜空中的星星，正是這星光點點使黑暗的夜空變得絢麗多彩，變得深邃幽渺。一個關鍵詞的準確選擇，常常會使你在百思不解之中豁然開朗。當然，在理論的推進過程中，關鍵詞的外延和內涵會在一定限度內發生變異，這是思維的必然。我想，這種變異性也許就是爲什麼魯迅的《魏晉風度及文章與藥及酒之關係》比起劉師培的《中國中古文學史講義》，會給後人更多的文學史研究方法論啓示的原因之所在。

附錄四　重讀《阿長與〈山海經〉》

　　閱讀魯迅的心境，是一種情感與理智、體驗與反省、眩暈與洞察、陰鬱與靈光相互交錯的心理過程，它又會因閱讀關懷、閱讀時間、閱讀場域的不同而變化。如果從研究的意義角度對魯迅創作的重要性作一個排序的話，我首先會選擇雜文，其次小說，再次《野草》，最後才是《朝花夕拾》；然而，如果要我從個人的閱讀興趣出發，按照對魯迅創作的喜愛度做一個排序的話，我會毫不猶豫地首選《朝花夕拾》。這部僅有十篇散文的單薄的集子，我不知讀過多少遍，每一次都不禁感慨：一個世紀之前發生在浙東小城中的許多如細屑般微不足道的小事，卻因為這部散文集而穿越歲月的磨洗，依然熠熠發光；許許多多曾生活在這裏的卑微而不幸的人們，卻因為這部散文集而擺脫時光流逝的定律，依然行走在那小城幽深的小巷間，那落寞的跫音，那孤單的身影，那憂傷惶惑的眼神，在今天讀者的心中依然真切；同時，作家主體的精神世界在成長的歷程中所遭遇到的屈辱、憤怒、溫暖、喜悅和悲苦，也因為這部散文集而超越個體體驗的孤立和單向性，彙入讀者的閱讀體驗之中，並始終讓人怦然心動。

　　在《朝花夕拾》中，我最喜歡的篇章之一就有《阿長與〈山海經〉》，關於這個文本的閱讀，我擁有渴望與大家分享的理由。毫無疑問，讀者會欣賞文本中張弛有度、伸縮自如的結構方式，也會欣賞文本中跌宕起伏、抑揚迴旋的抒情節奏，還可能欣賞文本在「過去」與「現在」這兩個敘事視角之間所進行的看似漫不經心卻機智靈巧的交替切換。然而，我更欣賞文本中獨特的「破體」之創造。我認為，這篇散文成功的首要之處，就在於魯迅充分運用了其得心應手的小說筆法。眾所周知，在文體功能的區分上，塑造人物形

象是小說文體的重要功能，因此，古往今來的小說史上留下了無數個性鮮明的人物形象。但是，在古往今來的散文史上，儘管敘事寫人的散文作品汗牛充棟，但能塑造出人物形象，並讓讀者讀後恍若就在眼前的散文作品，則寥若晨星。《史記》、《漢書》當為翹楚，而《朝花夕拾》則屬於這一傑出的散文傳統在現代語境中所綻放的一朵奇葩。鬼而人，理而情，可怖而可愛的無常；激憤而無奈，正直而落拓，潦倒而堅執的范愛農；外表不修邊幅，但內心嚴謹熱忱的藤野先生；在命運多舛之中走完落魄而無奈的一生的父親；方正而迂執的書塾先生……這些都是富有說服力的範例。

此處且讓我們說說阿長吧。這個鄉下女人喜歡在旁人面前「切切察察」，「讓我總疑心家裏的一些小風波和這『切切察察』有些關係」；喜歡睡覺時滿床擺著一個「大」字，甚至一條臂膊還擱在「我」的頸子上，讓幼時的「我」「實在是無法可想」；喜歡在一些煩瑣的禮節上小題大做，讓「我至今還覺得非常麻煩」……這或許是低下的社會地位所造就的性格弱點，或許是封閉的底層文化經驗所造就的心智弱點，儘管魯迅在不動聲色的反諷語調之中，仍然保留著對阿長溫和而幽默的描寫，但這些細節已把阿長推到讓讀者即使不是厭惡，至少也是不喜歡的那一邊。從審美結構上看，此時文本的情感發展已推進到臨界的狀態：向前奔突就會墜入憎惡之情的深淵；筆致宕開，則別開生面。

果不其然，作者接下來的筆觸很快就有力地撕開籠罩在我們對阿長感情之上的陰霾，在人性的幽暗之間正漸漸透出亮光。我無數次為文本中緊接而來的一個場景而感動：元旦的清晨，當「我」在半夢半醒之間醒來時，「我」驚異地看到長媽媽惶急地看著「我」，她又有所要求似的搖著「我」的肩，這時「我」才忽而記得，「我」應該對她說：「阿媽，恭喜……」於是她十分歡喜似的，笑將起來，同時將一點冰冷的東西，塞在「我」的嘴裏。每次讀到這裏，我的內心總有一種莫名的緊張感。從審美接受的角度來看，這種「緊張感」的產生是因為這場景中間設置了「我」和「阿長」情感的錯位，這種錯位就構成文本情景的戲劇性和審美張力。當然，在這裏我更想表達的不是這種清晰的理性闡述，而是另一種情緒：在這個場景之中，我看到了一個日復一日地過著平凡而卑微生活的女人對幸福的短暫而熱烈的期盼；我聽到了一種儘管微弱但又堅執的對命運不公的抗議；在阿長元旦清晨惶急的表情之中寫滿生命的疲憊與歲月的滄桑，也寫滿了無望但不放棄的喜悅。是的，阿

長的期盼之中有一種可笑的迷信，但無可非議的是，這種期盼本身卻是正直的，熱情的；是的，雖然阿長僅僅是個粗俗的鄉下保姆，這是令人沮喪而無助的現實，但誰又能夠剝奪她對幸福的期待？元旦清晨的一聲祝福，或許將照亮她一年的悲歡離合，將照亮她無數次悲哀絕望的哭泣，將照亮她眼中無盡漆黑的人生之路。

《阿長與〈山海經〉》中對小說筆法的另一個大膽借鑒就是，隨著敘事的推進，產生了審美結構不斷疊加的藝術效應，即文本的審美體驗高峰處，不僅是作者情感的大突轉處，也是對人物性格的再發現處，正是這「三江」匯流，把文本推向審美創造的極致：當「我」對《山海經》念念不忘但又束手無策之時，也就是阿長告假回家以後的四五天，她穿著新的藍布衫回來了，一見面，就將一包書遞給「我」，高興地說道：「哥兒，有畫兒的『三哼經』，我給你買來了！」「這使我彷彿遇著了一個霹靂，全體都震悚起來」，「又使我發生新的敬意了，別人不肯做，或不能做的事，她卻能夠做成功，她確有偉大的神力」。魯迅以有力的筆觸，寫出這個卑微的鄉下底層女性的人性的另一面：如土地般厚實的愛心，愚直之中的堅韌與執著，無視等級隔膜的樸拙的熱情。這時阿長「站立」起來了，作為一個鮮活的人物形象，也作為一個大寫的「人」。

《阿長與〈山海經〉》寫於 1926 年，此時的魯迅已走過生命的四十五個春秋，閱過無數的創傷與溫暖、愛與恨。因為，任何形象在產生過程中必然飽含著複雜而具體的體驗和想像。所以，長久以來，我堅持認為在阿長這個形象的背後凝聚著魯迅對其生命歷程中眾多女性的情感體驗和審美想像：有對母親的深情，有對許廣平的愛情，有對諸如祥林嫂、單四嫂子、華小栓母親、夏瑜母親等無數底層女性的同情，也有對諸如阿金式的中國女性的人性缺陷的憎惡之情。因此，她是如此的真實，又是如此的虛構，可以說，阿長已成為魯迅生命中對女性情感體驗與審美想像的「原型」，在這裏隱藏著一個可以不斷闡釋的心理與藝術的秘密。

在《阿長與〈山海經〉》的開頭，作者有意寫了兩個細節。一是在「我」的家庭中，不同地位的人對阿長的稱呼是不同的，祖母叫她「阿長」，「我」的母親稱呼她「長媽媽」，「我」平時叫她「阿媽」。二是阿長並不是這位黃胖而矮的姑娘的本名，這個名字只是先前的先前「我」家另一位女工的稱呼。作者為什麼要在有限的篇幅裏專門寫到這兩個細節呢？在近八十年的《阿長

與〈山海經〉》閱讀史上，似乎沒有人關注過這個問題。而我認為，魯迅對這兩個細節的選擇富有深意。因為在等級結構森嚴的傳統大家庭中，稱謂是一種特權的表徵，是一種體現支配與被支配結構關係的話語形式。在這樣的家庭結構中，一位底層女性永遠只能處於在不同的主人面前被賦予不同稱謂的命運之中。從更深層的文化結構來看，追問阿長名字的來歷，是在呈現中國傳統底層女性一部無聲的身份文化史。她對於許多人來說，僅僅是個無關緊要的符號，是一群來了又去的被損害者的替身之一，她無法取得自身獨立的主體性，就連姓名也都是被賦予的。文本中的這段敘述，儘管沒有直接展現阿長的人生掙扎，但魯迅對這位底層女性命運之同情，則在字裏行間汩汩流淌。這個不幸的女工在現實中只是一個記憶或稱謂，飄忽在一群沒有身份的歷史，沒有身份的認同，更沒有身份的主體性的芸芸眾生之中。但是，長媽媽，這個卑微而不幸的鄉下女性，因那粗糙的木刻《山海經》而活在魯迅的心中；又因魯迅而活在無數讀者心中；又將因閱讀的傳遞，而永遠活在不斷延展的時光之中⋯⋯

　　誰又能說她是不幸的呢？

（本文合作者：賴建玲）

附錄五　知識之美
——論周作人散文中知識的審美建構

緒　論

周作人研究是一個極具挑戰性的課題。近一個世紀以來，關於周作人，可謂是眾說紛紜。撇開在特定的歷史時期，由於政治性因素的干擾所造成極端片面化和簡單化的誤區不論，在某種意義上說，學術界已有的關於周作人研究的任何一種說法，都是對周作人複雜性的一個側面的接近，都是對周作人散文「貌似閒適」的風格背後的「苦味」、「苦悶」之心境的一種解讀。在我看來，無論是接近的努力還是解讀的嘗試，既與研究者對中國現代知識分子思想道路與歷史命運的回望與反思相聯結，又與研究者對自身處境的當下關懷相聯結。因此，周作人研究的開放與封閉，活躍與沉寂，必然會隱隱約約地透露出具體時代的思想文化和歷史語境轉變的信息。

當下的學術語境是一個「話語飽和」、「範式多元」的時代，人文科學領域的任何一個課題研究都面臨著訊息過剩但又創新乏力的尷尬處境。因此，今天選擇這樣一個課題來研究，它的難度就顯得尤其突出。（一）周作人研究不是今天才開始，它已走過近一個世紀的學術歷程，在時間長度上可以說與魯迅研究一樣漫長。在其曲折發展的學術史上，儘管不像魯迅研究那樣名家輩出，名作紛呈，但畢竟已有許多重要的著作論文問世。儘管如此，但我認為，真正具有學術史意義的周作人研究，應該是以新時期為開端。它的標誌

就是學術界開始科學地而不是標簽式地運用歷史唯物主義和辯證唯物主義的理論與方法來看待、分析、評價周作人思想道路、藝術成就及歷史功過。就學術成果而言，應以舒蕪的《周作人是非功過》和錢理群的《周作人論》爲這方面的代表性著作。前者以唯理與審美的筆致具體而辯證地分析了周作人思想與藝術上的獨特性、複雜性及歷史命運。後者以魯迅爲參照視野，在比較之中深入分析周作人的思想與人生歷程，盡可能具體地展示出周作人的豐富性、複雜性。儘管這兩部著作的出版均在十五年之前，但仍然是我們今天研究周作人不可或缺的參考文獻。（二）周作人自身在思想、藝術、個性、經歷等方面的複雜性、豐富性和特殊性，也爲歷來的研究設定了特有的難度：怎樣的周作人才是「眞實」的周作人？或者說眞實的周作人又是怎樣的？這是頗難回答卻又耐人尋味的問題。回顧學術史，可以看出，在不同的歷史階段，都不乏有人嘗試著去理解、去把握這一問題的「眞實內核」，這其中既有周作人的朋友、同事、學生，也有眾多基於不同立場的研究者，但是，這些努力的結果常常是令人遺憾的。在他們的筆下，周作人的形象往往顯得既清晰又模糊，既複雜又簡單，既明確又動搖，這就更增加了對周作人認識的難度。在我所讀過的相關文獻中，有兩個人的敘述讓我記憶猶新：一是胡蘭成，二是溫源寧。學者胡蘭成曾對周作人與魯迅做過一個十分形象的對照，他說：「周作人是骨子裏喜愛希臘風的莊嚴，海水一般清朗的一面的，因爲迴避莊嚴的另一面，風暴的力，風暴的憤怒與悲哀，所以接近了道家的嚴冷，而又爲這嚴冷所驚，走到了儒家精神的嚴肅……我以爲，周作人與魯迅乃是一個人的兩面，魯迅也是喜愛希臘風的明快的。因爲希臘風的明快是文藝復興時代的生活氣氛，也是五四時代的氣氛，也是俄國十月革命的生活氣氛。不過在時代的轉變期，這種明快，不是表現於海水一般的平靜，而是表現於風暴的力，風暴的憤怒與悲哀。」〔註1〕胡蘭成認爲「周作人與魯迅乃是一個人的兩面」，初讀起來，你可能會疑惑不解，但仔細體會，似乎又含義深遠。這個說法讓我想起卡爾維諾的短篇小說《分成兩半的子爵》，小說講述的是這樣一個故事：一個人在戰爭中被彈片劈成兩半，但這兩半都奇蹟般活著，他們生活在同一個鄉村，其中一半在村裏作惡多端，另一半則行善多多，這兩個半個身子的人相互仇視，最後在一次決鬥中，當他們把劍刺入彼此的身體時，

〔註1〕胡蘭成：《中國文學史話》，上海社會科學院出版社 2004 年版，第 167 頁。

奇蹟發生了：主人公「梅達爾多就這樣變歸為一個完整的人，既不好也不壞，善與惡具備，也就是從表面上看來與被劈成兩半之前並無區別」。卡爾維諾在這篇充滿寓言性的小說中，揭示了善與惡、愛與恨的共生性，也許正是這種共生性才是人性本質之所在，才是人性的完整性之所在。無獨有偶，當學者溫源寧提起周作人時，也是把他同風浪，同海洋聯繫在一起，也看到了其清朗的另一面。他說：「風浪！提到風浪，令人聯想到海洋：提起海洋，又令人聯想到艦艇。彷彿是命運的奇特諷刺，周先生這位散文作家，還確實曾經是一名海軍軍官學校的學員！但是，歸根到底，又並不非常奇特。還有什麼能比一艘鐵甲戰艦在海上乘風破浪更加優雅動人的呢？不錯，周先生正好就像一艘鐵甲戰艦，他有鐵的優雅！」〔註2〕如果我在這裏問一句：何謂「鐵的優雅」？可能最好的回答也只可意會，不可言傳。值得注意的是，胡蘭成和溫源寧這兩種形象性的說法有一種內在的一致性，即他們都敏銳地看到周作人思想、性格中同時存在著直面／迴避、清朗／風暴、優雅／剛毅的雙重特性，它們構成了周作人性格的兩面。我認為，只有同時看到這兩面性，才算是較為具體真實地接近周作人的豐富性。因此，在研究過程中，緊緊抓住研究對象思想性格的這種兩面性特徵並辯證地加以分析，是我們研究周作人不可缺少的理論分析方法。（三）周作人是個文化身份複雜多重的歷史人物，這就給後人留下了動搖而充滿歧義的文化想像和文化身份的認同感。但無論如何，周作人首先是一位有獨特風格的散文大家，他所有的思想表達和文化身份表徵都是借助個性化的散文風格和散文文體呈現出來。也就是說，散文創作對周作人而言，絕不是單純的情緒表達。在精神意義上說，它是周作人作為啟蒙思想家、文學家和學者的存在方式。他的散文創作及其文體，就深層的價值結構而言，是以審美的方式來表現和確立作家自身的思想立場、思維方式、情感結構和文化身份。因此，關於周作人散文的研究必然是一種集知識、思想、文化、審美等多維度多視野的整合性研究。

當我們對周作人研究的難度有了足夠的分析之後，接下來的問題不是裹足不前，而是整裝待發。我們首先要確定三個問題：（一）我們的研究起點是什麼？我認為，對周作人散文文本的解讀與分析是這一切研究的出發點。（二）周作人散文文本在話語方式、審美建構、審美風格和文體生成等方面具有怎

────────

〔註2〕溫源寧：《不夠知己》，嶽麓書社2004年版，第176頁。

樣的特徵？（三）對於這些特徵的解讀與分析，又將與周作人思想個性的特殊性、複雜性等要素怎樣聯繫在一起？我認為，對這三個問題的展開，就構成論文內在的研究方向：即從文本出發，目標是要抵達一個隱藏在文本深層並內在於研究對象思想與人格的複雜內核。當然，這一過程不可能一蹴而就，研究者必須經歷一系列從知識到審美，從話語方式到意義生成的分析環節。

　　如何清晰而具體地建構這一分析過程，就像一位登山者必須對攀登路線了然於胸一樣，這是實現理論預設的關鍵。因此，這一建構過程也是本文研究路線的選擇與確定過程。我認為，周作人對魯迅小說散文的觀察方式，在這一方面具有啟示性。在魯迅去世不久，周作人撰寫了三篇題為《關於魯迅》的文章。已有的魯迅研究對這三篇文章似乎並不在意，但我認為，周作人在這三篇文章中所體現出來的觀察、理解魯迅的方式，具有方法論的意義。他說：「魯迅寫小說散文又有一特點，為別人所不能及者，即對於中國民族的深刻的觀察。大約現代文人中對中國民族抱著那樣一片黑暗的悲觀的難得有第二個人吧。豫才從小喜歡『雜覽』，讀野史最多，受影響亦最大，——譬如讀過《曲洧舊聞》裏的《因子巷》一則，誰會再忘記，會不與《一個小人物的懺悔》所記的事情同樣的留下很深的印象呢？在書本裏得來的知識上面，又加上親自從社會裏得來的經驗，結果便造成一種只有苦痛與黑暗的人生觀，讓他無條件（除藝術的感覺外）的發現出來，就是那些作品。……這是寄悲憤絕望於幽默。」〔註3〕我認為，這段話內含著周作人理解與分析魯迅小說散文的三個層次：（一）魯迅小說散文的思想來源：書本裏的知識與來自社會觀察的人生經驗。（二）魯迅小說散文的思想生成方式，即前述的來源內在地造成不滿、苦痛與黑暗的人生觀。（三）魯迅小說散文的思想表達方式，即寄悲憤絕望於幽默。（值得一提的是，李長之所著的《魯迅批評》〔1935 年出版〕一書，其內在的邏輯結構與周作人此處的分析過程有極大的相似之處。）我認為，這三個有機聯繫的層次所體現的內在結構，也是我們研究周作人散文的思維結構，即（一）周作人散文的思想之資源，（二）周作人散文的思想生成方式，（三）周作人散文的思想表達方式。

　　既然我們已經確定了研究方向和研究路線，那麼，如何邁開第一步就顯得成敗攸關。現在我們可以回到問題的開端上來，當然，確定問題的開端，既可以是關於周作人散文的風格與文體，也可以是關於周作人散文的中外文化資

〔註 3〕周作人：《關於魯迅》，見《瓜豆集》，河北教育出版社 2002 年版。

源。我的選擇則是關於周作人散文的話語方式。那麼，周作人是如何認識與評價自己散文的話語方式呢？這其中是否內涵著對我們的研究具有啓發性的要素呢？且看下面的分析：周作人曾自我評價說：「我的頭腦是散文的，唯物的。」﹝註4﹞這句話看起來似乎並不經意，也沒有引起學者的足夠注意。但在我看來，卻是意味深遠的：什麼是「散文的」？從字面的簡單推理，也許可以把「散文的」理解成「非詩性的」或「非詩化的」。顯然，這還不能準確地揭示出其中的內涵。從句法邏輯關係上看，「散文的」是與「我的頭腦」聯繫在一起，由此，我認爲，此處所謂的「散文的」確指一種非情緒的，非感性的，非想像性的思想方法和思想表達方式。它的具體特徵應該是理智性的，求眞性的。在某種意義上說，只有這種理智性的思想方法和表達方式才能揭示、理解、把握世界的「唯物性」。同時，對於世界內在的「唯物性」來說，只有這種理智性的思想方法和表達方法才可能充分把握其唯物性的實質和精髓，這就在理論思維的過程中形成了表達內容和表達方式的統一性。我認爲，這種「統一性」正是周作人散文話語方式的眞實而獨特的形態特徵。然而，創作是一種複雜的感性／理性、情感／理智、知識／想像的審美過程，在這一過程中，審美內容與審美方式的統一性具有自己的表現形態、媒介、機制。那麼，具體落實到周作人散文，這種「表達方式的散文式」與「表達內容的唯物性」之間中介是什麼？或者說，這種散文式與唯物性的統一性在文本中表現出來的最重要的話語方式和話語特徵是什麼？我認爲，主要表現爲：在周作人散文中存在著大量對「知識」的引述與言說，這些引述與言說又常常被周作人歸約爲一個看似淺顯的概念「常識」。他曾說：「我不信世上有一部經典，可以千百年來當人類的教訓的，只有記載生物的生活現象的 Biologie（生物學）才可供我們參考，是人類行爲的標準。」﹝註5﹞後來，他又在《〈一簣軒筆記〉序》裏進一步闡釋道：「常識分開來說，不外人性與物理，前者可以說是健全的道德，後者是正確的智識，合起來就可以稱之爲智慧。」周作人常稱自己是一個愛智者，那麼，周作人是如何獲得這些「常識」（知識）？這些「常識」（知識）對周作人的思想生成具有怎樣意義？這些「常識」（知識）在周作人散文中又是如何存在的？這種存在方式又是如何體現出獨特的審美價值呢？因此，對周作人散文中「知識」的引述與言說之追蹤，是我們的研究能夠拾階而上的「基石」。

﹝註4﹞周作人：《〈桃園〉跋》，見《永日集》，河北教育出版社 2002 年版。
﹝註5﹞周作人：《祖先崇拜》，見《談虎集》，河北教育出版社 2002 年版。

一、知識之美

　　閱讀周作人散文，給我直接的審美感觸並不是常說的「浮躁凌厲」或「閒適平淡」，而是觸目皆是的廣徵博引。周作人在散文中所表現出來的氣象之開闊、見識之廣博、文獻之熟稔，令人欽佩不已。他在散文中多方徵引，似乎信手拈來但無不恰到好處。對此，曹聚仁在一篇題爲《苦茶》的文章中，曾引述朱自清的一段評論：「有其淵博的學識，就沒有他那通達的見地，而胸中通達的，又缺少學識，兩者難得如周先生那樣兼全。」可見朱、曹兩人對周作人散文創作的這一特點的推崇。這裏，我僅選擇兩個散文系列爲例來加以說明。

　　（一）「草木蟲魚」系列。這一系列散文名篇的創作在周作人創作歷程中具有特殊意義，它是周作人宣稱「文學無用論」之後嘗試的另一種文學選擇，正如他所言：「我在此刻還覺得有許多事不想說，或是不好說，只可挑選一下再說，現在便姑且擇定了草木蟲魚。」〔註6〕儘管如此，在「草木蟲魚」系列中，周作人還是十分隱晦地表達了自己「不想說」的苦境和「不好說」的窘境。

　　《金魚》是「草木蟲魚」系列的第一篇，或許是剛嘗試著創作這樣文體的散文，周作人在文中對知識的展示似乎還有些生澀與節制，文中僅引用英國作家密倫關於「金魚」的故事，更多的筆觸則是回憶與聯想。但是，到了《蝨子——草木蟲魚之二》，情況有了變化，文中僅直接引用的著作就有：羅素所著《結婚與道德》、洛威所著《我們是文明麼》、褚人獲所編《堅瓠集》、佛經《四分律》、小林一茶的詩。通過這些舊故新典和逸聞趣事，原本令人厭惡的蝨子，在周作人筆下卻顯得生趣盎然。作者借助人類文化史上關於「蝨子」的各式各樣的說法，展示了對生命的不同理解與感受。對於經歷了政治血腥之後的作者來說，這種對生命的尊重和生命的「威儀感」，確是一種心靈的慰藉。《兩株樹——草木蟲魚之三》，寫的是再平常不過的白楊與烏桕，但文本中的「白楊」與「烏桕」卻大有文章可作，僅作者引用的著作就有：《古詩十九首》、謝在杭的《五雜俎》、《本草綱目》、《南史·蕭惠開傳》、《唐書·契苾何力傳》、陸龜蒙的詩、《齊民要術》、《玄中記》、《群芳譜》、張繼的《寒山詩》、王端履的《重論文齋筆錄》、范寅的《越諺》、羅逸長的《青山記》、《蓬

〔註6〕周作人：《草木蟲魚·小引》，見《看雲集》，河北教育出版社2002年。

窗續錄》、汪曰楨的《湖雅》、寺島安良編的《和漢三才圖會》。這些文獻中既有關於白楊與烏桕的植物性特徵的說明，又有關於這兩種樹的人文想像。從文章的內在審美結構來看，作者似乎更看重後者，這篇散文的審美魅力也更多是源於關於兩株樹的情感與想像。事實上，作者在文中極少抽象地描寫「白楊」和「烏桕」，而是把關於「白楊」或「烏桕」的知識和具體的情境性時間、地點、人物聯繫在一起，借助「樹」的話題而展示自己的情感與思考。比如，文中在引用了《越諺》、《蓬窗續錄》、《青山記》中關於桕樹的描寫之後，作者說道：「這兩節很能寫出桕樹之美，它的特色彷彿可以說是中國畫的，不過此種景色自從我離了水鄉的故國已經有三十年不曾看見了。」細心的讀者，一定可以體會到文中隱約地透露出一種對鄉土的懷念和一種長期漂泊在外的悵然。從散文創作的技巧來看，周作人這種情緒的流露，似乎是一種在不經意之間勾起的情緒反應，讓人覺得潤物無聲但又濕痕宛在。正是這種不露痕跡地從知識引述到情感抒寫的巧妙過渡，才使得文中關於「樹」的知識，充滿了情感之思。

　　《莧菜梗──草木蟲魚之四》，當我看到這個題目時，心頭不免一緊，周作人究竟將如何妙手寫來，才能使這種民間低賤的食物讓讀者在閱讀過程中能慢慢地「口舌生津」。且看文中的技巧，一開篇作者先是創設了一種特殊的情緒氛圍：「近日從鄉人處分得醃莧菜梗來吃，對於莧菜彷彿有一種舊雨之感。」而後，就一路引述他者之言，文中引述的著作有：郭注《爾雅》、《南史‧王智深傳》、《南史‧蔡樽附傳》、《本草綱目》、《學圃餘疏》、《群芳譜》、《酉陽雜俎》、《邵氏聞見錄》、《草根談》、《醉古堂劍掃》、《娑羅館清言》。莧菜梗原是南方平民生活中再樸實不過的食物，但在周作人寫來卻是酸甜苦辣，五味俱全。借助所引用的文獻，作者寫出了莧菜不同的品類，關於莧菜食法的讓人好奇的傳說，莧菜梗的不同製法等。一株莧菜梗，在生活中是誰也不會多注目片刻的食物，如此寫來，則充滿了生活的情趣，飽含著特定的生活態度和生活意志。從這篇散文的內在情感的邏輯關係來看，作者先由從鄉人處分得莧菜梗而彷彿有一種舊雨之感，進而勾起了鄉俗鄉土之憶。在記憶中，作者突出了鄉人生活之堅忍，在文章的最後以之對照在亂世生活中青年之耽溺。這樣，莧菜梗就在散文內在情感結構的演進過程中不斷增加生活與人文的意味，從「食物」漸漸蛻變為情感符號、文化符號，這一過程就是這篇散文的審美建構過程。

　　《水裏的東西——草木蟲魚之五》中引述的著作有：芥川龍之介的小說、柳田國男的《山島民譚集》、岡田建文的《動物界靈異志》、《幽明錄》。在周作人全部散文創作中，這可以算得上是一篇奇文，他通過對古今中外有關「河鬼」或「河伯」的傳說與記錄的引述，把一種不可見的「東西」，寫得形象生動，趣味盎然。更關鍵的是，作者的態度本質上是唯物的，但這種「唯物」不是機械與冷酷的，而是充滿人情與人文性的關懷。他說：「是的，河水鬼大可不談，但是河水鬼的信仰以及有這信仰的人卻是值得注意的。我們平常只會夢想，所見的或是天堂，或是地獄，但總不大願意來望一望這凡俗的人世，看這上邊有些什麼人，是怎麼想。」這裏的慨歎一方面飽含著周作人內心的一種寂寞感：也許只有這些關於不可見的東西的想像，才可能驅除自己在動蕩人世間的苦痛。另一方面也飽含著周作人對現實人生的關懷。寂寞與關懷、忘卻與記憶、內心與現實、烏有之鄉與當下處境，在他關於「河伯」的述說中，不可思議地纏繞在一起。同時，也體現了作為一個理性主義者，周作人試圖通過對子虛烏有傳說的解讀，來理解信仰來源的思想基礎。

　　《關於蝙蝠——草木蟲魚之七》是草木蟲魚系列的結響之章。文中引述的著作有：《和漢三才圖會》、東京兒歌、北原白秋的《日本民謠》、雪如女士編的《北平歌謠集》、日本《俳句辭典》、CharlesDerennes 所著的《蝙蝠的生活》。儘管表面上看，作者似乎感興趣的是在於廣徵博引，但在藝術創造上，這篇散文仍有許多特異之處，值得我們細細推敲：首先在文體上，它是一篇書信，由於自己的學生沈啓無有感於「年來只在外面漂泊，家鄉的事事物物，表面上似乎來得疏闊，但精神上卻也分外地覺得親近。偶而看見夏夜的蝙蝠，因而想起小時候聽白髮老人說『奶奶經』以及自己頑皮的故事，真大有不勝其今昔之感了」。於是寫信給周作人說：「關於蝙蝠君的故事，我想先生知道的要多多許，寫出來也定然有趣。何妨也就來談談這位『夜行者』呢？」沈啓無信中的這一番話顯然勾起周作人許多情思，喚醒了他知識儲庫中許多關於「蝙蝠」的傳說與趣事。於是，他就以回信的方式寫了這篇散文。其次，這篇散文的妙處還在於，作者沒有用直接的筆觸來寫蝙蝠的生態，而是把更多的筆墨放在描寫蝙蝠活動的背景，通過背景傳達一種融和著蕭寂的微淡的哀愁之心情、敗殘之感和歷史憂愁之情調。第三，這篇散文在藝術技巧上還有一個不動聲色的細微體貼處，即作者大量引用關於「蝙蝠」的兒歌和童謠，不禁使人油然而生一種鄉土之思、一種時間之思：這隻蝙蝠始終飛翔在作者

暗淡寂寞的心靈天空，從今而後，每當黃昏到來之際，這只藝術世界中的蝙蝠總是帶來一種行將日暮的情調——或憂或愁、若明若暗的思緒，牽扯著無數讀者的夢境和夜思，這就是周作人散文能夠跨越時間鴻溝的審美魅力。

在創作了一系列關於草木蟲魚的散文之後，周作人還創作了《蚯蚓——續草木蟲魚之一》和《螢火——續草木蟲魚之二》，筆力更顯蒼老，心緒更多滄桑，智識更具透徹與練達。由於篇幅的原因，此處不再展開分析。我認為，草木蟲魚系列一方面充分展示了周作人關於生物界事物的知識，這些知識有時寄存於傳說、史書、地志民俗之中，有時寄存於文人的創作之中，無論是哪一種形態，周作人都能娓娓道來，給人以知識的啟迪。另一方面，這些生物界的事物在周作人的筆下都充滿情趣和生機，瀰漫著一種人文色彩。最為重要的是，草木蟲魚系列似乎還隱約地透露出周作人內在隱秘的創作動機，即在動盪的時代中，為自己的心靈和不安找到一種可以棲居的知識與審美的住處。因此，我們就不難理解這樣的一個審美現象：在草木蟲魚系列之中，作者常常在文章結尾處情不自禁地把所寫的事物與自己的故鄉、自己的兒時、自己的記憶聯繫在一起，由此而幽幽暗暗地傳達出一種淡泊、憂鬱但又似乎可以把握、可以體會的鄉土之思與生命之思。就散文藝術而言，如果沒有這種從「知識存在」到鄉土之思、生命之思的審美建構過程，那麼，這些「草木蟲魚」只能是一系列科普小品或「知識小品」。

（二）民間民俗系列。如果說草木蟲魚系列展示的是周作人散文中一股獨特的情感之思與對生命之感念。那麼，民間民俗系列透露的則是周作人十分敏銳的對人世間、對人心、對凡人信仰的悲憫與同情的人文之思。就知識的審美建構方式而言，這兩個系列散文的共同特徵就是借助大量的文獻徵引和豐富的知識表述來隱曲地傳達作者內在情感與思想。

關於民間民俗系列散文，我首先要分析的是《無生老母的消息》。就我的閱讀經驗來說，這是一篇百讀不厭的散文。事實上，周作人自己對此也比較得意，他在晚年寫給鮑耀明的信中曾明確說這篇散文是他「敝帚自珍」，「至今還是喜愛」的隨筆之一。在文中作者引述了劉青園的《常談》、黃壬谷的《破邪詳辯》三卷、小林一茶的隨筆集《俺的春天》、茂來女士的《西歐的巫教》、柳宗元的《柳州復大雲寺記》等。作者通過大量的文獻引述，揭示出中國民間信仰中盛行無生老母崇拜的內在心理秘密：「大概人類根本的信仰是母神崇拜，無論她是土神穀神，或是水神山神，以至轉為人間的母子神，古今來一

直爲民眾的信仰的對象。客觀地說，母性的神秘是永遠的，在主觀的一面，人們對於母親的愛總有一種追慕，雖然是非意識的也常以早離母懷爲遺恨，隱約有回去的願望隨時表現，這種心理分析的說法我想很有道理。不但有些宗教的根源都從此發生，就是文學哲學上的秘密宗教思想，以神一或美爲根，人從這裏分出來，卻又蘄求回去，也可以說即是歸鄉或云還元。」作者這種對荒誕無稽的民間信仰之同情與理解，透露的是一種深厚的人性之體貼與人文之關懷。五四是一個科學與理性的時代，同樣的，科學與理性是五四一代人最重要的思想與價值尺度。但是，有趣的是，在五四一代人中，常常充滿著對「非科學」、「非理性」的關注與關懷。比如，魯迅就曾在《破惡聲論》中大膽地宣稱：「夫人在兩間，若知識混沌，思慮簡陋，斯無論已；倘其不安物質之生活，則自必有形上之需求。……雖中國志士謂之迷，而吾則謂此乃向上之民，欲離是有限相對之現世，以趣無限絕對之至上者也。人心必有所馮依，非信無以立，宗教之作，不可已矣……僞士當去，迷信可存，今日之急也。」〔註7〕魯迅的這段話，實爲周作人之先聲。我認爲，這種悖論式的精神結構是值得我們深思：人性的複雜和內心之奧秘常常是清晰而明確的「科學」與「理性」尺度所揭示不了的，人們要揭示人性內在的「暗物質」，需要的是一種體驗、同情與理解。儘管這是一種悖論，但恰恰是這種獨特的精神結構，才構成五四一代人精神世界的寬廣與深邃，科學與人性、理性與人道、精英與民間等因素共生共融的複雜格局，也正是這種獨特的精神格局深刻地影響了這一代作家創作的人文情懷。

就周作人散文而言，這種的情懷在《鬼的生長》一文中就體現得相當飽滿。在這篇散文中儘管「鬼的生長」一事看似荒誕不經，但作者仍一本正經地大量引述古今中外關於鬼的生長的說法，僅引述的文獻就有：紀昀的《如是我聞》、邵伯溫的《聞見錄》、俞曲園的《茶香室三鈔》、錢鶴岑的《望杏樓志痛編補》等。在理性上，周作人並不相信有關鬼的生長的說法，但在內心深處，在人情的體貼上，在人性的理解上，他則希望有其事，正如他所言：「我不信鬼，而喜歡知道鬼的事情，此是一大矛盾也。雖然，我不信人死爲鬼，卻相信鬼後有人，我不懂什麼是二氣之良能，但鬼爲生人喜懼願望之投影則當不謬也。陶公千古曠達人，其《歸園田居》云：『人生似幻化，終當歸空無。』《神釋》云：『應盡便須盡，無復更多慮。』在《擬輓歌辭》中則云：『欲語

〔註7〕魯迅：《破惡聲論》，《魯迅全集》第 8 卷，人民文學出版社 1981 年版。

口無音，欲視眼無光，昔在高堂寢，今宿荒草鄉。』陶公於生死豈尚有迷戀，其如此說於文詞上固亦大有情致，但以生前的感覺推想死後況味，正亦人情之常，出於自然者也。常人更執著於生存，對於自己及所親之翳然而滅，不能信亦不願信其滅也，故種種設想，以爲必繼續存在，其存在之狀況則因人民地方以至各自的好惡而稍稍殊異，無所作爲而自然流露，我們聽人說鬼實即等於聽其談心矣。」說鬼談虛，是中國傳統士人的樂趣之一。蘇東坡式的姑妄言之、姑妄聽之的態度，是周作人比較欣賞的，這其中有超功利的意味。我想，如果在超功利的態度之中，能融進「聽人說鬼實即等於聽其談心」的關懷，那麼，流傳在中國民間的許多事物都可以成爲談論的對象，都可以獲得一種人文化的理解，這已不是一種簡單的民間立場，更重要的是一種人文的立場。正如周作人所言：「傳說上李夫人楊貴妃的故事，民俗上童男女死後被召爲天帝使的信仰，都是無聊之極思，卻也是眞的人情之美的表現：我們知道這是迷信，但我確信這樣虛幻的迷信裏也自有美與善的分子存在。這於死者的家人親友是怎樣好的一種慰藉，倘若他們相信。」科學之知識因爲有了這種情感的浸潤，將在無聲之中蛻去其堅硬的外殼，煥發其柔和的思想之光；理性之內核因爲有了這種人文之思，才顯得更加人道，更加人性；人生的幻滅之痛，生命的今昔存歿之感，靈魂有無的疑惑等等不幸，因爲有了這種人文之思，似乎可以獲得少許的慰藉和感懷。

　　必須指出的是，這種人文之思並沒有減弱周作人民間民俗系列散文的堅實而銳利的理性內核。唯理與求眞的維度仍然是周作人永不放棄的解剖之刀。比如，《關於雷公》一文，作者對有關「雷公」的民間傳說進行廣徵博引，僅直接引述的文獻就有：《寄龕全集》、俞蛟的《夢廠雜著》、汪鼎的《雨韭庵筆記》、汪的《松煙小錄》與《旅譚》、施山的《姜露庵筆記》、王應奎的《柳南隨筆》、王充的《論衡》、桓譚的《新論》、謝在杭的《五雜俎》、日本十四世紀的「狂言」裏的《雷公》和日本滑稽小說《東海道中膝栗毛》等。在這些古今中外不同的關於「雷公」的說法中，作者重點選取其中的「陰譴說」來加以批判，他追問道：「陰譴說——我們姑且以雷殛惡人當作代表，何以在筆記書中那麼猖獗，這是極重要也極有趣的問題，雖然不容易解決。中國文人當然是儒家，不知什麼時候幾乎全然沙門教（不是佛教）化了，方士思想的侵入原也早有……」從中國民間關於「雷公」的說法，可以看出傳統儒家文化在歷史流變過程中，其理性的內核是如何受到薩滿教與方士思想的侵

蝕，從而破壞了它的內在健全性。在《關於雷公》一文中，作者所運用的這種文化人類學式的考論，可以說是周作人民間民俗系列散文的文化批評的基本維度。在文章的結尾，作者還從中日兩國民間對「雷公」的不同說法中，比較出兩國國民不同的文化心理結構：「日本國民更多宗教情緒，而對於雷公多所狎侮，實在卻更有親近之感。中國人重實際的功利，宗教心很淡薄，本來也是一種特點，可是關於水火風雷都充滿那些恐怖，所有記載與說明又都那麼慘酷刻薄，正是一種病態心理，即可見精神之不健全。……日本庶幾有希臘的流風餘韻，中國文人則專務創造出野蠻的新的戰慄來，使人心愈益麻木痿縮，豈不哀哉。」這種對中外民間民俗所表現出來的深層國民文化心理結構差異性的關注，是周作人民間民俗系列散文的重要主題之一。關於這一主題的理性考量，甚至深刻地影響了周作人日本研究的轉向。比如，在《關於祭神迎會》一文中，作者引述柳田國男的《日本之祭》、張岱的《陶庵夢憶》、范寅的《越諺》等文獻，充分比較中日民間的祭神迎會的不同風俗，展示了一幅幅生動而具體的民間祭神迎會的風俗畫。但作者真正的比較目的卻在於通過這一幅幅的風俗畫，進而把握中日民間文化心理結構的差異之所在。他說：「日本國民富於宗教心，祭禮還是宗教儀式，而中國人是人間主義者，以為神亦是為人生而存在者，此二者之間正有不易渡越的壕塹。」在這裏，關於民間民俗的知識或記憶從具體的歷史形態深化為充滿理性判斷力和深邃感的歷史與文化智慧，在這種歷史與文化智慧的觀照之中，知識、文化或記憶成為一種有意味的存在。散文中大量關於民間民俗知識的引述，也在無形之中深化為一種文化批評或文明批評的話語方式，進而揭示出在它的深層所隱藏著民族的、文化的、歷史的深刻差異性，正是抓住差異性，並加以透徹的理性分析和文化人類學的考論，才使得周作人散文具有一種逼人的智性之鋒芒。

生命之感、人文之思與智性之鋒芒，構成了周作人散文中知識之美的三種面相。儘管在分析過程中，我們對這三種面相加以分別論述，但事實上，在周作人散文中這三種面相常常是融合在一起，正是這種交融共生的形態，構成周作人散文獨特的變幻的搖曳多姿的審美風格。

二、知識之源

讀書人常感慨人生有限，學海無涯。浩如煙海的古今中外典籍，以有限

的生命根本無法窮盡。人生歷程就如白駒過隙，轉瞬即逝。儘管生命是如此的短暫和渺小，但求知的好奇心與探索的意志一直在推動著人類閱讀、思考的步伐，這就是思想的力量，也是思想的偉大之處。

　　當我們欽佩周作人知識廣博的同時，也不免會追問：周作人散文中這些廣博的知識是如何獲得的？這就不得不提到一個概念：「雜學」，我認為，在周作人那裏，「雜學」不僅僅是一種閱讀方式或者說獲取知識的方式，更是一種具有價值意義的知識立場和文化建構的理念。周作人曾在一篇題為《我的雜學》的具有自傳性的文章中，對自己的「雜學」做了概括，共計十八類：（一）古文；（二）小說；（三）古典文學；（四）外國小說；（五）希臘神話；（六）神話學與安特路朗；（七）文化人類學；（八）生物學；（九）兒童學；（十）性心理學；（十一）藹理斯的思想；（十二）醫學史與妖術史；（十三）鄉土研究與民藝；（十四）江戶風物與浮世繪；（十五）川柳落語與滑稽本；（十六）俗曲與玩具；（十七）外國語；（十八）佛經。〔註8〕對一個常人而言，一生中若能鑽研這十八類中任何一個門類，都足以成就一門大的學問。令人驚訝的是，周作人在這十八類雜學中都有自己的心得、自己的發現。這些心得與發現都內在地構成了他多元化的知識結構中的一個要素，形成了周作人獨具特色的知識之源。對於今天的研究而言，只是簡單地排列這十八類知識形態是沒有意義的。在這裏，有些問題值得我們提出來加以分析：

　　（一）周作人式的知識分類是隨意的嗎？如此分類的內在根據是什麼？現代分類學的研究告訴我們：對知識的分類是現代學科知識的理性化、系統化的重要標誌。中國傳統學術關於知識分類及其系統，不僅有一套成熟的分類體系，而且有其內在的邏輯方式，即所謂的「四部之學」。它的確切含義，指的是由經、史、子、集四部為框架而建構的一套包括眾多知識門類、具有內在邏輯關係的知識系統，並以《四庫全書總目》之分類形式得以最後確定。到了晚清時期，「四部之學」的知識系統在西學東漸大潮衝擊下，不斷解體與分化。〔註9〕我認為，作為五四一代的歷史人物，周作人不僅置身在這一知識系統從傳統向近代轉型的歷史過程，而且體察到這一知識系統的分類方式轉型的現代性意義，並分享這種轉型過程所帶來的知識分類的嶄新的自由感。

〔註 8〕周作人：《我的雜學》，《苦口甘口》，河北教育出版社 2002 年版。
〔註 9〕關於「四部之學」，主要參考左玉河：《從四部之學到七科之學》，上海書店出版社 2004 年版，第 4 頁。

這是我們在分析五四一代歷史人物的知識結構形成時，不能不看到的特異之處。值得一提的是，關於五四知識分子的知識結構和知識背景，現已漸漸引起一些研究者的重視。

（二）這十八類的知識形態既有主流、正統的知識話語，但更多的是一種非主流、非正統的知識話語。我認爲，後者對建構周作人獨特的文化身份具有十分重要的意義。著名哲學家福柯在《知識考古學》一書中，令人信服地揭示了知識與權力之間的複雜而微妙之關係，當然，這裏所說的「知識」不局限於科學知識本身，它不是具體地指實證科學中的某一個分支，而是不同時代知識的構架（結構、形狀、組織、體制等），換句話說，不是表面的知識而是深度的知識，不是做什麼而是怎麼做，或做的規則。〔註10〕按照福柯的這一理論發現，任何一種知識話語的表述和分類方式都受制於特定時代的權力結構，在某種意義上說，表述方式越清晰，分類方式越嚴整，意味著該話語系統被監禁、規訓、強制的力度越嚴厲，也意味著對他者的排斥、指責、抑制的可能性越強大。〔註11〕因此，傳統的知識系統及其分類，事實上在其深層乃是體現爲一種潛在的權力結構，它規定了什麼是正統、主流的價值，什麼是知識者應遵循的表達規範。其目的只有一個，就是強制地向人們灌輸一種權力結構所認可的「正確」的說話方式。這樣的一套知識系統及分類就可能把大量其它的知識形態排除在外，其結果則限制了一個民族對知識新領域的冒險和對新知識的好奇心、創造力。〔註12〕因此，我認爲，周作人這一獨特分類方式看似隨意，但內在仍有其現代性的知識分類的意義。行文到此，有一個相關的問題就自然地浮現出來：在五四一代作家的觀念中，文體的界限是相當自由的。事實上，五四之後盛行的越來越清晰與明確的文體概念和文體分類方式，對創作的自由與想像力的解放都是一種束縛。對此，周作人是十分敏感的，以至於到了二十世紀四十年代，他還在提倡一種文體與思想都很駁雜的文體。

當然，周作人的這種「雜學」式知識結構的形成，不僅經歷了漫長的積

〔註10〕謝地坤主編：《西方哲學史》，第 7 卷（下），鳳凰出版社 2005 年版，第 1044 頁。

〔註11〕參見謝地坤主編：《西方哲學史》，第 7 卷（下），鳳凰出版社 2005 年版，第 1044～1045 頁。

〔註12〕參見謝地坤主編：《西方哲學史》，第 7 卷（下），鳳凰出版社 2005 年版，第 1044～1045 頁。

累過程，而且形成了相當個人化的經驗。關於這種知識結構的形成過程與內在經驗的形態學分析，對我們探討五四一代知識分子的思想生成方式及其複雜過程有十分典型的意義。周作人曾以其一貫自謙而又不無自信的口吻，多次談及這一經驗。比如，在《我學國文的經驗》中他說道：「我到十三歲的年底，讀完了《論語》、《孟子》、《詩經》、《易》及《書經》的一部分。『經』可以算讀得也不少了，雖然也不能算多，但是我總不會寫，也看不懂書，至於禮教的精義尤其茫然，乾脆一句話，以前所讀之經於我毫無益處，後來的能夠略寫文字及養成一種道德觀念，乃是全從別的方面來的。總結起來，我的國文的經驗便只是這一點，從這裏邊也找不出什麼學習的方法與過程，可以供別人的參考，除了這一個事實，便是我的國文都是從看小說來的，倘若看幾本普通的文言書，寫一點平易的文章，也可以說是有了運用國文的能力。現在輪到我教學生去理解國文，這可使我有點為難，因為我沒有被教過這是怎樣地理解的，怎麼能去教人。如非教不可，那麼我只好對他們說，請多看書。小說，曲，詩詞，文，各種；新的，古的，文言，白話，本國，外國，各種；還有一層，好的，壞的，各種；都不可以不看，不然便不能知道文學與人生的全體，不能磨煉出一種精純的趣味來。」〔註13〕在周作人這段話裏，有幾點需要分析：（一）周作人認為自己的國學經驗是得自於「經外」，這顯然是一種完全有別於傳統的知識生成方式，它呈現的是一個處於知識系統從傳統向近代轉型過程的中國知識分子的特殊的思想與知識之路。反過來說，正是這種特殊的知識之路才可能建構起這一代人的有別於傳統的現代性的思想與理論視野。（二）在傳統知識系統中被排斥在外的「知識類型」，如小說、雜書、俗曲等，在周作人的閱讀構成中卻成為主導形態。當然，周作人的知識之路是否真的像事後回憶那樣一路通暢呢？這是值得懷疑的問題。但有一點必須肯定，這樣的知識生成方式必然會萌生出不同於按部就班的思想方法和文化想像力。正如福柯所揭示的那樣：「不同文明時代種種話語霸權──這話語的詞序與事物或做事情的秩序是同構的。它們之間的聯結很簡單，只是通過話語。」〔註14〕也就是說，如果話語一旦發生變遷或斷裂，則就意味著文明史的斷裂，在這樣的語境中，人們突然不像從前那樣說話了，老輩人聽

〔註13〕周作人：《我學國文的經驗》，見《談虎集》，河北教育出版社 2002 年版。
〔註14〕轉引自謝地坤主編：《西方哲學史》，第 7 卷（下），鳳凰出版社 2005 年版，第 1048～1049 頁。

不懂小輩人說話了。〔註15〕那麼，人們又是如何真正地感受到這種斷裂及其深刻意義呢？研究者又是如何分析這種文明史的斷裂呢？在福柯看來：「問題的關鍵在於，說話人或作者是否具有建立新關係的能力——能否想到新的關係，這是一種新的啓蒙。辨別說話的能力，最簡單的辦法是觀察說出不同語言用法的能力，用不同時代、不同人、不同學科、不同性質的問題交互說話的能力，把具有不同相貌排列方法的語言系列重新組合的能力，使別人無法爲你說出來的話語歸類的能力。」〔註16〕如果我們把福柯的理論邏輯運用到對周作人知識生成方式的分析上，就可以看出，周作人得自經外與閱讀小說的知識生成方式，給予他豐富的、多樣性的、關係的、差異的、距離的彌漫性知識空間，他思想的創造力、想像力與解構力也就在這彌漫的自由的知識空間中充分迸發出來。我認爲，這種知識之路對反思當下的文學教育與人文教育不失爲一種有價值的資源。

　　周作人對自己的這種知識之路頗爲看重，在前前後後的許多文章中，他都有意識地談到類似的體會：「我的國文讀通差不多全靠了看小說，經書實在並沒有給了什麼幫助，所以我對於耽讀小說的事還是非感謝不可的。」〔註17〕「我學國文的經驗，在十八九年前曾經寫了一篇小文，約略說過……乾脆一句話，以前所讀之經於我毫無益處，後來的能夠略寫文字及養成一種道德觀念，乃是全從別的方面來的。關於道德思想將來再說，現在只說讀書，即是看了紙上的文字懂得所表現的意思，這種本領怎麼學來呢？簡單的說，這是從小說看來的。」〔註18〕小說真的具有像周作人所說的如此巨大的功能嗎？這是我們不得不提出的疑問。因爲在傳統的知識系統中，小說根本不是「學問」。換言之，關於小說的閱讀，對周作人的知識生成究竟具有一種怎樣的功能呢？這是我們要回答的問題。在傳統的閱讀構成中，小說歷來被視爲「閒書」，正統教育是不允許學童閱讀小說的。但有趣的是，對小說閱讀的興趣卻是無法遏制的，在某種意義上說，它深深地植根於人類的天性。正如周作人所經常引用的劉繼莊《廣陽雜記》中一段話所言：「余觀世之小人，未有不好

〔註15〕轉引自謝地坤主編：《西方哲學史》，第 7 卷（下），鳳凰出版社 2005 年版，第 1048～1049 頁。

〔註16〕轉引自謝地坤主編：《西方哲學史》，第 7 卷（下），鳳凰出版社 2005 年版，第 1048～1049 頁。

〔註17〕周作人：《小說的回憶》，《知堂乙酉文編》，河北教育出版社 2002 年版。

〔註18〕周作人：《我的雜學》，《苦口甘口》，河北教育出版社 2002 年版。

唱歌看戲者，此性天中之《詩》與《樂》也；未有不看小說，聽說書者，此性天中之《書》與《春秋》也；未有不信占卜祀鬼神者，此性天中之《易》與《禮》也。」只有這樣源於天性的知識形態，才可能生成像周作人所說的歷久彌新的情感吸引力。那麼，傳統小說的吸引力又源自何處呢？我認為，主要的原由在於：傳統小說在文化功能上，由於與底層經驗、民間經驗緊緊聯結在一起，使得這一文體承載著許多現實的、感性的生活材料和思想材料，這對一個正在成長中的思想與心靈來說，猶如汲取到充滿活力的生活之源；另一方面，傳統小說在思想價值上，又常常表現為一種樸實的道德感或價值關懷，由於這種道德感與價值關懷沒有經受官方的正統的知識權力的刪剪，它更多表現出獨有的多義性、歧義性，這為心靈與思想的自由抉擇提供一種難得的考驗機會。當然，最重要的是，傳統小說的想像方式與話語方式所傳達出來的「狂歡」化文化想像力和文化激情，帶給讀者的是一種解放的力量，一種成長的力量，一種無所畏懼的探索勇氣。

事實上，在周作人的閱讀史上，小說閱讀僅僅是閱讀之開場或者說只是閱讀構成的一小部分，除此之外，他還有許多的擇取。比如，他在《關於竹枝詞》一文中就明確說到：「不佞從小喜雜覽，所喜讀的品類本雜，而地志小書為其重要的一類，古蹟名勝固復不惡，若所最愛者乃是風俗物產這一方面也。」〔註19〕他曾把自己的這種讀書方法稱為「非正宗的選擇法」。〔註20〕他說道：「這個非正宗的選擇法一直維持下來，成為我擇書看書的準則。這大要有八類。一是關於《詩經》、《論語》之類。二是小學書。即《說文》、《爾雅》、《方言》之類。三是文化史料類，非志書的地志，特別是關於歲時風土物產者。如《夢憶》、《清嘉錄》、《思痛記》、《板橋雜記》等。四是年譜、日記、遊記、家訓、尺牘類。如《顏氏家訓》、《入蜀記》等。五是博物書類。如《農書》、《本草》、《詩疏》、《爾雅》各本。六是筆記類。範圍甚廣，子部雜家大部分在此列。七是佛經之一部。特別是舊譯《譬喻》、《因緣》、《本生》各經，大小乘戒律，代表的語錄等。八是鄉賢著作。我以前常說看閒書代紙煙，這是一句半真半假的話，我說閒書，是對於新舊各式的八股文而言，世間尊八股是正經文學，那麼我這些當然是閒書罷了，我順應世人這樣客氣的說，其實在我看來原都是很重要極嚴肅的東西。重複的說一句，我的讀書是非正統

〔註19〕周作人：《關於竹枝詞》，《過去的工作》，河北教育出版社2002年版。
〔註20〕周作人：《我的雜學》，《苦口甘口》，河北教育出版社2002年版。

的。因此，常爲世人所嫌憎，但是自己相信其有意義亦在於此。」﹝註 21﹞值得注意的是，這裏提到了「非正統的選擇法」。那麼，所謂的正統又是什麼？當然是中國傳統讀書人視爲「大經大法」的經典。與中規中矩的正統閱讀方式不同，非正統的選擇帶給周作人一種非正統的閱讀經驗。就周作人所提到的許多閱讀種類來看，雖然並不全是傳統知識系統中的異端，但確實有很大部分是長期被正統知識系統視爲「閒書」或不入流之讀物。我認爲，這種離經叛道的閱讀經驗爲周作人打開新的知識視野，儘管這種開闢並不以有意識地顛覆傳統知識結構爲目的，但至少給予周作人以另一種眼光打量傳統知識的正統性。這種獨特的閱讀經驗和閱讀方式，在五四一代人成長過程中都有十分典型的表現，比如，周作人就說魯迅「從小喜歡『雜覽』，讀野史最多，受影響亦最大」。我認爲，選取從閱讀構成與閱讀結構的視角來分析中國現代思想史的形成與發展，不失爲一種有價值的研究視角。更重要的是，我們要看到，當周作人描述自己的這種非正統的選擇時，在其所表現出來的自信和自得的語調背後，充滿著一種衝破正統知識藩籬的快感和自由感，這對於我們這一代人日益學院化、規範化的閱讀想像、閱讀情境來說，眞是一種久違的感覺，一種清新而有活力的感覺。

　　儘管周作人在許多地方都自謙地強調自己的「自然科學的知識很是有限，大約不過中學程度罷，關於人文科學也是同樣的淺嘗，無論那一部門都不曾有過系統的研究。」但必須指出，周作人的雜學並非泛濫無歸，他有自己內在的標準。對此，他曾在《苦竹雜記・後記》中有過一段明確的表述：「來書徵文，無以應命。足下需要創作，而不佞只能寫雜文，又大半抄書，則是文抄公也，二者相去豈不已遠哉。但是不佞之抄卻亦不易，夫天下之書多矣，不能一一抄之，則自然只能選取其一二，又從而錄取其一二而已，此乃甚難事也。」﹝註22﹞接著，他十分肯定地談到自己的選擇標準：「因此，我看書時遇見正學的思想正宗的文章都望望然去之，眞眞連一眼都不瞟，如此便不知道翻過了多少頁多少冊，沒有看到一點好處，徒然花費了好些光陰。我的標準是那樣的寬而且窄，窄時網進不去，寬時又漏出去了，結果很難抓住看了中意，也就是可以抄的書。不問古今中外，我只喜歡兼具健全的物理與深厚的人情之思想，混合散文的樸實與駢文的華美之文章，理想固難達到，少少

﹝註21﹞周作人：《拾遺》，見《知堂回想錄・下》，河北教育出版社 2002 年版。
﹝註22﹞周作人：《苦竹雜記・後記》，見《苦竹雜記》，河北教育出版社 2002 年版。

具體者也就不肯輕易放過。」〔註23〕這段話經常被研究者所引述，它明確傳達出周作人選擇的標準。我們常常驚喜「開卷有益」，又往往慨歎「沙多金少」，這兩種情形看似矛盾其實統一，其關鍵在於閱讀者自身所具有的學識、判斷力、鑒賞力。正如周作人在《情詩》、《猥褻論》、《〈沉淪〉》、《文藝與道德》以及《淨觀》等文章中反覆強調的那樣，閱讀要有三種態度：藝術地自然、科學地冷淡、道德地潔淨。周作人自身就實踐著這三種態度，其中關於物理與人情，始終是周作人論世知人、衡史論文的堅定不移的立足點，也是周作人進行文明批評和社會批評的基本尺度。

　　周作人曾以選讀筆記為例，談到自己對標準的堅持：「簡單的說，要在文辭可觀之外再加思想寬大，見識明達，趣味淵雅，懂得人情物理，對於人生與自然能鉅細都談，蟲魚之微小，謠俗之瑣屑，與生死大事同樣的看待，卻又當作家常話的說給大家聽，庶乎其可矣。」〔註24〕在這段話的意思中有兩個關鍵詞，就是「情理」與「常識」，這也是周作人對選擇標準的最簡要概括。然而，究竟什麼是「情理」呢？對此，周作人曾有過自己的解釋：「我覺得中國有頂好的事情，便是講情理，其極壞的地方便是不講情理。隨處皆是物理人情，只要人去細心考察，能知者即可漸進為賢人，不知者終為愚人，惡人。」〔註25〕顯然，這裏所謂的「情理」，是指一種根據科學理性與人性要求的生活態度、生活立場和生活價值。這種生活態度、生活立場和生活價值由於受到舊傳統的規範和道德約束以及知識權力的規訓，變得十分單一、狹窄，乃至殘酷無情。這種情形不利於中國人心靈與中國文化的健全與寬容的養成，也在一定程度上扼殺文化與心靈的成長的自由感。因此，在周作人看來，提倡「情理」就顯然十分的必要。什麼是「常識」呢？按周作人的解說：「常識乃只是根據現代科學證明的普通知識，在初中的幾種學科裏原已略備，只須稍稍活用就是了。」〔註26〕這種對「常識」的重視，我認為，是來自周作人對倫理自然化的內在要求，周作人曾說過，中國須有兩大改革，一是倫理之自然化，二是道義之事功化。〔註27〕且不說周作人在二十世紀四十年代說這番話時是否有替自己「落水」做辯解的真實心意。但是，關於倫理之自然化，

〔註23〕周作人：《苦竹雜記・後記》，見《苦竹雜記》，河北教育出版社2002年版。
〔註24〕周作人：《談筆記》，見《秉燭談》，河北教育出版社2002年版。
〔註25〕周作人：《情理》，見《苦茶隨筆》，河北教育出版社2002年版。
〔註26〕周作人：《常識》，見《苦竹雜記》，河北教育出版社2002年版。
〔註27〕周作人：《道義之事功化》，見《知堂乙酉文編》，河北教育出版社2002年版。

確實是一種現代的科學理性，它對中國傳統文化的現代轉換具有重要的思想價值。五四新文化運動期間，曾發生了一場關於「科學與玄學」的人生觀大論戰，對這一論戰的內在文化理路的分析，目前學術界做得並不充分，我認為，只有把這一論戰放置在中國文化的大傳統、大語境之中，才能發現其真實面相。中國傳統文化中存在著一個奇怪現象：即常常把自然問題倫理化，倫理問題玄學化，形成科學與玄學的纏繞和糾結的複雜結構。自然問題的倫理化，就造成一味地抬高道德的訴求與倫理的規範，反過來也就遮蔽了人們對自然的探求。對自然的無知，從某種意義上說，就是對自身的無知，在這種無知情況下所產生的知識及想像必然是一種道德化的解說，並且，在具體的知識實踐過程中，必然會把這種道德化的解說意識形態化地體現為一種律令式的主觀意志，其結果就是產生了大量唯意志論的行為。因此，對於常識的呼喚，成了建立一個理性社會所必須具備的最低標準。

對於情理與常識的關注和提倡，體現了周作人作為一個中國的啓蒙思想家的中國文化之立場，以及他對中國文化缺失性的深入理解。儘管他提出的情理與常識的標準是如此之微小與淺顯，但能深刻地切中時弊。直到今天，「情理」與「常識」的健全仍是中國文化良性成長的重要基礎。

三、知識之刃

從閱讀經驗到知識生成，再到知識的再創造，這是一個複雜的心智運作過程，因為有了閱讀經驗並不等於具備了內在判斷力的知識生成。同樣的，知識生成若想獲得自我更新、自我實現的力量，就必須把它自身還原到具體的現實、經驗或歷史語境中加以考量，以磨礪其分析問題的鋒芒。這一過程並不是在所有的讀書人身上都能獲得實現，只有堅持在具體複雜的歷史或經驗世界中去思考與實踐，這種知識生成所內在的意義與功能，才可能上陞成為一種智慧或者一種獨到的眼光和視野。天下讀書人多矣，但有智慧的人卻萬不一見，這不免讓人沮喪。周作人是如何做到了這一智慧的展現呢？這讓人羨慕，也讓人深思。我認為，周作人在這方面的智慧表現具有許多的方式，但其中最重要的是他確立了知識生成和再創造過程的歷史理性和批判維度。在這種歷史理性和批判維度中，他共時性地並置了現實與歷史、經驗與理論、個別與普遍之間的矛盾性，並在這種矛盾性的文化衝突和裂縫中找到批判的意義與立場。周作人的這種尋找是一種批判性的尋找，是一種對矛盾性的深

度解構與翻轉，從而讓事物顯現其長期被遮蔽了的另一種面目。當然，我們並不是說任何的翻轉或解構都是新的發現。就本文所討論的問題而言，這種獨特的解構性以及解構性所具有的批判維度，帶給周作人以十分銳利而獨到的知識之刃。

　　這首先表現在周作人形成了對歷史人物迥異時論的評價眼光。比如，他對顧炎武的評價就是一個突出的例子。顧炎武在明末清初思想界的地位，世所推崇。有清一代，許多學者都視其爲開一代學風的大儒。近代學人梁啓超、錢穆分別在《清代學術概論》、《中國近三百年學術史》等著作中對其頌揚有加。關於這一點，周作人不可能不知道，但他卻有自己的評價。他說：「我最覺得奇怪的是顧亭林的《日知錄》，顧君的人品與學問是有定評的了，文章我看也寫得很乾淨，那麼這部舉世推尊的《日知錄》論理應該給我一個好印象，然而不然。我看了這書也覺得有幾條是好的，有他的見識與思想，樸實可喜，看似尋常而別人無能說者，所以爲佳，如卷十三中講館舍、街道、官樹、橋梁，人聚諸篇皆是。但是我總感到他的儒教徒氣，我不非薄別人做儒家或法家道家，可是不可有宗教氣而變成教徒，倘若如此則只好實行作揖主義，敬鬼神而遠之矣。《日知錄》卷十五《火葬》條下云：『宋以禮教立國而不能革火葬之俗，於其亡也乃有楊璉眞伽之事。』這豈不像是廟祝巫婆的話。卷十八《李贄》、《鍾惺》兩條很明白地表出正統派的凶相。」〔註28〕在這裏，關於周作人對《日知錄》正面的評價，暫且不論。但我卻有一個疑問：爲什麼周作人會指責《日知錄》有「儒教徒氣」，有「正統派凶相」呢？難道周作人不能理解《日知錄》寫作的歷史語境嗎？在明清之際易代的文化語境中，明末清初的士人筆下常常出現「戾氣」、「躁競」、「氣矜」、「氣激」等字樣，正如趙園先生所言：「以『戾氣』概括明代尤其明末的時代氛圍，有它異常的準確性。而『躁競』等等，則是士處此時代的普遍姿態，又參與構成著『時代氛圍』。」以周作人對這些士人的閱讀，他一定能體會到這種「時代氛圍」和在這種「時代氛圍」中士人的內心苦衷。〔註29〕但是，一旦體察到在這種「時代氛圍」中士人心靈世界的不寬容，周作人就會下意識地聯繫到自身的語境。因此，周作人對《日知錄》的解讀，總會讓人聯想到他對左翼文化的態度。

〔註28〕周作人：《談筆記》，見《秉燭談》，河北教育出版社2002年版。
〔註29〕關於明清之際易代文化語境的討論，主要參考趙園：《明清之際士大夫研究》，北京大學出版社1999年版。

－379－

我認爲，這種潛在的情感邏輯正是周作人形成特殊的文化解讀向度的內在原因。

　　與評價顧炎武不同，周作人對傅青主、劉繼莊、劉青園、郝蘭皋等人則給予了較高的評價。他在《關於傅青主》一文中對「傅青主」這位「向來很少人注意」的明朝遺老的「特別的地方」進行了全面的評價：「他的思想寬博，於儒道佛三者都能通達，故無偏執處。」「漁洋的散文不無可取，但其見識與傅顏諸君比較，相去何其遠耶。」「我們讀全謝山所著《事略》，見七十三老翁如何抗拒博學鴻詞的徵召，眞令人肅然起敬，古人云，薑桂之性老而愈辣，傅先生足以當之矣。文章思想亦正如其人，但其辣處實實在在有他的一生涯做底子。」〔註 30〕傅青主是明末清初思想界一位奇人，他「博及群書」、「道兼仙釋」，卻又「一意孤行」。儘管梁啓超把他與顧、黃、王、李、顏並稱「清初六大師」，但是，思想史和學術史上對他全面地認識與評價並不多見，因此，周作人的這篇文章確有特殊的學術價值。在這篇文章中周作人還說到劉繼莊可以與傅青主相比，那麼，劉繼莊又是何許人也？周作人看重他的又是什麼呢？周作人說道：「繼莊穎悟絕人，博覽，負大志；不仕，不肯爲詞章之學。生平志在利濟天下後世，造就人才，而身家非所計，其氣魄頗與顧亭林相似，但思想明通，氣象闊大處還非顧君所能企及。」〔註 31〕周作人在文中還對劉繼莊的「氣度之大，見識之深」多加讚揚，他說：「明季自李卓吾發難以來，思想漸見解放，大家肯根據物理人情加以考索，在文學方面公安袁氏兄弟說過類似的話，至金聖歎而大放厥詞，繼莊所說本來也沿著這一條道路，卻因爲是學者或經世家的立場，所以更爲精深。」〔註 32〕他最後說道：「紫庭所說橫絕宇宙之胸襟眼界正是劉繼莊所自有的……蓋其心廓然大公，以天下爲己任，使得志行乎時，建立當不在三代下，這意見我是極爲贊同的。雖然在滿清時根本便不會得志，大概他的用心只在於養成後起的人而已吧。清季風氣一轉，俞理初蔣子瀟龔定庵戴子高輩出，繼莊學問始再見重於世。」〔註 33〕我們引述的這些高度評價，在周作人一貫節制的筆下是十分難得的，可見周作人對劉繼莊之心儀。

〔註 30〕 周作人：《關於傅青主》，《風雨談》，河北教育出版社 2002 年版。
〔註 31〕 周作人：《〈廣陽雜記〉》，《立春以前》，河北教育出版社 2002 年版。
〔註 32〕 周作人：《〈廣陽雜記〉》，《立春以前》，河北教育出版社 2002 年版。
〔註 33〕 周作人：《〈廣陽雜記〉》，《立春以前》，河北教育出版社 2002 年版。

　　明清之際處於一個易代的、動蕩的歷史文化語境中，在這樣的語境之中，一方面，中國傳統知識分子陷入極度的精神危機之中，糾結在內心的危機意識，一旦無法驅除，就會不斷刺激士論的聲調，這樣就難免有苛責之言，誅心之論。〔註34〕但這些士論又是一把雙刃劍，它既刺中時弊，卻又自傷銳氣，正如錢謙益所親身感受到的那樣：「兵興以來，海內之詩彌盛，要皆角聲多，宮聲寡；陰律多，陽律寡；噍殺恚怒之音多，順成嘽緩之音寡。繁聲入破，君子有餘憂焉。」〔註35〕這話說得多麼激切而沉痛。另一方面，易代的語境也促使某些有責任感的知識分子進行深度的歷史反思，努力尋找明代滅亡的歷史原因。當然，所有的這些尋找都是一種歷史後設，只不過在明清之際，這種的歷史探索與反思尤其顯得悲壯與悲涼，也特別能顯示出中國傳統文化中「士」的精神血脈。因此，在明清易代的特殊歷史時期，順理成章地出現了一個蔚爲壯觀的歷史文化現象：即這一時期出現了一大批特別有個性、有思想、有決斷力的思想人物，如顧炎武、王夫之、黃宗羲等，他們展示了中國傳統士大夫處在危機處境時的精神風采和精神向度。從思想話語的生成語境來解讀這一思想史現象，也許能窺見一斑。在這一時期，由於出現了眾多複雜的、慘痛的歷史事件與歷史事變，這就爲士論提供了無數可以闡釋言說的空間，在不同的闡釋言說過程中，不僅表現了士大夫們各自不同的文化觀念、文化立場，也展示了各自不同的精神選擇和人格氣節。我認爲，周作人在散文中爲什麼較多的選擇這一時期的歷史人物加以評價並形成自己的評價方式，也可以從這方面找到其內在原因：周作人始終把他自己所處的時代認爲是近似明末，他在《歷史》一文中不無黯然地說道：「假如有人要演崇弘時代的戲，不必請戲子去扮，許多腳色都可以從社會裏去請來，叫他們自己演。我恐怕也是明末什麼社裏的一個人。」正是出於這種悲觀的歷史宿命論，周作人內心才有一種自我拯救的自覺。他一方面擔心著「故鬼重來」的陷阱，另一方面又努力在歷史之中尋找迴避的智慧。在某種意義上說，他試圖追蹤前賢的思想與個性，其最深層的精神訴求就是爲自己的當下生存，爲自己的安身立命找到一種現實選擇的合理依據。

　　當然，在周作人對中國傳統士人的評價中，有三個人物尤其引人注目，即他所常常標舉中國思想界三盞明燈：李贄、俞理初、王充。我們首先來看

〔註34〕　參閱趙園：《明清之際士大夫研究》，北京大學出版社 1999 年版。

〔註35〕　錢謙益：《施愚山詩集序》。

周作人是如何評價李贄的？周作人說道：「我說中國思想界有三賢，即是漢王充，明李贄，清俞正燮，這個意見玄同甚是贊同的。我們生於衰世，猶喜尚友古人，往往亂談王仲任李卓吾俞理初如何如何，好像都是我們的友朋，想起來未免可笑，其實以思想傾向論，不無多少因緣，自然不妨托熟一點。三賢中唯李卓吾以思想得禍，其人似乎很激烈，實在卻不盡然，據我看去他的思想倒是頗和平公正的，只是世間歷來的意見太歪曲了，所以反而顯得奇異，這就成為毀與禍的原因。思想的和平公正有什麼憑據呢？這只是有常識罷了，說得更明白一點便是人情物理。懂得人情物理的人說出話來，無論表面上是什麼陳舊或新奇，其內容是一樣的實在，有如真金不怕火燒，顛撲不破，因為公正所以也就是和平。」「我曾說看文人的思想不難，只須看他文中對婦女如何說法即可明瞭。……李卓吾的思想好處頗不少，其最明瞭的亦可在這裏看出來。」「李卓吾此種見解蓋純是常識，與《藏書》中之稱讚卓文君正是一樣，但世俗狂惑聞之不免駭然，無名氏之批猶禮科給事中張問達之疏耳，其詞雖嚴，唯實在只是一聲吆喝，卻無意義者也。天下第一危險事乃是不肯說誑語，許多思想文字之獄皆從此出。本來附和俗論一聲亦非大難事，而狷介者每不屑為，致蹈虎尾之危，可深慨也。」「卓吾老子有何奇，也只是這一點常識，又加以潔癖，乃更至於以此殺身矣。」「但只有常識，雖然白眼看天下讀書人，如不多說話，也可括囊無咎，此上又有潔癖，則如飯中有蠅子，必哇出之為快，斯為禍大矣。」「中國讀書人喜評史，往往深文周納，不近人情，又或論文，則咬文嚼字，如吟味制藝。卓吾所評乃隨意插嘴，多有妙趣，又務為解放，即偶有指謫亦具情理，非漫然也。」「他知道真的儒家通達人情物理，所言說必定平易近人，不涉於瑣碎迂曲也。《焚書》卷三《童心說》中說的很妙，他以為經書中有些都只是聖人的迂闊門徒，懵懂弟子，記憶師說，有頭無尾，得後遺前，筆之於書。此語雖近遊戲，卻也頗有意思，格以儒家忠恕之義亦自不難辨別出來。」〔註36〕

在明代的思想史、學術史上，李贄無論如何都是一位特異之士，從個性上說，李贄自謂「其性偏急，其色矜高，其詞鄙俗，其心狂癡，其行率易」。〔註37〕袁中道也認為他「本息機忘世，槁木死灰之人，念念在茲於古之忠臣

〔註36〕周作人：《讀〈初潭集〉》，見《藥堂雜文》，河北教育出版社2002年版。
〔註37〕轉引自蕭公權：《中國政治思想史》，新星出版社2005年版，第377頁。

義士、俠兒劍客，讀其遺事亦爲泣淚橫流，痛哭滂沱而若不自禁」。〔註38〕這樣一個個性張揚，感情奔放之人，「不幸李氏生當晚明專制政府惡化之時，上則權臣逆閹專國，下則科舉道學壞才。憤世嫉俗，養成滿腔鬱勃不平之氣，激蕩發泄，遂至無復分際範圍。而王學左翼之『禪狂』，既反抗束縛之傾向，復與李氏個性相投，於是推波助瀾，其勢不可遏止矣」。〔註39〕但是，縱觀周作人對李贄的評價，有意思的是，周作人似乎並不認可李贄思想與個性的張揚，他突顯的則是李贄的「尋常處」。這顯然與思想史、學術史上的一般性「定論」頗有牴觸。那麼，周作人爲什麼會如此評價李贄呢？這其中是否存在一種潛對話的語境呢？我認爲，這是十分值得分析的問題。思想史上的李贄是一個離經叛道的反叛者或者說「異端」的形象，在明代晚期的語境中，李贄的一系列言論確有驚世駭俗之效果，而正是這樣的人物，周作人卻說他只是說出樸實的人情物理而已。顯然，這其中就隱藏著周作人自己對所謂人情物理的解讀。仔細分析，我們可以看出，周作人看重的是李贄說眞話的勇氣，那麼，這又與周作人對所置身的文化語境中日益高漲的新八股化的社會文化風氣的警惕有何關係呢？進一步來看，當評價李贄時，周作人特別同情他因文字而得禍。我認爲，這種同情是出於周作人對自身的語境考量：面對日益壯大的左翼文學思潮和左翼文化壓力，像周作人這樣的自由主義作家，就難免心有戚戚焉。從這些分析來看，在周作人對李贄的評價中確實交錯著許多複雜的語境連通和潛對話的意向。如果研究者不能敏銳地看到這一點，那麼，周作人筆下對歷史人物與眾不同的評論方式就很難讓人理解。

在清代思想學術史上，俞理初也並不是一個特別突出的人物，但周作人卻給予了他特別高的評價，這其中必然有許多值得深思的地方。我們先來分析周作人究竟看中俞理初思想的哪些特別的方面？並對他做出怎樣的解讀？他說：「《類稿》的文章確實不十分容易讀，卻於學問無礙，至於好爲婦人出脫，越縵老人雖然說的有點開玩笑的樣子，在我以爲正是他的一特色，沒有別人及得的地方。記得老友餠齋說，蔡子民先生在三十年前著《中國倫理學史》，說清朝思想界有三個大人物，即黃梨洲，戴東原，俞理初，是也。蔡先生參與編輯年譜，在跋裏說明崇拜俞君的理由，其第一點是『認識人權』，實即是他平等的兩性觀。」「清朝三賢我亦都敬重，若問其次序，則我不能不先

〔註38〕轉引自蕭公權：《中國政治思想史》，新星出版社 2005 年版，第 377 頁。
〔註39〕轉引自蕭公權：《中國政治思想史》，新星出版社 2005 年版，第 377 頁。

俞而後黃戴矣。我們生於二十世紀的中華民國，得自由接受性心理的知識，才能稍稍有所理解，而人既無多，話亦難說，婦人問題的究極屬於危險思想，爲老頭子與其兒子們所不悅，故至於今終未見有好文章也。俞君生嘉道時而能直言如此，不得不說是智勇之士。」〔註40〕無論是明清思想史，還是學術史，方以智、顧炎武、王夫之、黃宗羲、戴震、顏元等人，都是必須專門論述的歷史人物。相比而言，俞理初就不可能具有這樣重要的歷史地位。那麼，周作人在自己的評價中卻有意抬高俞理初，其眞實的意圖是什麼？周作人對俞理初的再發現與再評價的尺度又是什麼呢？對於俞理初的全面思想、著述而言，周作人據以立論的這一尺度是斷章取義，還是一以貫之呢？這也是我們不得不提出的系列問題。

很顯然，對於俞理初的評價，周作人並非簡單地位移歷史上下文，他的立足點是經過現代科學洗禮的性心理學說，這就不免給人以耳目一新之感。事實上，現代性心理學說在周作人思想結構中的重要意義，已有的研究並不充分。在我看來，它不僅使周作人從「妖精打架上想出道德來」，而且，也使他「參透了人情物理，知識變成了智慧，成就了一種明淨的觀照」。除此之外，對俞理初文字的獨具特色，周作人也是頌揚有加。他在《俞理初的詼諧》一文中這樣寫道：「俞君不是文人，但是我讀了上文，覺得這在意思及文章上都很完善，實在是一篇上乘的文字。我雖然想學寫文章，至今還不能寫出能像這樣的一篇來，自己覺得慚愧，卻也受到一種激勵。近來無事可爲，重閱所收的清朝筆記，這一個月中間差不多檢查了二十幾種共四百餘卷，結果才簽出二百三十條，大約平均兩卷取一條的比例。但是更使我覺得奇異的是，筆記的好材料，即是說根據我的常識與趣味的二重標準認爲中選的，多不出於有名的文人學士的著述之中，卻都在那些悃愊無華的學究們的書裏，如俞理初的《癸巳存稿》、郝蘭皋的《曬書堂筆錄》是也。講到學問與詩文，清初的顧亭林與王漁洋總要算是一個人物了，可是讀他們的筆記，便覺得可取的地方沒有如預料的那麼多。爲什麼呢？中國文人學士大抵各有他們的道統，或嚴肅的道學派或風流的才子派，雖自有其系統，而缺少溫柔敦厚或淡泊寧靜之趣，這在筆記文學中卻是必要的，因此無論別的成績如何，在這方面就難免很差了。這一點小事情卻含有大意義，蓋這裏不但指示出看筆記的途徑，同時也教了我寫文章的方法也。……我讀《存稿》，覺得另有一種特色，即是

〔註40〕周作人：《關於俞理初》，見《秉燭談》，河北教育出版社 2002 年版。

議論公平而文章乃多滑稽趣味，這也是很難得的事。」〔註41〕周作人非常看重文章中的滑稽趣味。他說，風俗詩「須得有詼諧的風趣貫串其中，這才辛辣而仍有點蜜味。」「滑稽——或如近時所謂幽默的話，固然會有解紛之功用，就是在談言微中上也自有價值，可以存在，此正是天道恢恢所以爲大也。」〔註42〕就是對自己的文章，周作人也很欣賞其中的「邪曲」，甚至親自動手編選了一部《苦茶庵笑話選》，在《序》中全面闡發了自己對「笑話」、「猥褻」、「幽默」的獨特理解。在俞理初的雜文中，周作人找到藝術的同路人，這就不免欣喜之色溢於言表。

　　無論是激賞俞理初的痛斥纏足、同情婦女命運的仁慈之心，還是傾心俞理初雜文的獨具魅力，周作人對俞理初的評價，顯然是建立在多重的價值維度之上。首先是俞理初思想中對兒童、婦女的態度，深得周作人之心。在某種意義上說，關注兒童與婦女是周作人一生思想的核心價值之一，也是周作人尋找思想史上的同道或進行歷史評價的尺度之一。俞理初對傳統婦女命運的同情，對兒童天性的理解，在周作人看來，都是中國文化史上的空谷足音，是中國近代啓蒙思想的先聲。儘管如此，俞理初的婦女和兒童觀與周作人仍有重大差異。周作人關於婦女和兒童的思考是建立在現代性心理學與現代兒童心理學之基礎上，表達的是一種經過科學知識洗禮的人文關懷。這一點，周作人是十分清醒的，他曾說：「我輩生在現代的民國，得以自由接受心理的新知識，好像是拿來一節新樹枝接在原有思想的老干上去。」然而，俞理初的思想更多是基於一種對儒家「仁」的道德理想的把握。無視這種差異，我們就無法正確評價周作人思想的深刻現代性。其次，周作人欣賞俞理初文章中的趣味，即滑稽，這是基於周作人一種非常獨特的審美追求，就像我們在上文指出的那樣，周作人在多篇文章都談到了對文章中滑稽味的欣賞，甚至把這種滑稽味理解成一種特殊的文化人格，從周作人對滑稽味的欣賞之中，我們似乎也能窺見其獨特的審美心靈。

　　中國傳統文化歷經兩千多年始終保持著內在的穩定性，原因何在？這是文化史與思想史的一個大課題，關於這一點，學術界談論較多的是中國傳統文化如何具有強大的同化力。漢魏與兩宋思想對佛教的吸收，近代以來「中學爲體，西學爲用」理念的倡導，都顯示這一文化傳統在面對外來影響時的

〔註41〕周作人：《俞理初的詼諧》，《秉燭後談》，河北教育出版社2002年版。
〔註42〕周作人：《北京的風俗詩》，見《知堂乙酉文編》，河北教育出版社2002年版。

生命力與文化智慧。但我認為中國傳統文化自身所孕育的自我批判意識與自我批判能力，更是這一文化傳統始終穩定存在與發展的另一種有力機制。中國傳統文化在任何一個時期都會產生源於自身的異端分子，這些異端分子的存在，當時可能是一種破壞、消解的力量。但正是這種的自破壞、自消解的方式，才可能使文化自身具有去蔽清源的能力。我認為，在某種意義上說，這種源於自身的去蔽清源的能力，對文化傳統的價值調適尤其具有歷史的深遠意義，這也正是周作人看中俞理初的第三個方面，即俞理初對中國傳統士人精神結構的批判：「『著者含毫吮墨，搖頭轉目，愚鄙之狀見於紙上也。』可謂窮形極相。古今來此類層出不盡，惜無人為一一指出，良由常人難得之故。蓋常人者無特別稀奇古怪的宗旨，只有普通的常識，即是向來所謂人情物理，尋常對於一切事物就只公平的看去，所見故較為平正真切，但因此亦遂與大多數的意思相左，有時也有反被稱為怪人的可能，如漢孔文舉、明李宏甫皆是，俞君正是幸而免耳。中國賢哲提倡中庸之道，現在想起來實在也很有道理，蓋在中國最缺少的大約就是這個，一般文人學士差不多都有點異人之稟，喜歡高談闊論，講他自己所不知道的話，寧過無不及，此莠書之所以多也。如平常的人，有常識與趣味，知道凡不合情理的事既非真實，亦不美善，不肯附和，或更辭而辟之，則更大有益世道人心矣。俞理初可以算是這樣一個偉大的常人了，不客氣的駁正俗說，而又多以詼諧的態度出之，這最使我佩服，只可惜上下三百年此種人不可多得，深恐隻手不能滿也。」〔註43〕「根本物理人情，訂正俗傳曲說，如為人心世道計，其益當非淺鮮。若能有人多致力於此，更推廣之由人事而及於物性，凡逆婦變豬以至雀入大水為蛤之類悉加以辨訂，則利益亦蓋廣大，此蓋為疾虛妄精神之現代化，當不愧稱之為新《論衡》也。」〔註44〕從這段引文可以曲折地看出，俞理初深得周作人之心並非僅其「卓」識，而多是其「常」識。若是仔細揣摩，你不免會讚歎周作人的這種評價歷史人物的眼光，自有他的特殊之處：中國文化結構及其教育體制，其最大的弊端即在於製造許多脫離實際的風氣或培養中國士人的虛假的精英意識，從生活中來的經驗常常被排斥為芻夫之議，不值一提，這樣的結果便是，文化的想像力與文化創造力極可能被扼殺在萌芽階段。或許俞理初走的仍然是中國士大夫傳統的知識之路，但他始終堅持這路是平凡

〔註43〕 周作人：《俞理初的詼諧》，《秉燭後談》，河北教育出版社2002年版。
〔註44〕 周作人：《俞理初論莠書》，見《藥堂雜文》，河北教育出版社2002年版。

的、現實的、人間性的，這也就是周作人所突出的俞理初的常識立場、常識思維。在某種意義上說，周作人對常識立場、常識思維的重視，也是其自身啓蒙立場的歷史投射。清代思想學術史上的俞理初究竟是佔據一種怎樣的地位，周作人並不關心。在周作人眼中的俞理初是平凡的，正是這種建立在常識基礎上的平凡，才成其爲偉大的常人。我們似乎也可以用同樣的推理來評價、把握周作人的知識立場。他那種建立在情理與常識基礎上的知識立場，正是使他有別於所有學院式知識分子的特殊之處。

當周作人談論李贄或俞理初時，他總會提及王充。王充作爲一個歷史人物，在漢代學術史、思想史上的地位早有定論。一般來說，學術界都會闡述王充思想中的自然論、無神論和「實知」「知實」的理性精神，但是，王充思想中因幽暗混沌的天道觀而形成的命定論，也讓後人疑惑不已。〔註 45〕我感興趣的問題是，王充疾虛妄的精神究竟撥動周作人思想世界中的哪一根敏感神經？顯然，周作人對理性功能及其意義有著一種特殊的意志力。他曾引用《舊約·傳道書》中一段話：「我又專心察明智慧、狂妄和愚昧，乃知這也是捕風。因爲多有智慧，就多有愁煩；加增知識，就加增憂傷。」接著他說道：「話雖如此，對於虛空的唯一的辦法其實還只有虛空之追跡，而對於狂妄與愚昧之察明乃是這虛無的世間第一有趣味的事，在這裏我不得不和傳道者的意見分歧了。」〔註 46〕可以說，察明同類之狂妄和愚昧，就是現代的疾虛妄精神，是理性的內在反叛力的表現。在某種意義上說，也是僵化的人類精神世界的叛徒性之表現。但我們不得不看到在周作人思想中另一種思想形式的存在，即周作人始終對民眾信仰保持巨大的寬容性，對未知世界保持極具同情性的理解。這顯然與這種疾虛妄的精神相矛盾，我認爲，正是這種矛盾性使周作人內心不時陷入獨有的緊張感。

關於王充的思想意義，周作人曾在《俞理初論莠書》一文這樣說道：「從前我屢次說過，在過去二千年中，我所最爲佩服的中國思想家共有三人，一是漢王充，二是明李贄，三是清俞正燮。這三個人的言論行事並不怎麼相像，但是我佩服他們的理由卻是一個，此即是王仲仁的疾虛妄的精神，這其餘的兩人也是共通的，雖然表現的方式未必一樣。」周〔註 47〕他在《啓蒙思想》

〔註 45〕徐復觀：《西漢思想史》第 2 卷，華東師大出版社 2001 年版，第 384 頁。
〔註 46〕周作人：《偉大的捕風》，見《看雲集》，河北教育出版社 2002 年版。
〔註 47〕作人：《俞理初論莠書》，見《藥堂雜文》，河北教育出版社 2002 年版。

一文中又說道：「古人作文希望有功於人心世道，其實亦本是此意，問題乃在於所依據的標準，往往把這個弄顛倒了，藥劑吃錯，病反增進，認冥爲明，妄加指示，則導人入於暗路，致諸禍害，正是極常見事也。但我想這問題也還簡單，大小只須一個理，關於思想者但憑情理，但於人無損有益，非專爲一等級設想者，皆善也，關於事物者但憑事理，凡與已知的事實不相違背，或可以常識推理知其然者，皆可謂眞，由是進行，庶幾近光而遠冥矣。唯習俗相沿，方向未能悉正，後世雖有識者，欲爲變易，其事甚難，其人遂不易得，二千年中曾找得三人，即後漢之王仲仁，明之李卓吾，清之俞理初，而世人不知重，或且迫害抹殺之，間嘗寫小文表揚，恐信受者極少，唯亡友燁齋表示同意而已。」〔註48〕儘管生活在一千多年前，但在王充疾虛妄的精神結構中卻內含著十分重要的合理內核，潛伏著敏銳的傳統知識分子的精神立場。按照薩伊德在《知識分子論》一書中對現代知識分子的定義：「他或她全身投注於批評意識，不願接受簡單的處方、現成的陳腔濫調，或迎合討好、與人方便地肯定權勢或傳統者的說法或做法。永遠不讓似是而非的事物或約定俗成的觀念帶著走。」互讀比參之下，你就會發現王充思想的獨特魅力和周作人對之評價的信念之所在。後來周作人在另一篇文章中又說過相似的話：「上下古今自漢至於清代，我找到了三個人，這便是王充、李贄、俞正燮，是也。王仲任的疾虛妄的精神，最顯著的表現在《論衡》上，其實別的兩人也是一樣，李卓吾在《焚書》與《初潭集》，俞理初在《癸巳類稿》《存稿》上所表示的，正是同一的精神。他們未嘗不知道多說眞話的危險，只因通達物理人情，對於世間許多事物的錯誤不實看得太清楚，忍不住要說，結果是不討好，卻也不在乎。這種愛眞理的態度是最可高貴，學術思想的前進就靠此力量，只可惜在中國歷史上不大多見耳。我嘗稱他們爲中國思想界之三盞燈火，雖然很是遼遠微弱，在後人卻是貴重的引路的標識……對於這幾位先賢我也正是如此，學是學不到，但疾虛妄，重情理，總作爲我們的理想，隨時注意，不敢不勉。」〔註49〕

周作人對李贄、俞理初和王充的高度評價，對許多治思想史的學者來說，可能有些結論是難以接受的，但是，如果我們能充分考量周作人這些言論的潛在語境與潛對話的意向，那麼，對其中的含義就可能有所把握。

〔註48〕周作人：《啓蒙思想》，見《藥堂雜文》，河北教育出版社2002年版。
〔註49〕周作人：《我的雜學》，《苦口甘口》，河北教育出版社2002年版。

當周作人說到這三者時，常把他們與自己的同時代人物蔡元培、錢玄同聯繫在一起，這種有意或無意的提示，對我們的深入理解是十分重要的。周作人看重蔡元培與錢玄同的是他們身上所體現出來的深刻而鮮明的唯理主義精神，他曾說：「（蔡先生）事業成就彰彰在人耳目間，毋庸細說，若撮舉大綱，當可以中正一語該之，亦可以稱之曰唯理主義。」〔註50〕聯繫周作人在這時期對左翼思想「狂信」的指責，就可以看出他對唯理主義追崇的價值指向了。以賽亞·柏林在一部題為《刺蝟和狐狸》的著作中，把人類思想史上的大師分成「刺蝟」型和「狐狸」型，按照李歐梵先生的解讀，所謂的「刺蝟」型就是相信宇宙一切可以憑一個系統來解決，所謂的「狐狸」型就是不相信世界上的事情可以靠一個系統，或者納入一個系統可以解決。我認為，周作人就是這樣一隻充滿智慧的懷疑的現代思想界「狐狸」，他不像「刺蝟」那樣具有刺激性、攻擊性，更多的時候則是深藏在洞中，冷眼旁觀，狡黠而睿智地打量，曲曲折折地發表自己的見解，他對李贄、俞理初、王充的評價就充分顯示出這種曲折的狐狸型的思想方式。我認為，若是學術界看不到這種潛對話的意向，就無法真正的豐富而具體的把握周作人思想的獨到之處。

結束語

我認為，「知識」話語及其審美建構在周作人的精神世界中具有三層含義：（一）建構一種健全的人生觀的基礎。他說：「大家都做善人，卻幾乎都不知道自己是人；或者自認為是『萬物主靈』的人，卻忘記了自己仍是一個生物。在這樣的社會裏，決不會發生真的自己解放運動的，我相信必須個人對自己有一種瞭解，才能立定主意去追求正當的人的生活。希臘哲人達勒思的格言道『知道你自己』，可以說是最好的教訓。」為此，他指出關於「認識自己」所必須具有的知識形態，即周作人所界定的常識主要有：「第一組，關於個人者」，包括「人身生理」（特別是性知識）、「醫學史」及「心理學」，以求從身心兩方面瞭解人的個體；「第二組，關於人類及生物者」，包括「生物學」（包括進化遺傳諸說）、「社會學」（內容廣義的人類學、民俗學、文化發達史及社會學）、歷史以及多側面的展開「人類」的本質；「第三組，關於自

〔註50〕周作人：《論蔡孑民先生的事》，見《藥味集》，河北教育出版社2002年版。

然現象者」，包括「天文」、「地理」、「化學」，以求瞭解與人相關的一切自然現象，即人所生活的自然環境；「第四組，關於科學基本者，包括數學哲學，以求掌握科學的認識『人』及其生活的世界的基本工具」；「第五組，藝術」，包括神話學、童話，以求瞭解幼年時期的人類，還包括「文學、藝術、藝術史、藝術概論」，其目的在「將藝術的意義用於生活上，使大家有一點文學的風味」。〔註51〕這幾方面的內容涉及到了健全的精神結構所必須具備的要素。顯然，周作人是把這一系列知識形態作為建構合理的情、知、意的心智結構的基礎資源。

（二）「知識」及其審美建構是周作人內心的一種需要。周作人在《自己的園地・舊序》中曾說道：「我自己知道這些文章都有些拙劣生硬，但還能說出我所想說的話：我平常喜歡尋求友人談話，現在也就尋求想像的友人，請他們聽我的無聊賴的閒談。我已明知我過去的薔薇色的夢都是虛幻，但是我還在尋求——這是生人的弱點——想像的友人，能夠理解庸人之心的讀者。我並不想這些文字會於別人有什麼用處，或者可以給予多少怡悅，我只想表現凡庸的自己的一部分，此外並無別的目的……我因寂寞，在文學上尋求慰安，夾雜讀書，胡亂作文，不值學人之一笑，但在自己總得了相當的效果了。」〔註52〕如果說寫作是排遣寂寞的一種方法，那麼，閱讀則是一種結緣的方式。如果要問周作人為什麼要以這樣的方式結緣？也許，正像周作人自己回答的那樣：「這或者由於不安於孤寂的緣故吧。富貴子嗣是大眾的願望，不過這都有地方可以去求，如財神送子娘娘等處，然而此外還有一種苦痛卻無法解除，即是上文所說的人生的孤寂。孔子曾說過，鳥獸不可與同群，吾非斯人之徒而誰與。人是喜群的，但他往往在人群中感到不可堪的寂寞，有如在廟會時擠在潮水般的人叢裏，特別像是一片樹葉，與一切絕緣而孤立著。念佛號的老公公老婆婆也不會不感到，或者比平常人還要深切吧，想用什麼儀式來施行祓除，列位莫笑他們這幾顆豆或小燒餅，有點近似小孩們的『辦人家』，實在卻是聖餐的麵包葡萄酒似的一種象徵，很寄存著深重的情意呢。……我現在去念佛拈豆，這自然是可以不必了，姑且以小文代之耳。」「我自己寫文章是屬於哪一派的呢？說兼愛固然夠不上，為我也未必然，似乎這裏有點兒纏

〔註51〕周作人：《婦女運動與常識》，見《談虎集》，河北教育出版社 2002 年版。
〔註52〕周作人：《自己的園地・舊序》，見《自己的園地》，河北教育出版社 2002 年版。

夾，而結緣的豆乃彷彿似之，豈不奇哉。」〔註53〕糾纏在周作人內心的苦痛與驅除、寂寞與無奈、孤獨與合群，這些矛盾性的情緒在這番話裏一覽無餘。

（三）「知識」及審美建構對於周作人而言又是一個狐狸的洞穴：一方面，他找到了排遣寂寞的方式，在知識世界中他理解歷史，但是，這種理解可能帶來的是一種徹底的悲觀情緒與虛無的歷史觀，形成周作人式的暗淡的、無助的「歷史循環感」，這種歷史循環感不可避免地銷蝕了他參與現實生活的願望。另一方面，他在閱讀中又找到了一種文化優越感，這種文化優越感進一步保護他日益猶豫不決的紳士立場，使他心安理得地以一種精英的姿態看待生活的紛擾與不安，看待現實的不滿與屈辱。——就這樣，周作人像魯迅批評晚年的章太炎先生那樣：「退居於寧靜的學者，用自己所營造的和別人所幫造的牆，和時代隔絕了。」〔註54〕

（本文合作者：林秀明）

〔註53〕周作人：《結緣豆》，見《瓜豆集》，河北教育出版社2002年版。

〔註54〕魯迅：《關於太炎先生二三事》，見《魯迅全集》，第6卷，人民文學出版社1981年。

主要參考文獻

1. 魯迅：《魯迅全集》（16 卷本），人民文學出版社 1981 年版。

2. 魯迅：《魯迅譯文集》（10 卷本），人民文學出版社 1958 年版。

3. 周作人：《知堂書話》，嶽麓書社 1986 年版。

4. 錢鍾書：《談藝錄》（增訂本），中華書局 1984 年版。

5. 錢鍾書：《管錐編》，中華書局 1984 年版。

6. 王瑤：《魯迅作品論集》，人民文學出版社 1984 年版。

7. 錢谷融：《藝術·人·真誠》，華東師範大學出版社 1995 年版。

8. 嚴家炎：《世紀的足音》，作家出版社 1996 年版。

9. 王富仁：《中國反封建思想革命的一面鏡子》，北京師範大學出版社 1986 年版。

10. 錢理群：《心靈的探尋》，上海文藝出版社 1988 年版。

11. 汪暉：《反抗絕望》，上海文藝出版社 1991 年版。

12. 王曉明：《魯迅傳》，上海文藝出版社 1993 年版。

13. 楊義：《中國古典小說史論》，中國社會科學出版社 1995 年版。

14. 別林斯基：《文學的幻想》，滿濤澤，安徽文藝出版社 1996 年版。

15. 巴赫金：《巴赫金全集》（6 卷本），河北教育出版社 1998 年版。

16. 韋勒克·沃倫：《文學理論》，三聯書店 1984 年版。

17. 丹納：《藝術哲學》，傅雷譯，人民文學出版社 1986 年版。

18. 勃蘭兌斯：《十九世紀文學主流》，人民文學出版社 1987 年版。

19. 竹內好：《魯迅》，浙江文藝出版社 1986 年版。

20.《魯迅研究學術論著資料彙編》（1913～1983），（全 5 卷及索引分冊），中國社會科學院文學研究所魯迅研究室編，中國文聯出版公司 1985 年版。

21. 《國外魯迅研究論集》，樂黛雲編，北京大學出版社 1981 年版。

22. 《英語世界的魯迅研究》，樂黛雲編，江西人民出版社 1993 年版。

後　記

　　三年前，當我為寫作這本書而作準備時，曾在自己的筆記中寫下這樣的一段話——

　　也許我們中的許多人最早接觸的文學書籍就是小說。但是，小說是有多種的讀法。不同文化背景、素養、年齡層次的讀者，對一部小說閱讀的興趣、目的和可能讀出的意味都會是不同的。在整個的寫作過程中，我應該提醒自己，我是一名帶有研究性質的讀者，因此，我的閱讀必須是更多地考慮如何發現文本的新意和深度。

　　同時，作為一個研究者，對文本的解讀則需要保持著更豐富的感受力、想像力。就如一位兒童在玩搭積木遊戲一樣，在兒童的眼中，每一塊積木都是充滿著色彩、生命和靈性的，他就是通過這種不斷的拼合、組接的過程，來表達自己心中還無法清晰、明確地說出的某種願望、想像和理想。對他來說，這一切就是他全部的世界。他是全身心地沉浸在每一次搭建的成功或失敗，喜悅或沮喪之中。我以為，對文本解讀的體驗也是如此的。文本中的每一行文字，每一段話語，每一個人物，都是充滿著色彩、感覺和生命的。這一切，在文本的解讀中都應該能夠在自己的心靈中復活過來、飛揚起來的。因此，在我看來，感悟就成為我們對文本解讀的極好的方式和精神狀態。古人不是有云「以悟性讀書，字字站立」嗎？這就是「我雖心嚮往之，而不能至」的追求。

　　——直到今天，我還是這樣想的。

　　可以說，這本書是我求學生涯的一份作業。它凝結著我的碩士導師姚春樹先生、博士導師錢谷融先生、博士後導師嚴家炎先生的許多心血——是他

們深邃的智慧和父輩般的愛護，使我有勇氣走上這艱辛而寂寞的求知長途。他們深深的愛護與教誨將使我永遠銘念在心。要感謝嚴先生在百忙之中爲本書作序。

俗話說，滴水之恩，湧泉相報。他們的這種關懷與厚愛絕非這裏簡要的語言所能表達的，我只有加倍的努力，才能不辜負導師們的愛護與教誨。在這裏，要感謝樊駿先生、陳孝全先生、錢理群先生，在我邁出的每一個學術腳步中，都離不開他們的關懷與鼓勵；要感謝我的老師汪文頂先生，在我思想與學術成長的歲月裏，他眞誠的關懷、深切的教導與高尚的人格，給了我深刻的影響；要感謝我的老師關國蚵先生，是他在大學課堂上的生動講授，培育了我對現代文學閱讀與研究的興趣，也是他對此書的出版給予了大力的支持；要感謝我的院領導黃以誠先生、賴瑞雲先生，是他們無私的關心與支持，使我能夠靜心讀書與寫作；要感謝魯迅博物館的王世家先生、周楠本先生、張杰先生，正是因爲他們出於對年輕人的學術熱情，才使得本書的部分章節得以在《魯迅研究月刊》上發表；要感謝我的師兄湯源生先生對此書的出版所付出的艱辛勞動。

——謝謝你們。

——是你們的愛，成全了我。

鄭家建
2001 年 4 月

增訂版後記：紙上煙雨

　　子夜時分，內心一片潮濕，記憶氤氳，化成滿紙煙雨，隱約如淡墨之山水，依稀只見曲徑雲深，四十餘年的光陰漸行漸遠，拾階而沒。

　　我最早的記事是與母親的生病聯繫在一起。不知那一年我幾歲，只記得是一個雨天，廚房的泥地因下雨而變得濕滑，不知是姐姐還是誰，讓我端一碗剛煎好的中藥給病中躺在床上的母親。從廚房到臥室必須跨過一道頗高的門檻，然後是一地破損而裂開的木地板。母親斜靠在床頭的靠板上，室內光線暗淡，我無法看清那時她的神色，只見她頭髮凌亂，手臂無力地垂放在灰暗褪色的被沿上。從廚房到臥室僅有幾步之遙，對那時的我來說，就如迢迢千里。雙手端著藥碗，一面擔心著手中的碗因移步而晃蕩，一面又害怕腳下會被地板的裂縫所絆著。眼前一片模糊，然而行程漫長。我彷彿捧著一顆心，裏面裝著全家人的憂愁和期待。早已記不清，那時的母親是否正看著我戰戰兢兢地走近她，但只記得她始終一言不發。她為什麼不給我一句鼓勵的話？哪怕只有一句。那個短暫的沉默，卻讓我的心至今還懸掛著。

　　當我今夜沉浸在回憶之中，「過去」與「現在」總是緊緊地纏繞在一起，令我糾結。但在我很小的時候，對「纏繞」和「糾結」的解開，則是令人驚歎地靈巧。我的家鄉靠海，鎮上有不少人以打魚為生，自然，岸上就會有不少人以織網、補網為業。這一群人多是女性，我的母親與姐姐們就在其中。有三四年之久，我每天在上學之前、放學之後必做的一件事，就是把一支支竹梭纏滿細細的線。竹梭由薄薄的竹片削製而成，有兩節中指長，一節拇指寬，上頭為尖，在上半節的前端中央鏤空成一根火柴般粗細的線掛，以便把線纏住，尾部則挖出一個凹槽，以便把線繞過去。我每天至少要完成五十支

梭子的纏線活，梭子在手中飛快地左右翻轉，細細的線越纏越多，眼看著細扁的竹梭在手中變得圓滿起來，然後，把線放在牙上輕輕一咬，斷了，算是完成一支。有時，一不小心，半途中線斷了，或是幾根線纏繞在一起了，這時，就不得不小心翼翼地尋找斷了的線頭，然後，再細細地抽理。漸漸地，一切又變得有條不紊。正是這一才能為我贏得童年第一聲脆弱的讚揚。直到今天，如果有任何線團在前，我還會躍躍欲試，一秀手技。遺憾的是，光陰的線索在我內心早已糾結如麻，歲月的結繭早已讓手指僵硬無比。

歲月如梭，卻永遠無法織成生活的網。就讓記憶的點點滴滴從疏疏密密的網眼，慢慢濺落，化作海邊大小不一的足印，這就到了我上初中的年齡。每個周末和假期，我都要加入母親、哥哥和姐姐們的勞動團隊。那幾年，由於基建的需要，蓋房子、修路都需要小石子。於是，母親就帶領大家到海邊撿小石塊，然後，用小鐵錘碎成小石子，在當時，一方小石子能賣十元。一天下來，一家人可以完成一方左右。無論颱風下雨，無論烈日當空，無論寒風凜冽，我們每天都要挑著竹箕到海邊撿小石塊。隨著一天天過去，近處撿完了，於是所到之處離岸就越來越遠。有時，為了趕在漲潮之前多撿些，一不小心就會被困在礁石上。眼看潮水慢慢地漲上來，既情急又無奈。好在海潮有漲有落，抓住退去的一瞬間，手提竹箕，一躍而過，跳到離岸近一些的礁石上。等到下一次潮水退去的瞬間，再跳到離岸更近的礁石上。奇怪的是，幾跳之後，都能順利抵達岸上。這種輕盈的智慧，在以後生活的驚慌中給了我不少的安慰。

對於那時的我來說，這一切還不是最令人驚慌與恐懼的。其中一次經歷，讓我在很早的時候就有機會目睹著死亡的蹣跚而至。那一年的夏天，小鎮發生了一次小小的疫情，有幾個小孩不幸被奪去生命。一個黃昏，當我正吃力地挑著一擔石子，靠著海邊山腳走著，忽然，迎面而來的是兩個大人抬著一具很小的棺木。我還記得，那具棺木沒有上漆，木板還是毿毿的，棺木在兩個大人之間不停地左右晃動著，然後沿著山上的小路漸漸消逝。此後，每當我挑著石子路過那個山腳，內心總會變得無比緊張、恐懼。四處無人，只有海風的呼嘯與山上樹林的陣陣應和。我彷彿總能聽到那個死去小孩的哭聲，儘管我不知道那裏葬的是誰家的孩子。或許，我是在那時被驚嚇了，迄今夜深人靜中的一切異動，仍然會讓我敏感得心驚肉顫。

如果說，這是我生命意識中第一次留下了死神的清晰面目。那麼，在我

的生命歷程中，還有兩次是在不期然間與死神擦肩而過。第一次的經歷至今記憶尤深。因爲日子久了，海邊的石子已被拾得差不多了，但是，生活還要繼續，所以就從海邊轉到岸上。當年的工程建設除了需要小石子，也需要大石塊，這樣就有了在山頭上的爆破。爆破之後，總會留下許多的碎片或碎石。當時鎮上以撿石子爲生已不只我們一家，爲了撿到更多的碎石，爆破的硝煙還未消散，等待的人就會蜂擁而上。在那種情形之下，很少有人能顧得上想一想：爆破之後，山體必定特別容易崩塌。有一次，我和大姐還未等到煙消就衝到爆破山口，忽然，頭頂上的巨石崩然而落。在轟轟聲響的瞬間，我和她迅速貓身躲進山體石層的凹陷處。就在這剎那，巨石落在眼前，砸出一個深坑，我還聽到母親那撕心裂肺的哭聲——以爲我們都完了。奇怪的是，雖然逃過了這一劫，我和姐姐卻沒有停止手上的活兒。那一天，我們撿到了比別人家更多的碎石。那一天，我們的內心既沒有恐懼，也沒有激動，只想著這一天我們會比別人多掙了幾塊錢。

還有一次經歷，一樣的驚心動魄。我還很清楚地記得，也是一個黃昏。那天由於炮眼打得不深，炸藥也填得不夠，因此，爆破之後並沒有出現大量的碎石。於是，我們一家人就等到別人收工之後，試圖在已經鬆動的石層中撬出一些碎片。拿鐵釬的重活自然就落在我的手上，當我把鐵釬深深地楔入一塊巨石的裂縫，力圖撬開它時，忽然，上層的巨石塌了下來，山土夾著石塊紛紛滾落。我急忙丟開還嵌在石縫中的鐵釬，奮力地跳開。剎那間，迷漫的塵土遮住了眼睛，紛落的石塊打在了身上。我至今還能聽到當時自己的高聲叫喊：「我在這裏！我在這裏！」是的，「我在這裏」，這喊聲是要告訴母親，她的兒子還活著。是的，「我在這裏」，這喊聲是要告訴死神，我又一次掙脫了他的捕獲。

我知道，對於生命的眷顧必須永懷敬畏。正是絕處逢生的歷險，讓我懂得把每一次改變命運的機會，緊緊抓住。不久之後，我步履堅實地走上了自己的另一段人生：我終於有機會上大學了！我還很清晰記得離家上大學的那一天情景，那時家鄉離福州很遠，坐汽車需要走十二小時左右的山路。清晨四點，母親就起床爲我準備早餐。天幕依然暗黑，母親默默地坐在老式的竈口邊，一根一根地往竈口裏塞著木柴，在一閃一閃的火光中，我看到了她有些灰白的頭髮，有些疲憊的臉龐。我記不清母親在我離開家門時，說了些什麼。記憶中，母子之間只有一片沉默。或許，最痛苦的離別就是一種無言與

沉默吧。我在汽車開動的瞬間也沒有看到母親的背影，也許，那時她就沉默地站在喧鬧人群的另一邊，不願讓自己即將遠行的兒子看到她的難捨與離別之傷；或許，那時她就是不敢跨出家門，因為害怕耳聞身邊喧鬧的離別聲。但她卻早已把千叮萬囑密密地縫進了我的行囊之中，讓牽掛連著蜿蜒崎嶇的山路，讓眺望越過千山萬水。

汽車一程一程的喘息，家鄉一程一程的遠離。從清晨到黃昏，我終於在落日的餘暉中看到了一座以前只是在傳聞中沉浮的城市。在那一個瞬間，我只是覺得這個城市很大，很遠，卻無法形容，只有一種驚訝：城裏的房子比家鄉的瓦房要高出許多，即便是老舊的木房也還是高出許多。那時的我一定不會料想到，自己此後的人生與這座城市、與這座城市的人和事，會如此的血肉相連。那一天，閩江之水一如既往地脈脈流淌；三山雙塔在暮色四合中與往昔一樣遙相呼應；馬路上的人流並不比往日更熙熙攘攘，只見騎車的少女長髮飄揚，一路鈴聲，瞬間飄忽而過。但是，我驕傲地來了，就在誰也不經意之間。

此後的二十多年，我的人生清晰地寫在我每一本著作的字裏行間。無論是否被閱讀，它總是印刻在那裏。總有一天，這些文字會再一次被我已是滄桑而遲疑的目光無言地拂過。或許，在那個瞬間，時光早已沉默如磐石。

夜已深，深得快要盡頭了。我四十多年的記憶卻漸漸地在書寫中變得熠熠生輝。在這暗夜與黎明的交替之際，我彷彿又望見了已然蒼老的母親，又望見了嚐盡艱辛的姐姐，又望見了自己艱難而青澀的年少歲月。就這樣吧，今夜滿紙的煙雨，終於能被一線光亮悄然照破。或許，當清晨時分，我們的內心都會變得浪漫如佛畫般的燦爛。

今夜的書寫，半程逆旅；今夜的書寫，一紙煙雨。時光沉浮，只見碎影婆娑；滿紙心事，猶是窗外漆黑如墨的蒼茫，一路彌漫到你的夢窗，到你每一個蘇醒的清晨。

2013 年 3 月 22 日深夜寫於南京旅次

　　這是我兩年多前寫下的一篇回憶性文字，或許是人到中年，字裏行間充滿噓唏感歎。這次之所以把它做爲增訂版的後記，是因爲我的心緒依舊，我的感歎依舊，我的困惑依舊。「認識你自己」，這是古希臘哲學家泰勒斯一句箴言，但是，這恰恰是世上最難的事。我總在揣摩：我是誰？是怎樣的經歷磨煉了我的意志？是怎樣的情感滋養了我的靈魂？前路上又將有怎樣的人與事在召喚著我？如果說每一個人都是自己的過客，那麼我的下一站旅程又在哪裏？如果說生命過程眞如《舊約》所言：「都歸於一處：都是出於塵土，也都歸於塵土」，那麼該如何讓「出」與「歸」之間的「存在」變得眞實而富有意義？如果說每一個人終將走進「那從來不曾有一個旅人回來過的神秘之國」，那麼爲什麼每一天我的內心仍然糾纏著如此眾多的迷惑、遲疑和眷戀？——在書裏書外，我總是被這些念頭所追逐，總是按捺不住地在筆下對自己傾訴。雖然過於主觀情緒化的話語常常會影響我學術表達的邏輯力量，但是我暫時還不想改變這種風格。因此，這本寫在十四年前的幼稚之作，當今天有機會增訂再版時，我儘量保存著它的舊貌。——細心的你，一定能捕捉到書中的「舊雨新痕」。

　　　　　　　　2015 年 9 月 27 日，又記於福建師範大學文科樓半讀室